PLATON

ŒUVRES COMPLÈTES

CRATYLE

COLLECTION DES UNIVERSITÉS DE FRANCE

publiée sous le patronage de l'ASSOCIATION GUILLAUME BUDÉ

PLATON

ŒUVRES COMPLÈTES

TOME V

2e partie

CRATYLE

TEXTE ÉTABLI ET TRADUIT

PAR

Louis MÉRIDIER

Neuvième tirage

PARIS

LES BELLES LETTRES

2023

Conformément aux statuts de l'Association Guillaume Budé, ce volume a été soumis à l'approbation de la commission technique, qui a chargé M. Émile Chambry, d'en faire la révision et d'en surveiller la correction en collaboration avec M. Louis Méridier.

95 boulevard Raspail, 75006 Paris
www.lesbelleslettres.com

Premier tirage 1931

ISBN : 978-2-2-251-00219-4
ISSN : 0184-7155

CRATYLE

NOTICE

Il n'est pas un dialogue de Platon qui ait suscité chez les modernes plus de discussions que le *Cratyle*. Dans ses analyses parues entre 1891 et 1901, H. Kirchner[1] passait en revue trente-deux études consacrées à cet ouvrage, et depuis lors ce nombre a continué de s'accroître. Quel est le but du *Cratyle* ? Quelle opinion l'auteur y exprime-t-il sur l'origine du langage ? Contre quelles écoles ou quelles personnes est dirigée sa polémique ? Dans quelle mesure la plaisanterie s'y mêle-t-elle au sérieux ? Autant de questions sur lesquelles les commentateurs n'ont cessé de se diviser. C'est assez dire qu'en ajoutant à cette longue liste un nouvel essai d'interprétation, on ne prétend point donner une solution définitive des problèmes soulevés par le *Cratyle*. Du moins paraît-il possible d'atteindre sur un certain nombre de points, par un examen attentif de la marche du dialogue, à des conclusions vraisemblables[2].

I

ANALYSE DU DIALOGUE

Préambule. Exposé du problème. (383 a-384 e).

Le dialogue met en scène trois personnages, Hermogène, Cratyle et Socrate. Il s'ouvre brusquement : Hermogène, en discussion avec Cratyle, lui propose de faire part de leur entretien à Socrate, qui vient d'arriver. De

1. *Die verschiedenen Auffassungen des platonischen Dialogs Kratylus.* Progr. Brieg, 1891/2, 1892/3, 1896/7, 1900/01.

2. Nous avons tiré un profit tout particulier du travail pénétrant et vigoureux, bien qu'un peu systématique, de F. Horn, *Platonstudien*, Neue Folge, Wien, 1904, p. 1 et suiv.

quoi s'agit-il ? Suivant Cratyle, il existe naturellement (φύσει) pour chaque objet une juste dénomination (ὀνόματος ὀρθότης, 383 a b) qui est la même pour tous, Grecs et Barbares. Mais Hermogène ne peut obtenir de lui l'explication de ses propos obscurs. Que Socrate veuille bien les interpréter, ou donner son avis sur la question ! Socrate répond que le problème est difficile et qu'il en ignore la solution. D'ailleurs il est prêt à la rechercher de concert avec ses interlocuteurs. Hermogène expose sa thèse, opposée à celle de Cratyle : la justesse des noms est affaire de convention et d'accord (συνθήκη καὶ ὁμολογία, 384 d). Le nom qu'on attribue à chaque objet est juste ; si on le change pour un autre, par exemple en nommant un serviteur, le dernier n'est pas moins juste. Il n'y a pas de nom donné par la nature ; l'usage et la coutume (νόμῳ καὶ ἔθει) font tout en cette matière.

Entretien de Socrate et d'Hermogène (385 a-427 d). La longue discussion qui s'engage alors entre Socrate et Hermogène occupe la plus grande partie du dialogue. Elle comprend quatre étapes :

I (385 a-391 b). Au cours de la première, Socrate fait admettre à son interlocuteur les propositions suivantes :

1. Les choses ont une essence fixe et stable (τινα βεβαιότητα τῆς οὐσίας, 386 a ; οὐσίαν τινὰ βέβαιον, 386 e) qui ne dépend pas de nous ;

2. Les actes (πράξεις) qui se rapportent aux choses sont une forme déterminée de réalité (ἕν τι εἶδος τῶν ὄντων, 386 e). Ils se font en conformité avec leur propre nature, et non selon notre façon de voir ;

3. Or parler est un acte, et nommer (τὸ ὀνομάζειν) en est une partie. Il faut donc nommer les choses suivant le moyen qu'elles ont naturellement de nommer et d'être nommées (ᾗ πέφυκε τὰ πράγματα ὀνομάζειν τε καὶ ὀνομάζεσθαι, 387 d) ;

4. C'est à l'aide du nom qu'on nomme. Le nom est un instrument qui sert à instruire et à distinguer la réalité (ὄνομα... διδασκαλικόν τί ἐστιν ὄργανον καὶ διακριτικὸν τῆς οὐσίας, 388 b c) ;

5. C'est le législateur (νομοθέτης) qui établit les noms (388 e) ;

6. Il doit avoir les yeux fixés sur ce qui est le nom en soi (πρὸς αὐτὸ ἐκεῖνο ὃ ἔστιν ὄνομα, 389 d), pour imposer aux sons

et aux syllabes le nom approprié naturellement à chaque objet ;

7. Peu importe que les législateurs n'opèrent pas sur les mêmes syllabes, pourvu qu'ils leur imposent la forme de nom (τὸ τοῦ ὀνόματος εἶδος, 390 a ; cf. ἰδέαν, 389 e) requise par l'objet ;

8. L'homme capable de juger l'ouvrage du législateur (le nom) est celui qui s'en servira, c'est-à-dire l'homme qui sait interroger et répondre (τὸν ἐρωτᾶν καὶ ἀποκρίνεσθαι ἐπιστάμενον), en d'autres termes le dialecticien (διαλεκτικόν, 390 c). C'est lui qui devra diriger (ἐπιστάτην, 390 d) le travail du législateur.

Résumé et conclusion. Fixer les noms n'est pas l'œuvre du premier venu, comme le croyait Hermogène ; et Cratyle a raison : les noms appartiennent naturellement (φύσει) aux choses, et il n'est donné d'être un artisan de noms (δημιουργὸς ὀνομάτων) qu'à celui-là qui, le regard attaché sur le nom naturel de l'objet, sait en imposer la forme aux lettres et aux syllabes (390 d e).

II (391 b-396 c). Il faut maintenant rechercher en quoi consiste cette justesse naturelle du nom, c'est-à-dire comment se réalise cette destination idéale. Pour le savoir, Socrate propose de s'adresser aux sophistes. Mais Hermogène lui ayant fait observer que la démarche serait illogique, puisqu'on a réfuté précédemment la thèse de Protagoras, il décide de consulter Homère et les poètes. En se fondant sur les noms d'Astyanax et d'Hector, Socrate tire d'Homère les lois que voici :

1. Il est juste de donner au fils le nom du père, quand la génération se fait suivant l'ordre naturel (393 c) ;

2. Peu importe alors que le même sens s'exprime par telles ou telles syllabes : des lettres peuvent être ajoutées, ou retranchées, ou déplacées ; elles peuvent être entièrement différentes ; il suffit que l'essence de l'objet se manifeste dans le nom (393 d-394 c) ;

3. Les êtres dont la génération s'est faite contre nature (τοῖς παρὰ φύσιν, 394 d) doivent être désignés non par le nom de leur père, mais par celui du genre (γένος) auquel ils appartiennent. Explication des noms d'Oreste, Agamemnon, Atrée, Pélops, Tantale, Zeus, Kronos, Ouranos (394 d-396 d).

III (396 d- 421 c). Mais les noms donnés aux héros et aux hommes risquent d'induire en erreur. Beaucoup d'entre eux sont établis d'après les appellations des ancêtres, et sans aucune convenance ; d'autres expriment un souhait. Il faut examiner plutôt les noms appliqués à ce qui a par nature une existence éternelle (τὰ ἀεὶ ὄντα καὶ πεφυκότα, 397 b).

Ici, une digression où Socrate explique l'étymologie de θεός (397 c d), celles de δαίμων, d'après Hésiode (397 e-398 c), de ἥρως (398 c-e), d'ἄνθρωπος (399 a), de ψυχή (399 d-400 b), de σῶμα (400 b c).

Ramené par Hermogène à la recherche annoncée, Socrate commence son examen. Il passe successivement en revue trois groupes de noms, dont il indique l'étymologie :

1. Ceux des dieux : Rhéa, Kronos, Poseidon, Pluton, Hadès, Déméter, Héra, Pherréphatta, Apollon, les Muses, Léto, Artémis, Dionysos (ici, étymologie de οἶνος, le vin), Aphrodite, Pallas, Athéna, Héphaïstos, Arès, Hermès, Pan (400 e-408 d) ;

2. Ceux des astres et des phénomènes naturels : le soleil (ἥλιος), la lune (σελήνη, σελαναία), le mois (μείς), l'éclair (ἀστραπή), le feu (πῦρ), l'eau (ὕδωρ), l'air (ἀήρ), l'éther (αἰθήρ), la terre (γῆ, γαῖα), les saisons (ὧραι), l'année et l'an (ἐνιαυτός, ἔτος, 409 a-410 e).

3. Ceux des notions morales : φρόνησις, νόησις, σωφροσύνη, ἐπιστήμη, σύνεσις, σοφία, ἀγαθόν, δικαιοσύνη, δίκαιον (et ἀδικία), ἀνδρεία, ἄρρην, ἀνήρ, γυνή, θῆλυ (ici, étymologie de θάλλειν), τέχνη, μηχανή, κακία, δειλία, ἀπορία, ἀρετή, κακόν, αἰσχρόν, καλόν, συμφέρον, κερδαλέον (et κέρδος), λυσιτελοῦν, ὠφέλιμόν, βλαβερόν, ζημιῶδες, δέον (ici, parenthèse sur l'étymologie de ἡμέρα), ἡδονή, λύπη, ἀνία, ἀλγηδών, ὀδύνη, ἀχθηδών, χαρά, τέρψις, τερπνός, εὐφροσύνη, ἐπιθυμία, θυμός, ἵμερος, πόθος, ἔρως, δόξα, οἴησις, βουλή, ἀβουλία, ἀτυχία, ἑκούσιον, ἀναγκαῖον. Étymologies de ὄνομα, ἀλήθεια, ὄν, οὐσία (411 c-421 c).

IV. Les noms examinés jusqu'ici sont des dérivés et des composés. Pour les interpréter, on remonte nécessairement aux noms primitifs (τὰ πρῶτα ὀνόματα) dont ils proviennent. Mais ceux-ci, par définition, ne peuvent s'expliquer à la lumière d'autres noms, et leur explication requiert un procédé différent. Quelle est la méthode à suivre ?

1 (421 c- 425 b). Il faut partir du principe déjà posé : pour être juste, le nom doit faire voir la nature de l'objet désigné (οἷον ἕκαστόν ἐστι τῶν ὄντων, 422 d). Il est une façon de *mimer* à l'aide de la voix. Mais imiter le chant du coq, ce

n'est pas *nommer* le coq. L'imitation obtenue par le nom ne portera ni sur le son (sans quoi elle se confondrait avec la musique), ni sur la forme ou la couleur (ce qui est le propre de la peinture) : c'est l'*essence* de l'objet que le nom doit imiter par des lettres et des syllabes (μιμεῖσθαι... ἑκάστου τὴν οὐσίαν γράμμασί τε καὶ συλλαβαῖς, 423 e). Il importe donc de distinguer d'abord les éléments (διελέσθαι τὰ στοιχεῖα, 424 b) : voyelles (τὰ φωνήεντα), muettes (τὰ ἄφωνα καὶ ἄφθογγα), « demi-voyelles » (τὰ φωνήεντα μέν οὔ, οὐ μέντοι γε ἄφθογγα), et les classer par espèces (κατὰ εἴδη) ; on distinguera et on classera de même tous les êtres auxquels doivent s'appliquer les noms. Dès lors, on saura attribuer chaque élément, d'après sa ressemblance avec l'objet ; à chaque être on attribuera, pour le désigner, soit un élément unique, soit une réunion d'éléments (syllabe) ; les syllabes seront assemblées pour composer les noms et les verbes (τά τε ὀνόματα καὶ τὰ ῥήματα) ; avec les noms et les verbes on constituera le discours (τὸν λόγον) par l'art approprié : onomastique ou rhétorique. Toute autre méthode serait défectueuse.

2 (425 b-427 d). Ces distinctions nécessaires, Socrate se déclare incapable de les établir. Il essaiera pourtant de le faire. Car si l'on ignore en quoi consiste la justesse des noms primitifs, il est impossible de reconnaître celle des dérivés, et l'on se condamne à ne dire alors que des sornettes.

Là-dessus il passe en revue un certain nombre de lettres. Le ρ est propre à l'expression du *mouvement* ; l'ι exprime la *légèreté* ; le φ, le ψ, le σ, le ζ, comportant une aspiration, expriment l'*agitation* ; le δ et le τ, l'*arrêt* ; le λ, le *glissement* ; le ν, l'*intérieur* ; l'α et l'η la *grandeur* et la *longueur*, l'ο, la *rondeur*. Pour chaque être, le législateur semble avoir créé un signe et un nom, et être parti de là pour composer le reste. Voilà en quoi consiste la justesse des noms.

Socrate, en terminant, a sollicité l'avis de Cratyle. Hermogène le demande à son tour (427 d- 428 b).

Entretien de Socrate avec Cratyle.

Ce second entretien comprend trois parties :

I (428 b- 435 c) :

a (428 b- 430 a). Cratyle approuve les propos tenus par Socrate. Mais celui-ci fait des réserves sur ses propres conclusions, et juge nécessaire de reprendre l'examen. Cratyle admet que la justesse du nom consiste à montrer la nature de la chose ; que les noms sont faits pour instruire, et que les établir est un art, pratiqué par les législateurs. Mais il se refuse à croire que certains noms puissent être mal établis. Selon lui, tous les noms qui sont vraiment des noms sont justes : il est impossible de parler faux (ψευδῆ λέγειν τὸ παράπαν οὐκ ἔστιν, 429 d). Socrate lui prouve par un exemple qu'on peut affirmer ou énoncer des faussetés. Cratyle le nie : en pareil cas, dit-il, on ne parle point ; on n'émet que du bruit (ψοφεῖν, 430 a).

b (430 a-431 c). Mais Socrate démontre que le nom est, comme la peinture, une imitation de l'objet. Comme dans la peinture, l'imitation peut être inexacte. Il est donc possible de parler faux, c'est-à-dire d'*attribuer* inexactement les noms et les verbes. Et il en va de même pour les phrases.

c (431 c-433 c). Les mots eux-mêmes peuvent avoir été formés inexactement. Quand il s'agit d'un *nombre*, toute suppression ou addition qu'on y opère en fait aussitôt un autre nombre. Mais le *nom* est une *image* ; pour rester image, il ne doit pas être un *double* exact de l'objet ; il suffit qu'il en représente l'essentiel. Cette image existera, même si elle ne renferme pas tous les traits appropriés. Si elle les contient tous, le nom sera bien établi ; il le sera mal, si ces traits ne s'y retrouvent qu'en petit nombre.

d (433 c-435 c). Cratyle n'accepte ces conclusions qu'à contre-cœur. Il a peine à convenir qu'il existe des noms mal faits. Socrate reprend alors l'étude des éléments ; il lui fait voir, par un exemple, qu'un nom peut être compris de ceux qui l'emploient, bien qu'il renferme des éléments incompatibles avec la notion qu'il exprime. L'usage (ἔθος) se substitue ici à la *ressemblance* (ὁμοιότης) comme *moyen de représenter* (δήλωμα). Il serait à souhaiter que les noms fussent autant que possible semblables aux objets; mais en fait on doit y admettre une part de *convention* (συνθήκη).

II (435 c-439 b) :

a (435 d-437 d). Quelle est la *vertu* (δύναμις) des noms ? C'est d'*enseigner* (διδάσκειν), dit Cratyle : quand on sait les noms, on connaît aussi les choses. Socrate lui objecte qu'on risque de se tromper dans la recherche des choses, si l'on prend les noms pour guides. Celui qui, le premier, a établi les noms s'est réglé sur l'idée qu'il se faisait des choses. Mais qui garantit qu'il en avait une idée juste ? L'accord prétendu des noms ne prouve rien ; il est d'ailleurs contestable. Certains d'entre eux, précédemment expliqués comme marquant le mouvement, semblent au contraire exprimer le repos.

b (437 b-439 b). Supposons que l'auteur des noms primitifs les ait établis en connaissance de cause. Sur quoi a-t-il pu se fonder ? Ce n'est pas sur d'autres noms : il n'y en avait pas encore. Est-ce sur les choses ? Mais on a dit que ce sont les noms qui les font connaître.

Cratyle, embarrassé, suggère que les noms primitifs ont peut-être été établis par une puissance surhumaine (μείζω τινὰ δύναμιν ἢ ἀνθρωπείαν), ce qui en garantirait la justesse. Mais alors, dit Socrate, il faut admettre qu'elle s'est contredite. Serait-ce qu'une des deux catégories distinguées ne représente pas vraiment des noms ? Mais laquelle ? On arrive ainsi aux conclusions suivantes : il est possible de connaître les choses sans l'aide des noms ; le moyen le plus naturel de les connaître est de s'adresser à elles-mêmes, et non pas aux noms qui n'en sont que les images.

III (439 b-fin). Reprenant un point précédemment indiqué, Socrate déclare que les noms marquant le *mouvement* risquent d'induire en erreur. Leurs auteurs les ont établis dans la croyance que tout se meut et s'écoule sans cesse (ὡς ἰόντων ἁπάντων ἀεὶ καὶ ῥεόντων). Mais peut-être est-ce une illusion, que leur esprit, entraîné par une sorte de vertige, a transportée dans les choses. Il existe un Beau et un Bien en soi ; il est toujours pareil à lui-même. S'il passait sans cesse, il serait impossible de lui assigner une appellation juste. On ne peut attribuer l'être à ce qui n'est jamais dans le même état ; il ne peut davantage être connu de personne. Car aucune forme de connaissance ne saurait s'appliquer à ce qui n'a point d'état déterminé. En tout cas, il n'est pas très prudent de s'en remettre aux noms pour affirmer que tout s'écoule. L'examen du problème doit être repris et poussé à fond ; Socrate engage Cratyle à s'y employer. Cratyle proteste qu'il ne cesse de réfléchir à ces questions, et qu'il reste fidèle à la théorie d'Héraclite. — Là-dessus, l'entretien prend fin ; Cratyle se dispose à partir pour la campagne, accompagné d'Hermogène.

Le plan du Cratyle. Dans ses grandes lignes, le plan du *Cratyle* rappelle celui du *Protagoras*[1]. Socrate, dans ce dernier dialogue, commence par contester la thèse de Protagoras que la vertu peut s'enseigner. Mais la discussion aboutit à renverser les positions prises au début ; et c'est Socrate qui finit par prouver à Protagoras, et contre lui, qu'il est possible d'enseigner la vertu. Il y a pourtant entre les deux ouvrages une différence essentielle. Dans le *Protagoras*, le deuxième partie semble réfuter entièrement la première ; il en est autrement dans le *Cratyle*, où le second entretien se borne à corriger fortement, mais sans les annuler, les conclusions tirées du premier.

Sens général du Cratyle. L'analyse précédente permet de saisir la marche et d'apercevoir le sens général du dialogue. Deux thèses sont en présence : l'une, celle de Cratyle, consiste à soutenir que les noms sont justes par nature ; l'autre, celle d'Hermogène, prétend que la nature n'est pour rien dans cette justesse, qui est affaire de convention. Pris pour arbitre, Socrate montre que, les choses ayant une réalité permanente qui ne dépend pas de nous, la tâche de fixer les noms n'appartient pas au premier venu, mais au législateur, qui, sous la direction du dialecticien, doit leur imprimer la forme requise par chaque objet. Les noms semblent posséder, contrairement à l'opinion d'Hermogène, une certaine justesse naturelle. En quoi consiste cette justesse ? Après avoir expliqué l'étymologie d'un grand nombre de noms dérivés, Socrate arrive aux noms primitifs. Il détermine exactement les principes et la méthode à suivre, puis, passant à l'examen des lettres et de leur valeur, il conclut que le législateur paraît avoir créé pour chaque objet un signe et un nom, et être parti de là pour composer le reste : c'est en quoi consiste la justesse des noms.

La question qui faisait l'objet du débat semble donc résolue. Mais dans le second entretien, Socrate en reprend l'examen avec Cratyle. C'est à Cratyle qu'il semblait jusqu'ici donner raison contre Hermogène. Maintenant, il combat la thèse de son interlocuteur que tous les noms sont

1. Voir F. Horn, *o. l.*, p. 18.

justes par nature. Et à ses conclusions précédentes il ajoute des réserves : les noms peuvent être inexacts ; l'usage et, sans doute, la convention ont une part dans leur formation ; et, pour connaître les choses, mieux vaut s'adresser à elles-mêmes qu'aux noms qui les désignent.

Prié de départager les deux thèses adverses, Socrate n'accorde donc son adhésion complète ni à l'une ni à l'autre ; ou plutôt, il leur en oppose une troisième. Après avoir paru admettre la justesse *naturelle* des noms, il restreint expressément la portée de cet acquiescement en faisant une place à l'usage. Et il donne tort à ses deux interlocuteurs, en montrant que les noms, soit qu'on les suppose établis par une convention avec Hermogène, ou fixés par la nature avec Cratyle, ne sont pas toujours justes.

Les intentions de l'auteur se dégageront plus nettement, si l'on étudie de près, une à une et dans leur succession, les différentes parties du *Cratyle*.

II

LES PARTIES SUCCESSIVES DU DIALOGUE

Socrate et Homère.

Ayant déterminé les conditions idéales dans lesquelles doivent être formés les noms (390 d e), Socrate entreprend d'examiner en quoi consiste leur justesse naturelle et, pour s'en instruire, il propose de s'adresser aux poètes (391 c d). Que vaudront les résultats de cette consultation ? On sait par ailleurs ce que pense Platon de la « sagesse » poétique [1]. Protagoras, dans le dialogue qui porte son nom, estime que « la partie la plus importante de l'éducation consiste à être un connaisseur en poésie » (338 e). Mais Socrate n'est pas de cet avis : les gens cultivés n'ont aucun besoin de ces poètes qu'il est impossible d'interroger sur ce qu'ils veulent dire ; ils s'entretiennent entre eux par leurs propres moyens ; c'est avec des propos qui leur appartiennent qu'ils se mettent

1. Cf. A. Kiock, *De Cratyli Platonici indole ac fine*, Diss. Breslau, 1913, p. 36, note. Kiock signale çà et là des trimètres ou fragments de trimètres dans le langage prêté à Socrate.

les uns les autres et se laissent mettre à l'épreuve (347 e-348 a). Nous voilà donc, dès le début, fixés sur la valeur de cette déclaration : « C'est Homère et les autres poètes qu'il faut prendre pour maîtres » (391 c d), et sur la valeur des considérations qui vont suivre [1].

La fantaisie de Socrate s'y révèle aussitôt. Chez Homère, dit-il, le fils d'Hector porte deux noms : Scamandrios et Astyanax. Il est appelé Astyanax par les Troyens [2], d'où l'on peut conclure qu'il était appelé Scamandrios par les Troyennes ; or, les hommes étant plus sages que les femmes, il en résulte que pour Homère Astyanax était le nom juste (392 b-392 d). Le malheur est que l'*Iliade* [3] dit très clairement : « Cet enfant, *Hector l'appelait Scamandrios* ; les autres, Astyanax. » De ces vers que Platon n'ignorait évidemment pas, il serait naturel d'induire que le nom juste était Scamandrios, donné par le père de l'enfant. Ils excluent en tout cas l'hypothèse, toute gratuite d'ailleurs, que Scamandrios était le nom employé par les femmes.

La prétendue loi que Socrate croit tirer d'Homère n'a pas beaucoup plus de consistance. Astyanax et Hector, le nom du fils et celui du père, ont à peu près le même sens. C'est qu'il est naturel de donner à l'enfant le nom de son père, et d'appeler *lion* le petit d'un lion (393 a b). En quoi ce principe peut-il rendre compte de la justesse du nom ? Il n'explique point l'appellation donnée au père. Un instant après, Platon a soin d'avertir le lecteur que les propos qui vont suivre ne doivent pas être pris au sérieux : « Surveille-moi bien, dit Socrate à Hermogène, *de peur que je ne t'induise en erreur* ! » (393 c). Et en effet, que dit-il ? En cas de filiation naturelle, l'enfant doit porter le nom du père ; mais il doit être appelé d'après le *genre* auquel il appartient, *si la filiation se fait contre nature* (393 c-394 d). Mais ce nouveau principe ruine le précédent, car il en résulte que la seule dénomination juste *dans tous les cas* est celle qui se fonde sur le genre, non sur le nom du père.

A l'appui de ses conclusions, Socrate passe en revue les noms des Pélopides, et donne de chacun d'eux une expli-

1. F. Horn, *o. l.*, p. 31 ; A. Kiock, *o. l.*, *id.*
2. *Iliade*, XXII, 506.
3. VI, 402-3.

cation étymologique. Il considère apparemment les représentants de cette famille comme les produits d'une génération anormale, car il explique chaque nom par le caractère de son possesseur, et, au lieu de commencer par le fondateur de la race, il débute par Oreste pour remonter à Tantale, puis Zeus, Kronos et Ouranos. Du premier principe posé il n'est plus question (393 a b).

Arrivé au bout de cette première série d'explications étymologiques, Socrate s'émerveille de sa propre sagesse. Hermogène renchérit sur cette admiration : Socrate semble avoir été brusquement saisi par l'inspiration, et il s'est mis à « rendre des oracles » (396 c d).

C'est avertir assez clairement le lecteur du peu de crédit qu'il doit attribuer à ce qui précède. Platon indique ailleurs ce qu'il pense de *l'inspiration*, capable tout au plus de rencontrer *l'opinion droite*, mais dépourvue de toute valeur scientifique. Or, d'où vient l'inspiration de Socrate? Il l'attribue lui-même à Euthyphron, avec qui il s'est longuement entretenu le matin du même jour. Nous connaissons, par le dialogue auquel il a donné son nom, ce devin d'Athènes, esprit étroit et dévot jusqu'au fanatisme, qui se donnait à la fois pour un inspiré et pour un docteur en matière de religion. Les gens le tenaient pour un fou et se moquaient de lui[1]. Et Socrate, en réfutant sa conception de la piété, lui démontre dans cet ouvrage qu'il n'entend rien aux choses dont il discourt. On voit par là quelle est la qualité de l'inspiration derrière laquelle s'abrite Socrate, et le cas qu'il peut en faire lui-même[2]. Il ajoute d'ailleurs un commentaire significatif : demain « il exorcisera cette sagesse divine et s'en purifiera » (396 e). Enfin, pour achever d'éclairer le lecteur sur ce qu'il doit penser des étymologies précédentes, il remarque, au moment de reprendre son exposé, que les noms donnés aux héros et aux dieux risquent de fourvoyer, et il en donne les raisons (397 b).

1. *Euthyphron*, 3 *b*.
2. O. Apelt, *Platons Dialog Kratylos*, 1922, *Einleitung*, p. 13.

Les autres étymologies de Socrate.

Or, c'est encore à l'inspiration d'Euthyphron qu'il rattache les considérations étymologiques qui vont de 396 d à 421 c. Il y insiste à plusieurs reprises : il félicite ironiquement Hermogène d'avoir foi dans cette inspiration (399 a) ; après avoir expliqué le mot ψυχή, il propose une nouvelle étymologie, beaucoup plus recherchée, et par suite plus plausible aux yeux des Euthyphron (399 e) ; parodiant un vers d'Homère, il se vante de faire voir à Hermogène ce que valent « les chevaux d'Euthyphron » (407 d) ; embarrassé par l'origine du mot πῦρ, il craint que « la Muse » d'Euthyphron ne l'ait abandonné (409 d) ; enfin, il justifie l'accumulation précipitée de ses étymologies en alléguant que « l'inspiration du dieu touche à sa fin » (420 d). Par ces allusions répétées, Platon nous invite évidemment à ne pas prendre au sérieux la contenu de ce long développement : il ne saurait y avoir de doute sur ses intentions.

Qu'il ait eu lui-même le goût de l'étymologie[1], on croit en trouver la preuve en d'autres endroits de son œuvre[2].

1. F. Schäublin, *Ueber den Platonischen Dialog Kratylos*, Diss. Bâle, 1891, p. 67 sq. ; I. v. Ijzeren, *De Cratylo Heracliteo et de Platonis Cratylo* (*Mnemosyne*, N. S. XLIX, 1921, p. 192, note 1) ; Wilamowitz, *Platon*, Erster Band, Berlin, 1920, p. 289.

2. Dans le *Protagoras* (361 d) il rapproche Προμηθεύς de προμηθούμενος ; 312 c il tire σοφιστής de σοφός (*savant*) et de la racine ιστ- (*savoir*) ; dans le *Phèdre*, 237 a, il fait venir λίγειαι de Λίγυες ; 244 b c, μαντική de μανική ; il explique οἰωνιστική par οἴησις-νοῦς -ἱστορία ; dans le *Théétète*, 194 c, il rattache κέαρ (*cœur*) à κηρός (*cire*) ; dans la *République*, II, 369 c, il rend compte de πόλις par πολλοί ; dans le *Sophiste*, 221 c, il fait venir ἀσπαλιεύς (*pêcheur à la ligne*) de ἀ(να)-σπᾶν (*tirer en haut*) ; dans les *Lois*, II, 654 a, il interprète χορός par χαρά ; VII, 816 a, πυρριχή par πῦρ ; et XII, 957 c, νόμος par νοῦς. Quelques-uns des noms étudiés dans le *Cratyle* le sont dans d'autres dialogues : *Gorgias*, 493 a, σῶμα est expliqué par σῆμα (cf. *Crat.*, 400 b c) ; le rapprochement n'est d'ailleurs pas de Platon, qui l'attribue lui-même à un savant homme (cf. Philolaos, fragm. 15 d) ; dans *Phèdre*, 238 c, ἔρως est expliqué par ῥώμη (cf. *Crat.*, 420 b) ; 252 c, le nom d'Éros est chez les Immortels *Ptéros* (citation poétique) ; 251 c, ἵμερος est interprété par μέρη ἐπιόντα καὶ ῥέοντα, et, 255 c, par ῥεῦμα (cf. *Crat.*, 420 a) ; *Phédon*, 80-81 d, Ἅιδης est expliqué par ἀειδής (étymologie mentionnée, mais rejetée dans le *Cratyle*, 404 b) ;

Mais il n'y a point à en conclure, comme le fait Schäublin[1], que dans ces endroits et dans *Cratyle* il ait utilisé avec sérieux le procédé étymologique. Les rapprochements rappelés ci-dessous sont parfois de simples jeux de mots ; en plusieurs cas le ton du badinage est manifeste ; et même si Platon n'est pas le premier à en sourire, il ne peut certainement y voir autre chose que des vraisemblances.

Dans le long développement qui prend fin à 421 c, il y a sans doute des idées intéressantes et justes. Platon a bien vu que la forme des mots se modifie avec le temps, quoiqu'il l'attribue en partie à une action consciente des sujets parlants, au parti pris d'*enjoliver* le langage, et non au jeu naturel des lois phonétiques. Il n'a pas tort de dire que, sous leur forme ancienne, les mots laissent voir plus clairement leur étymologie que dans l'état actuel du langage. Son ignorance des langues étrangères[2] l'empêche de deviner le parti que l'étymologie peut tirer de la comparaison du grec avec les parlers de la même famille ; au lieu de dire, comme Socrate, que certains mots ont une *origine* barbare, la science moderne les expliquerait par la *parenté* du grec avec le sanskrit ou telle autre langue « indo-européenne ». Mais elle lui donnerait raison dans l'ensemble, puisqu'il est admis aujourd'hui qu'une grande partie du vocabulaire grec est faite d'emprunts étrangers à l'indo-européen. Socrate est dans le vrai en recourant parfois, pour expliquer des mots attiques, à d'autres dialectes grecs qui peuvent avoir gardé une forme plus voisine de l'état primitif. Il fait une observation ingénieuse et pénétrante en notant que les femmes restent plus fidèles que les hommes à l'ancien parler. Toutefois la question n'est pas de savoir si ces idées sont justes pour nous, mais si elles semblent telles à Platon, et, en tout cas, si leur application peut produire ici des résultats qui aient à ses yeux une valeur scientifique. Or, la suite du dialogue conduit à une conclusion négative.

Les étymologies du *Cratyle*, on l'a vu, sont présentées dans

Sophiste, 228 d, σύνεσις est rattaché à σύνειμι (cf. *Crat.*, 412 a).

1. *O. l.*, p. 67.

2. Il n'en cite qu'une, le phrygien, à propos du mot πῦρ (410 a), et avec raison semble-t-il. Le fait est qu'en arménien *feu* se dit *hur* (Boisacq, *Dict. étym.*, s. v., p. 828), et que les Arméniens passaient pour descendre de colons phrygiens.

l'ensemble avec une intention fort nette de dérision. Il est tout à fait vain, avec Cucuel[1] et surtout Schäublin, de dresser la liste des étymologies « sérieuses », à côté de celles qui sont des moqueries évidentes[2]. Rien ne sert d'objecter que même les plus extravagantes pouvaient être prises au sérieux par l'auteur, ou l'ont été après lui, dans un temps où la science étymologique n'avait pas à sa disposition les moyens dont elle use aujourd'hui : l'attitude de Platon ne permet pas d'hésiter. Peu importe qu'il se rencontre, sur le nombre, des étymologies justes : elles se réduisent d'ailleurs à peu de chose, un peu plus de vingt[3] sur cent douze mots étudiés et cent trente-neuf ou cent quarante étymologies. Et il faudrait prouver que l'auteur du *Cratyle* les tenait pour exactes.

Non seulement « l'inspiration » d'Euthyphron, alléguée avec tant d'insistance, est là pour nous mettre en garde, mais Socrate se charge à plusieurs reprises de nous ouvrir les yeux. Il déclare, 399 a, qu'il lui est venu des idées ingénieuses, et qu'il risque d'être *plus sage que de raison*. Après avoir improvisé une explication de ψυχή, il se hâte d'en proposer un autre, moins banale, dont il signale ironiquement le caractère recherché, comme s'il ne s'agissait dans cet examen que de faire montre de bel esprit (400 a et 400 b,

1. *Quid sibi in dialogo cui Cratylus inscribitur proposuerit Plato.* Thèse, 1886, Paris, p. 13.

2. Socrate déclare (406 b) que les noms de Dionysos et d'Aphrodite ont un sens à la fois sérieux et plaisant. Il ne retiendra pour sa part que le second — « les dieux aussi aiment le badinage » — en expliquant Διόνυσος par : ὁ διδοὺς τὸν οἶνον.

3. Ἕκτωρ, 393 a (ἔχω) ; Ὀρέστης, 394 e (ὄρος) ; Ἀτρεύς, 395 c (ἀ, τρέω) ; Τάνταλος, 395 e (ταλαντεία) ; Δίφιλος, 399 b (Διὶ φίλος) ; ψυχή, 399 e (ἀναπνεῖν, ἀναψυχοῦν) ; Πλούτων, 403 a (πλοῦτος) ; σελήνη, 409 b (σέλας) ; ἀήρ, 410 b (ἀήτης) ; σωφροσύνη, 412 a (σωτηρία τῆς φρονήσεως) ; ἀδικία, 413 d (ἀ, δίκαιον) ; θῆλυ, 414 a (θηλή) ; ἀπορία, 415 c (ἀ, πορεύεσθαι) ; κερδαλέος, 417 a (κέρδος) ; συμφέρον, 417 a (σύν, φέρω) ; λυσιτελοῦν, 417 c (λύειν τέλος) ; ἀλγηδών, 419 c (ἀλγεινός) ; ἀχθηδών, 419 c (ἄχθος) ; τέρψις, 419 d (τερπνόν) ; θυμός, 419 e (θύσις) ; βέβαιος, 477 a (βάσις) ; ἐπιστήμη, 437 a (ἐπὶ, ἵστημι). Plusieurs de ces « étymologies » ne sont d'ailleurs que des rapprochements avec des mots de la même famille ; d'autres ne sont qu'incomplètement exactes ou se trouvent noyées parmi des étymologies fantaisistes.

κομψευόμενον λέγειν). Il ne cache pas d'ailleurs que cette seconde étymologie lui paraît *risible* (400 b, γελοῖον). C'est bien de bel esprit qu'il s'agit encore dans celle de Téthys (402 d, κομψόν). Hermogène lui-même juge « étrange » (ἄτοπον, 405 a) la quadruple explication donnée par Socrate du nom d'Apollon. La fantastique étymologie de σελήνη, ou plutôt σελαναία, tirée de σέλας-ἕνον-νέον-ἀεί (σελαενονεοαειαι) le frappe par son allure « dithyrambique » (409 c). Et il ne peut s'empêcher de trouver « bien laborieuse » (μάλα γλίσχρως, 414 c) celle de τέχνη, qui équivaut à ἕξις νοῦ, pour peu qu'on retire le τ et qu'on ajoute deux ο. Quand il entend Socrate expliquer βλαβερόν par βουλαπτεροῦν (βουλόμενον ἅπτειν ῥοῦν, 417 e), il s'écrie que les noms sortis de ses mains sont singulièrement compliqués (ποικίλα) : Socrate lui fait en ce moment l'effet de « jouer sur la flûte le prélude de l'air d'Athéna ».

On arrive aux mêmes conclusions si l'on examine les procédés mis en œuvre dans ces explications étymologiques. Socrate pose les trois principes suivants : 1° la forme primitive des noms a été profondément altérée par le temps et par le désir qu'avaient les hommes de les enjoliver en leur donnant une allure pompeuse (414 c ὑπὸ τῶν βουλομένων τραγῳδεῖν αὐτά,... εὐστομίας ἕνεκα, καὶ ὑπὸ καλλωπισμοῦ καὶ ὑπὸ χρόνου) ; 2° quand on est embarrassé sur l'étymologie d'un nom, on peut supposer qu'il est d'origine barbare (409 d) ; 3° toutes les difficultés disparaîtront (πολλὴ εὐπορία ἔσται), et *n'importe quel nom pourra s'ajuster à n'importe quel objet*, si l'on peut y ajouter et en ôter *ce qu'on veut* (414 d)[1]. Ici, le persiflage saute aux yeux. Aussi bien Socrate ne cache-t-il pas que le recours à l'origine barbare n'est qu'un expédient (μηχανή, 409 d, 416 a). Il est clair qu'avec ces « facilités » l'étymologiste peut toujours se tirer d'affaire et ne jamais rester court. Mais quelle garantie offriront les résultats? Le seul fait qu'en un très grand nombre de cas deux ou trois, parfois quatre étymologies sont proposées pour un même nom semble prouver qu'aux yeux de Platon cet exercice n'est qu'un jeu, où la recherche de la vérité n'a rien à voir.

1. Socrate, il est vrai, fait une réserve : il faut veiller « à la mesure et à la vraisemblance ». Mais aussitôt après il invite Hermogène à ne pas se montrer trop « pointilleux ».

Lui-même, il a pris soin de lever tous les doutes. Arrivé aux noms primitifs, Socrate expose la méthode à employer, et se livre à une critique impitoyable des étymologies précédentes. On pourrait, dit-il, se tirer d'affaire en recourant au *deus ex machina*, c'est-à-dire en admettant que les noms primitifs sont l'œuvre des dieux, et justes pour cette raison. On pourrait encore leur attribuer une origine barbare, ou alléguer que leur ancienneté en rend l'examen impossible. Mais ce sont là de simples échappatoires, d'ailleurs fort ingénieuses (ἐκδύσεις καὶ μάλα κομψαί) pour se dispenser d'explications. *Si l'on ignore en quoi consiste la justesse des noms primitifs, il est impossible de reconnaître celle des dérivés ; l'on se condamnera, alors, à ne dire que des sornettes* (φλυαρήσει, 426 a b). Or Socrate n'a pas fait autre chose, en discourant sur l'étymologie des noms dérivés sans avoir examiné les noms primitifs. Il en résulte que le développement qui précède, fondé sur les procédés que Socrate raille et condamne, et manquant de la base indispensable, doit être considéré comme un amas de fantaisies sans valeur.

Les noms primitifs. Méthode à suivre. Il en est tout autrement dans la partie suivante (421 c-425 b). On aborde ici les noms primitifs, qu'il était indispensable d'examiner avant de passer aux dérivés. Ce qui précède ne peut rien apprendre sur l'ὀρθότης τῶν ὀνομάτων, et ne compte pas. La question est donc entièrement à reprendre.

Le changement de ton indique aussitôt que Platon quitte la plaisanterie pour une recherche sérieuse : « Ici, dit Socrate, les excuses ne sont plus recevables ; il faut essayer d'examiner le problème à fond » (421 d). On a vu par l'analyse du dialogue avec quelle précision et quelle rigueur la marche à suivre est indiquée par Socrate (424 c d). Mais la méthode qu'il trace ne vise pas seulement la formation des mots ; elle embrasse l'ensemble du langage. Cette formation n'est que la première étape d'un même processus, qui va des lettres aux syllabes, des syllabes aux noms et aux verbes, et s'étend à tout le discours (425 a). Avec une hauteur de vues, une lucidité et une fermeté admirables, Platon a esquissé ici la première philosophie du langage.

Étude des éléments.

Ayant ainsi défini la méthode, Socrate essaie de faire les distinctions qui doivent former la première étape de la recherche. Il passe en revue un certain nombre de lettres (consonnes et voyelles), en marquant pour chacune ses propriétés expressives, c'est-à-dire son rapport naturel avec telle ou telle manière d'être.

Quelle est dans la pensée de Platon la valeur de ce nouveau développement ? Les avis des commentateurs sont partagés. Leky[1] étend, sans hésiter, à cette étude des éléments l'admiration légitime que lui inspirent les considérations précédentes sur la méthode à suivre. Il fait ressortir la richesse et la clarté de la conception platonicienne, la valeur scientifique du point de départ qu'elle fournit. Horn[2], par contre, sépare entièrement ces deux parties et les oppose l'une à l'autre. Suivant lui, Socrate revient à la satire à partir de 425 b ; il montre la disproportion qui existe entre les conditions *idéales* de la langue, telles qu'il vient de les définir, et l'état réel du langage[3] ; ses considérations sur les éléments n'ont pas à ses yeux plus de poids que celles qu'il développait auparavant sur les noms.

On aurait évidemment tort, croyons-nous, de ne pas distinguer de l'exposé relatif à la méthode l'étude suivante sur les éléments. Cette méthode qu'il a tracée avec tant de sûreté, Socrate avertit Hermogène qu'il se sent incapable de l'appliquer (425 b). Il juge « téméraires et risibles au plus haut point » (πάνυ... ὑβριστικὰ... καὶ γελοῖα, 426 b) les opinions personnelles qu'il va exprimer sur les noms primitifs. Tout à l'heure il était sérieux, et marchait d'un pas délibéré sur un terrain solide ; ici, il hésite et recommence à sourire. Comment procède-t-il, d'autre part, dans cette étude des éléments ?[4] Il avait annoncé comme indispensables la distinction et le classement des voyelles et des consonnes, puis des objets à désigner. Et il faisait entrevoir, conduite par la même

1. Max Leky, *Plato als Sprachphilosoph, Würdigung des platonisthen Kratylus* (*Studien zur Geschichte und Kultur des Altertums*), Paderborn, 1919, p. 1-87.

2. *O. l.*, p. 45 et suiv.

3. De même Kiock, *o. l.*, p. 39.

4. Horn, *o. l.*, p. 48 et suiv.

méthode rigoureuse, une recherche qui s'élargirait jusqu'au discours. Or dans la revue des éléments nous ne trouvons que des traces de cette série d'opérations. Socrate se borne à énumérer un certain nombre de lettres, quatorze sur vingt-quatre, sans justifier le silence qu'il garde sur les autres. Non seulement il ne les classe point avec exactitude, mais il ne distingue même pas entre voyelles et consonnes. Il cite pêle-mêle celles dont il s'occupe : d'abord une « demi-voyelle » (ρ, vibrante), puis une voyelle (ι), ensuite une muette (φ, labiale aspirée), une consonne double (ψ), une « demi-voyelle » (σ, spirante), et une autre consonne double (ζ) ; après quoi il examine deux muettes (δ, τ, dentales), une « demi-voyelle » (λ, vibrante), une muette (γ, gutturale), une « demi-voyelle » (ν, nasale) ; enfin trois voyelles (α, η, ο). Le nombre des notions auxquelles répondent les lettres énumérées est fort réduit : mouvement, légèreté, agitation, arrêt, glissement, glissement ralenti, intérieur, grandeur, longueur, rondeur. Sont-ce donc là toutes les notions essentielles ? Socrate ne parle même pas de celles qui s'opposent aux quatre dernières : l'extérieur, le petit, le court, l'anguleux.

L'énumération, à peine commencée, est interrompue par une parenthèse. Socrate vient de dire que le ρ est propre à rendre le *mouvement* (κίνησις). Là-dessus, il s'arrête, pour expliquer que κίνησις est formé d'un mot étranger, κίειν, et de ἴεσις ; puis il ajoute une remarque sur l'origine et la forme primitive du mot στάσις, tiré par « enjolivement » de ἀ, ἴεσις ; après quoi il revient au ρ (426 c-d). Cette parenthèse est déconcertante à tous égards. Il est singulier que Socrate reprenne ici les procédés qu'il a expressément condamnés : étymologie d'un nom dérivé, sans explication préalable du nom primitif dont il procède ; affirmation que la forme d'un mot a été altérée par le temps, prise à une langue étrangère, ou modifiée par désir d'enjolivement. Le fait est d'autant plus surprenant que la remarque sur κίνησις est introduite à propos du ρ, dont le caractère propre est d'indiquer le mouvement : *or, cette lettre est absente de* κίνησις. La place donnée à ces considérations n'est pas moins bizarre : s'il est un endroit où on les attendrait, ce n'est certainement pas ici, mais dans la partie « étymologique ». Horn[1] ne juge

1. *O. l.*, p. 47.

possible qu'une explication : cette parenthèse annonce que Platon reprend le ton de la moquerie, et que l'étude des éléments est à mettre sur le même pied que les étymologies.

Cette conclusion nous semble prématurée et excessive ; la pensée de Platon a plus de nuances [1]. Il n'est pas tout à fait juste de prétendre que la méthode décrite et annoncée comme indispensable est entièrement abandonnée dans l'étude des éléments. Socrate fait un certain effort pour les classer : il groupe sous le même chef φ, ψ, σ, ζ, comme « comportant une aspiration » ; plus loin, il cite ensemble les deux dentales δ et τ, et il montre l'effet du groupe γλ. Il essaie de même de classer les notions auxquelles répondent les lettres étudiées : mobilité, légèreté, agitation, glissement, se ramènent à la notion de mouvement [2]. Il n'est pas démontré que les remarques relatives à l'α, à l'η, à l'ο, soient d'une absurdité voulue. Est-il sûr que dans l'α et l'η Socrate considère, non la valeur des *sons*, mais la *forme des signes* qui les représentent, comme si l'écriture avait précédé le langage [3] ? L'emploi du mot γράμμα ne prouve pas qu'il confonde en fait le *son* avec la *lettre* qui le désigne : dans ce qui précède, la confusion n'est commise en aucun endroit ; partout Socrate y considère les sons. S'il s'agissait de la forme, on ne voit pas sur quoi il se fonderait pour réserver la « grandeur » à A et H plutôt qu'à telles autres lettres, I, Υ, par exemple. On peut aussi bien admettre qu'il parle des sons [4], car la voyelle longue η se retrouve dans μῆκος ; il est vrai que l'α n'est pas long de nature, mais long ou bref suivant les cas, et que dans le mot μέγας il n'est long qu'au nominatif singulier

1. En ce qui concerne le *mouvement*, m'écrit M. Diès, ce n'est pas à κίνησις, mais à φορά que pense directement Platon quand il parle de « toute espèce possible de κίνησις ».

2. Il n'est pas exact de dire, comme le fait Walther Freymann (*Platons Suchen nach einer Grundlegung aller Philosophie*, Leipzig, 1930, p. 127), que Platon cherche ici à reproduire phonétiquement la doctrine d'Héraclite sur le mouvement. C'est le mouvement qu'expriment, sans doute, la plupart des consonnes examinées par Socrate ; mais il mentionne aussi le δ et le τ, qui marquent l'*arrêt* ; le ν, qui indique « l'intérieur » ; et il note l'effet du γ, qui est de ralentir le glissement du λ dans le groupe γλ.

3. Horn, *o. l.*, p. 50.

4. Schäublin, *o. l.*, p. 95, note.

masculin. Horn croit découvrir aussitôt après une « absurdité » du même genre, aggravée d'une pétition de principe : « Ayant besoin du *o*, dit Socrate, pour désigner la rondeur (τὸ γογγύλον), c'est cette lettre qu'il a fait dominer dans le mélange dont il voulait former le nom. » Mais il faut forcer le sens de δεόμενος pour trouver la pétition de principe ; et, ici encore, est-il certain que Socrate parle de la forme de la *lettre* ? N'attribue-t-il pas la rondeur à l'o parce que les lèvres s'arrondissent pour le former [1] ? Tout au plus peut-on accorder que Platon a relevé d'un grain de plaisanterie des considérations auxquelles il n'attribuait lui-même qu'une portée incertaine.

On reconnaît généralement que cette étude sur la valeur des sons isolés contient quelques vues géniales, par où le *Cratyle* annonce et devance de vingt siècles les recherches de Leibnitz et de Jacques Grimm [2]. Rien n'indique, d'autre part, comme l'ont soutenu Horn [3] et Kiock [4], que Platon ait voulu montrer la disproportion qui existe entre les conditions idéales et l'état réel du langage, en faisant ressortir le caractère défectueux des moyens dont dispose la parole humaine. Du moins cette idée n'apparaît-elle point en cet endroit du dialogue. Socrate termine son exposé par ces simples mots : « Voilà en quoi me semble consister la justesse des noms. »

Mais il reste incontestable que la partie relative à l'étude des sons ne peut être mise sur le même plan que l'exposé de la méthode. L'hésitation de Socrate, l'aveu de son impuissance, le jugement sévère qu'il porte sur les considérations qui vont suivre, le caractère incomplet, fragmentaire, de son étude en sont la preuve manifeste. Platon a tracé le plan et fixé les conditions de la recherche, mais il n'a pas voulu se charger de la poursuivre jusqu'au bout. Il s'est borné à une ébauche, en indiquant par quelques exemples les résultats auxquels pourrait conduire la première étape de l'enquête. Selon le

1. Molière, *Le Bourgeois gentilhomme*, II, 4 : « L'ouverture de la bouche fait justement comme un petit rond qui représente un O. » Voir Schäublin, *o. l.*, p. 95, note.

2. Th. Gomperz, *Les penseurs de la Grèce* (trad. Rey), II, p. 588 ; cf. P. E. Rosenstock, *Platos Kratylos und die Sprachphilosophie der Neuzeit*, Progr. Ostern, 1893, p. 6 et suiv.

3. *O. l.*, p. 46 et suiv.

4. *O. l.*, p. 38, 39.

mot de Wilamowitz[1], ces résultats sont tout au plus, aux yeux de Platon, des « opinions droites »[2] — et il faut ajouter : provisoires.

Socrate a ainsi résumé ses réflexions : « Le législateur semble créer pour chacun des êtres un signe et un nom, au moyen de lettres et de syllabes, et partir de là pour composer le reste, par imitation, avec ces mêmes éléments. » Loin d'infirmer ces conclusions, qu'elle prépare, l'étude des éléments a paru la justifier. L'entretien avec Cratyle va y apporter de fortes réserves, mais en faisant valoir des considérations toutes nouvelles.

L'imitation et la convention.

Dès le début, Socrate s'empresse de dire qu'il ne garantit rien des propos qu'il a tenus : il a simplement examiné la question de son point de vue (428 a). Depuis longtemps, il est tout le premier surpris de sa propre sagesse, à laquelle il ne peut croire. Un nouvel examen lui paraît nécessaire, car il faut prendre garde de s'abuser soi-même (428 d). C'est annoncer au lecteur que les résultats acquis dans la première partie sont sujets à caution, et appelleront des retouches.

Dans le premier entretien, Socrate a réfuté la thèse d'Hermogène, en montrant qu'il existe pour les noms une justesse naturelle qui n'est point affaire de convention. Contre Cratyle, il critique maintenant la thèse de la justesse naturelle des noms. Il avait déjà soutenu qu'il est possible de dire faux (385), mais Hermogène l'avait admis sans difficulté. La résistance de Cratyle l'oblige à reprendre cette affirmation, en l'appuyant d'une démonstration en règle. C'est ici qu'interviennent la comparaison du mot avec la peinture, et la théorie de l'imitation. Socrate en conclut que les noms peuvent être, comme les peintures, des copies inexactes, et il fixe les conditions d'un nom bien fait, c'est-à-dire juste[3].

1. *O. l.*, p. 295.

2. Au reste, comme me le fait observer M. Diès, « toute explication scientifique du monde expérimental est telle aux yeux de Platon et restera telle (*Timée*). L'étude scientifique du langage, même conduite rigoureusement selon la méthode indiquée plus haut, n'eût jamais donné que des résultats *vraisemblables* ».

3. Suivant Horn, *o. l.*, p. 57 et suiv., Socrate découvre ici en quoi il s'était trompé lui-même (cf. 428 d). Son tort avait été de

Mais l'examen du mot σκληρότης lui fait voir que ce nom ne peut s'expliquer par la théorie de la justesse naturelle. A Érétrie on dit σκληρότηρ, et non σκληρότης, comme en Attique ; et pourtant c'est la même notion qu'on exprime. Le σ n'a cependant pas ici la valeur du ρ ? Le nom signifie *dureté* ; or, le λ qu'il renferme indique, on l'a vu, le contraire de la dureté. Néanmoins les gens se comprennent fort bien dans l'emploi de ce mot. Il faut donc admettre que l'usage est un moyen de représenter, à l'aide du semblable et du dissemblable, et faire dans le langage une part à la convention.

Voilà une réserve capitale apportée aux conclusions de la première partie. Elle montre en quoi les conditions idéales indiquées plus haut sont en désaccord avec la réalité. On s'est même demandé [1] si, aux yeux de Platon, ce n'est pas l'usage et la convention qui déterminent, plutôt que la convenance naturelle, la justesse du langage [2].

Le langage et la connaissance.

Au cours de sa discussion avec Hermogène, Socrate avait lui-même défini le nom comme un instrument qui sert à instruire, et à discerner l'essence des choses (388 b c). Dans l'hypothèse de la justesse naturelle des noms, ces deux fonctions étaient admises sans peine : si le nom exprime l'essence des choses, on connaîtra l'une en connaissant l'autre. Il en va

croire, comme le vulgaire, que la copie (le nom) doit être entièrement semblable à l'objet. Il constate maintenant que par définition elle doit présenter, avec des éléments semblables à l'objet, des éléments dissemblables. Par là, le débat sur la nature de l'ὀρθότης prend une direction nouvelle : on prévoit la part qui va être faite à la convention. — Cette interprétation nous semble inexacte. Quand Socrate déclare que la copie (le nom) ne doit pas viser à reproduire en tous ses détails l'objet représenté, il ne veut pas dire qu'elle comportera nécessairement des éléments sans ressemblance avec l'objet, mais qu'elle ne retiendra que les traits essentiels. Plus loin, il s'exprime fort clairement : « Le nom bien fait aura les lettres appropriées (c.-à-d. semblables à l'objet) ; le nom mal fait sera formé de lettres appropriées, mais il en contiendra quelque autre mal appropriée » (433 c). Ceci n'a encore rien à voir avec la convention.

1. Horn, *o. l.*, p. 59.
2. Voir Platon, *lettre* VII, 343 a.

autrement si la convention a eu son rôle dans la formation des noms, comme on vient de le montrer. Socrate demande à Cratyle : « En quoi consiste la vertu des noms ? » Cratyle, qui croit à leur justesse naturelle, est conséquent lorsqu'il répond : « C'est d'instruire ; qui connaît les noms connaît aussi les choses. » Mais il va beaucoup plus loin que n'allait Socrate, car il ajoute : « Il n'est pas d'autre moyen pour instruire ; c'est à la fois le seul et le meilleur. » Le nom ne sert donc pas seulement à *transmettre* la connaissance des choses ; pour *acquérir* cette connaissance, il suffit d'étudier le nom.

On a vu les objections décisives que Socrate fait à cette thèse ; elles appellent quelques remarques. Si les restrictions apportées à la justesse naturelle des noms pouvaient justifier une reprise du principe admis sans discussion dans le premier entretien, il est à noter que Socrate n'y fait pas appel pour réfuter les affirmations de Cratyle. En réalité, il complète ici ses conclusions précédentes. En faisant une part à la convention, Socrate modifiait profondément sa propre thèse. Il introduit maintenant de nouvelles réserves, portant sur les conditions mêmes dans lesquelles a travaillé l'auteur des noms. Il avait montré précédemment que les noms peuvent être inexacts, et le « législateur » bon ou mauvais. Revenant à cette idée pour l'approfondir, il observe que l'auteur des noms a pu se faire une idée fausse des choses à nommer. Du coup, il indique la portée de son étude sur les éléments : ses remarques touchant la valeur expressive des sons perdent décidément toute certitude. Nous savions déjà que la partie « étymologique » n'était qu'un jeu : Socrate le confirme, en expliquant que plusieurs des noms rattachés d'abord à l'expression du mouvement semblent plutôt exprimer le repos. Il avait admis avec Hermogène, avant d'examiner les noms qui désignent les choses éternelles, qu'ils ont peut-être été établis par une puissance supérieure à l'homme (397 b c). Plus loin, cette explication était écartée comme un expédient sans valeur (426 a b). Ici elle est définitivement réfutée, par des raisons tirées des contradictions que révèlent les noms. Enfin, Socrate arrive à cette conclusion : puisque les noms sont des guides dangereux, et qu'il est possible sans eux de connaître les choses, mieux vaut demander cette connaissance aux choses elles-mêmes, et partir de la réalité plutôt que des noms qui en sont l'image [1]. Et une autre conclusion se dégage, que Platon ne formule pas, mais qui se présente d'elle-même à l'esprit : peu importe que la justesse des noms soit l'effet d'une convenance naturelle ou le résultat d'une convention, si c'est aux choses qu'il faut s'adresser pour les connaître.

Nous voilà donc ramenés à la théorie de la connaissance que Platon définissait dès le début du dialogue (386 d e) en rejetant les thèses de Protagoras et d'Euthydème. Ainsi se découvre le véritable sens du *Cratyle*. Le dialogue est avant tout l'esquisse d'une théorie de la connaissance : l'étude linguistique qu'il présente n'en est que l'enveloppe et le prétexte [2]. Au terme du débat, Platon constate que le problème agité est d'intérêt médiocre pour la recherche de la connaissance, et il renvoie les deux adversaires dos à dos avec une sorte d'ironie supérieure. A cet égard, le *Cratyle* apparaît comme une œuvre de polémique, une « opération de déblaiement » [3], à l'occasion des théories contemporaines du langage. Aux auteurs de ces théories Platon montre qu'il serait, le cas échéant, capable de rivaliser avec eux. Mais à quoi bon ? Ce n'est pas la linguistique, mais la dialectique qui peut conduire à la vérité [4].

La doctrine d'Héraclite. Socrate a déjà fait voir que les noms risquent d'induire en erreur. Il y revient pour ceux qui servent à marquer le mouvement. Deux points sont à retenir dans ce développe-

1. Sur la signification et l'importance de cette fin du *Cratyle*, consulter A. Diès, *Autour de Platon*, II, p. 482-5.

2. Je dois beaucoup ici aux observations de M. Diès.

3. L'expression est de M. Diès.

4. Ainsi s'explique que le *Cratyle* soit isolé dans l'œuvre de Platon (Horn, *o. l.*, p. 62 ; Wilamowitz, *o. l.*, p. 290). Toutefois Platon reparlera dans le *Théétète* de la valeur des éléments, et le *Sophiste* fera la théorie de la proposition. Enfin il exposera dans la lettre VII des vues qui rappellent de très près celles du *Cratyle* : le λόγος y est défini un composé de noms et de verbes (342 b) ; le nom n'a aucune fixité ; rien n'empêche que ce que l'on appelle aujourd'hui *circulaire* se trouve appelé *droit* ; on peut en dire autant de la définition (ou du discours), 343 a b. — Mais dans le *Politique*, 261 e, Socrate dira à l'Étranger : « Si tu te gardes avec soin de t'appliquer aux mots, tu apparaîtras plus riche en raison dans ta vieillesse. »

ment final. Socrate admet l'existence d'une chose « belle et bonne en soi » et pense qu'il en est de même « pour chacun des êtres en particulier » (439 b). Cette allusion fort claire à la théorie platonicienne des Formes[1] est introduite avec une apparente réserve : c'est une *rêverie*, qui occupe souvent la pensée de Socrate (πολλάκις ὀνειρώττω). Or, cette conception est incompatible avec la doctrine du mouvement et de l'écoulement universels soutenue par Héraclite. Le Beau en soi doit être toujours pareil à lui-même, ce qui serait impossible s'il passait sans cesse. Il échapperait, dans la thèse d'Héraclite, à toute connaissance et à toute dénomination. De ce qui n'est jamais dans le même état on ne saurait rien dire de déterminé ; si la connaissance était elle-même soumise à la loi du changement, elle perdrait sans cesse son caractère, et il n'y aurait plus de connaissance.

Dans son entretien avec Hermogène, Socrate s'était moqué (411 b) de ces « sages » qui transportent aux choses le vertige dont ils sont atteints, et croient les voir en proie à un mouvement perpétuel, sans se rendre compte de l'affection dont ils souffrent. Il recommence, à la fin du dialogue, à railler la doctrine qui représente toutes choses dans un écoulement continuel, comme « les gens affligés d'un catarrhe ».

Cette polémique contre la doctrine d'Héraclite se rattache dans une certaine mesure aux discussions linguistiques du *Cratyle*. Étudiant les noms de Rhéa, Kronos et Téthys, Socrate disait y retrouver déjà, bien avant Héraclite, la théorie de l'écoulement (402 a). C'est par la croyance au mouvement et au flux universel qu'il prétendait expliquer d'abord toutes les notions morales (411 c et suiv.). Cependant le développement sur la théorie des Formes et le mobilisme

1. On peut en trouver une autre dans la première partie du *Cratyle* (cf. O. Apelt, *o. l.*, *Einleitung*, p. 17), où Socrate parle de la *navette en soi* (389 b, αὐτὸ ὅ ἐστι κερκίς), sur laquelle le menuisier doit se régler pour fabriquer la navette, et plus loin du *nom en soi* (389 d, αὐτὸ ἐκεῖνο ὃ ἔστιν ὄνομα), que doit avoir en vue le « législateur ». Il est difficile de ne pas rapprocher cet endroit du livre X de la *République*, et du *lit en soi* (597 c, ὃ ἔστι κλίνη) d'après lequel travaille le κλινοποιός. Cependant, d'après Horn (*o. l.*, p. 28) et Raeder, *Platons philosophische Entwickelung*, p. 153, Socrate vise ici non la Forme (ou Idée), mais seulement la notion *générale* de navette et de nom.

d'Héraclite — deux thèses inconciliables — a souvent été considéré comme un hors d'œuvre par les commentateurs modernes : depuis longtemps les étymologies « héraclitéennes » ont été enveloppées par Socrate dans la condamnation qui frappe toute la partie étymologique, et le débat linguistique ouvert dans la *Cratyle* a déjà reçu sa conclusion.

Mais les remarques présentées plus haut permettent de mesurer la portée véritable de cette dernière partie, et d'apercevoir le lien profond qui l'unit à l'objet essentiel de l'ouvrage. On voit ici reparaître au grand jour la doctrine que Platon esquissait au début, en opposition avec les théories de Protagoras et d'Euthydème. Les choses, disait-il alors, ont leur nature propre, leur *essence* définie et stable, et leur forme (εἶδος); cette forme est but de connaissance et règle d'action, et c'est le dialecticien qui juge de l'appropriation des actes à cet εἶδος. Cette doctrine fondamentale a pu être perdue de vue à travers les longues discussions sur les étymologies, les noms primitifs, les éléments, etc. : à la fin du dialogue elle surgit de nouveau, avec une netteté et une force singulières, attestant que le problème du langage est jusqu'au bout resté pour Platon un simple aspect du problème de la connaissance [1].

Après avoir donné un grand nombre de mots pour des expressions du *mouvement*, Socrate, on l'a vu, a repris certains d'entre eux (ἐπιστήμη, βέβαιος, ἱστορία, πιστός, μνήμη) pour montrer qu'ils marquent plutôt le repos. Il se fondait ici sur la doctrine des Éléates. Notons qu'à la fin du dialogue il ne dit rien de la théorie éléatique, dont il ajournera encore la discussion dans le *Théétète* : c'est seulement dans le *Sophiste* qu'il se prononcera nettement contre la conception de Parménide. Toutefois Socrate déclare dans le *Cratyle* que l'enquête sur le mobilisme a besoin d'être reprise et poussée à fond. C'est ce que fera le *Théétète* (179 c-184 b) en réfutant la thèse de la mobilité. Le *Sophiste* fixera la position de Platon entre Héraclite et Parménide : contre le premier, l'auteur du *Cratyle* établira que le repos ou l'immutabilité est condition nécessaire de l'Intellect, mais en montrant,

1. Je me borne à résumer ici les précieuses indications qu'a bien voulu me communiquer M. Diès.

contre le second, que le mouvement doit être compté comme une des formes nécessaires de l'être [1]. Ainsi, sans nier le mouvement, Platon refuse d'en faire l'unique principe de la réalité, et d'admettre que tout soit dans un écoulement perpétuel [2].

III

LES PERSONNAGES DU DIALOGUE

On convient en général que la composition du *Cratyle* n'offre pas la belle ordonnance ni l'équilibre si sensibles dans d'autres dialogues platoniciens. On s'est montré surtout choqué du développement disproportionné donné à la partie étymologique [3]. Platon croyait avoir ses raisons ; mais il est certain que du point de vue artistique l'économie de l'œuvre en a souffert [4].

Le *Cratyle* n'est d'ailleurs pas dépourvu de valeur dramatique. Cette valeur résulte du plan même de l'ouvrage et des revirements successifs qu'offre la marche du dialogue. Elle est sensible dès le début, qui s'ouvre avec une brusquerie pleine de vivacité. Après le premier entretien, on peut croire la recherche terminée : il a donné raison à Cratyle contre Hermogène. Or voici que l'enquête est reprise, et aboutit à justifier partiellement la thèse d'Hermogène contre Cratyle. Sommes-nous arrivés au terme ? Non, car Platon fait voir que les deux thèses ont en fait peu d'intérêt, puisque la vraie connaissance des choses ne doit pas être demandée aux noms. A l'intérieur même des développements se

1. Édition du *Sophiste* par A. Diès, *Notice*, p. 289-290.
2. Horn, *o. l.*, p. 63.
3. C'est une des raisons qu'invoquait Schaarschmidt (*Ueber die Unechtheit des Dialogs Kratylos* (*Rhein. Mus.*, XX, 1865) pour nier l'authenticité du *Cratyle*. Cucuel s'est efforcé de réfuter cette thèse par des arguments qui ne sont pas toujours très solides, notamment (p. 25) en expliquant les imperfections de l'œuvre par sa date. Aujourd'hui, surtout depuis la démonstration donnée par Th. Benfey et Lehrs, personne ne met en doute l'authenticité du dialogue (Th. Gomperz, *o. l.*, II, p. 587, note).
4. Wilamowitz, *o. l.*, p. 297 ; cf. Horn, *o. l.*, p. 36.

produisent des retours inattendus où se joue l'ironie platonicienne. Après avoir consacré de longues explications aux étymologies, Socrate les déclare sans fondement ; les procédés employés ne sont que des expédients, et l'ensemble reste en l'air, car il eût fallu étudier auparavant la formation des noms primitifs. On croit être parvenu à une définition du nom, quand Socrate constate soudain qu'elle n'est pas bonne (423 b c) et qu'il faut en trouver une autre. Ayant défini la méthode à suivre pour étudier la formation des noms primitifs, il paraît se dérober tout à coup, se disant incapable de faire les distinctions nécessaires (425 b), etc.

La valeur dramatique du dialogue réside aussi dans l'attitude des personnages mis en scène. Comme d'habitude, c'est la figure de Socrate qui domine l'entretien. On retrouve ici ses traits ordinaires : son affectation d'ignorance, sa dialectique patiente et rigoureuse, qui ne se satisfait point d'à-peu-près et revient sans cesse sur les résultats acquis pour en contrôler la justesse, sa bonhomie railleuse dont l'ironie, paraissant s'exercer sur lui-même comme sur l'interlocuteur, déconcerte l'adversaire et ménage à la marche du dialogue des revirements imprévus. Cette souple dialectique se joue avec une sûreté infaillible des contradictions apparentes et des difficultés. Sous des dehors capricieux elle sait où elle va, et sa prudence s'arrête où il faut. Autant que les idées qu'il exprime, les diverses attitudes de Socrate, ses changements de ton, ses avertissements dessinent la courbe de l'entretien, et nous renseignent au fur et à mesure sur la pensée de l'auteur. Mais le Socrate du *Cratyle* est un Socrate tout platonicien, qui a médité sur la philosophie du langage et « rêvé » à la théorie des Formes.

Hermogène, fils d'Hipponicos, est un des fidèles disciples de Socrate [1]. Le *Phédon* le nomme parmi ceux qui ont assisté le philosophe à ses derniers moments [2]. Quant à l'assertion de Diogène de Laërte [3] qu'Hermogène fut un des maîtres de Platon, elle est extrêmement suspecte [4]. Hermogène était de noble famille, et frère cadet du riche Callias, mais le *Cra-*

1. Σωκρατικός, dit Proclus, éd. Boissonade, p. 55.
2. 59 b.
3. III, 6.
4. Stallbaum, *Platonis opera omnia*, vol. II, p. 18-19.

tyle fait plusieurs fois allusion à l'état précaire de sa fortune [1]. Il ressort de notre dialogue [2] qu'il connaît les théories de Protagoras. D'autre part il est lié avec Cratyle, qu'il a souvent l'occasion d'entretenir et qu'il accompagne, à la fin, dans son départ pour la campagne.

Tel que le dépeint Platon, il n'a pourtant pas, malgré ces fréquentations, de grandes aptitudes à la discussion philosophique. Il ne fait l'effet ni d'un philosophe, ni même d'un esprit personnel et vigoureux. En face de Socrate il représente « l'adversaire commode », qui ne se départ guère d'un rôle passif [3]. Il soutient que l'établissement des noms est affaire de convention, mais à la démonstration de Socrate, qui renverse sa thèse, il ne trouve rien à répondre. Il accepte sans discussion l'explication du nom d'Astyanax, avec un empressement qui devance l'interlocuteur ; mais comme Socrate déclare ne pas découvrir encore la raison de cette appellation, Hermogène avoue aussitôt qu'il ne la comprend pas davantage (392 e). Il n'aperçoit pas les faiblesses des raisonnements de Socrate dans la partie étymologique. Il admire de confiance la « savante » étymologie de ψυχή, dont Socrate se moque incontinent. Il s'ébahit naïvement d'apprendre que l'idée du mouvement a déterminé l'attribution des noms aux notions morales : « Je n'y avais point du tout songé », confesse-t-il (411 c). Socrate vient de suggérer une définition du nom : Hermogène se hâte de l'approuver, sans en voir l'insuffisance, qui la fait immédiatement après rejeter par Socrate (423 b c). Il s'émerveille de la vaillance que met son interlocuteur à accumuler les étymologies, mais, après en avoir admis sans observation les procédés et, la plupart du temps, le détail, il acquiesce pleinement à l'impitoyable critique qu'en fait Socrate.

Néanmoins, il n'a pas l'esprit assez obtus pour ne pas sentir çà et là l'extravagance des explications qu'on lui propose. A plusieurs reprises [4] on le voit se récrier sur le caractère étrange et recherché, la complication laborieuse et l'audace des étymologies mises en avant. Il semble entrer à

1. Cf. Xénophon, *Mém.*, II, 10 ; *Banquet*, III, 14 ; IV, 47, 50.
2. 386 a.
3. Leky, *o. l.*, p. 14-15.
4. Voir plus haut, p. 21

demi dans la plaisanterie, avec une admiration légèrement railleuse qui fait écho à l'ironie de Socrate. Il est frappé du ton inspiré que prend son maître, comme s'il débitait des oracles, et dans la confiance que lui donne, assure-t-il, l'inspiration d'Euthyphron on discerne une pointe de badinage. De même dans son éloge de l'étymologie de Téthys, qui est « jolie » (κομψόν, 402 d), et dans les compliments qu'il fait à Socrate sur ses progrès (410 e). Bref, Hermogène nous présente comme une moyenne des auditeurs habituels de Socrate, avec ce mélange de curiosité naïve et de finesse naturelle que l'on rencontre si souvent, chez Platon et Xénophon, dans les jeunes disciples du maître, déconcertés par la subtilité retorse de sa dialectique, mais sensibles à l'attrait de son ironie.

Il n'y a aucune raison [1] de ne pas identifier Cratyle avec le philosophe du même nom dont parlent Aristote et Diogène de Laërte. L'un et l'autre le donnent comme ayant été le maître de Platon, avant Socrate selon le premier [2], après la mort de Socrate suivant le second [3]. Disciple d'Héraclite, il renchérissait encore sur la doctrine du maître, au point de dire qu'on ne peut entrer, même une fois, dans l'eau du même fleuve, et de rendre sa pensée par un mouvement du doigt, pour éviter la parole qui l'eût fixée. L'indication de Diogène est en partie erronée, et il faut admettre que Platon a suivi les leçons de Cratyle avant d'entendre Socrate. Il est permis d'attribuer à cet enseignement la profonde influence que le système d'Héraclite a exercée sur sa pensée [4] en le persuadant que les choses sensibles, en proie au changement perpétuel, ne sauraient être objet de connaissance [5].

Si c'est bien son ancien maître que Platon a introduit dans le *Cratyle*, il est intéressant de se demander quels traits il lui a prêtés. Cratyle est évidemment un adversaire d'une tout autre taille qu'Hermogène. Il n'est pas, comme lui, simplement curieux de philosophie ; c'est un philosophe, qui

1. Stallbaum, *o. l.*, p. 20.
2. *Métaph.*, A 6 déb., et Γ 5, 1011ᵃ 7-15.
3. III, 6.
4. Wilamowitz, *o. l.*, p. 90.
5. Aristote, *Métaphysique*, 987 a 32 — 987 b.

défend la doctrine d'Héraclite. Est-il vrai que Platon l'ait ménagé et traité avec égard [1] ? Mais le rôle qu'il lui prête n'a rien de flatteur. Ce qu'il montre en lui, c'est un attachement têtu à ses idées [2], qui va jusqu'à lui faire reprendre un assentiment déjà donné, une certaine mauvaise grâce à reconnaître les raisons de l'adversaire, des illogismes manifestes, des arguties assez misérables quand il se voit battu — bref un ensemble de caractères qui font de Cratyle un esprit à courte vue et une sorte de sophiste. Comme le premier entretien paraît confirmer la thèse qu'il défend lui-même, celle de la justesse naturelle des noms, il approuve en gros les explications de Socrate, sans discerner les diverses parties de l'exposé — pourtant si différentes de ton et de valeur — ni distinguer le sérieux du plaisant. Soutenant que tous les noms sont justes, il s'abrite derrière le sophisme d'Euthydème : il est impossible de dire faux, car on ne peut exprimer ce qui n'est pas, — sans voir que ces deux propositions sont inconciliables avec sa thèse [3]. Quand il objecte plus loin que l'omission, l'addition, où le déplacement d'une lettre suffisent à faire d'un nom un autre nom, il oublie que les étymologies de Socrate, approuvées par lui sans réserve, reposaient précisément sur des modifications de ce genre. Délogé de toutes ses positions, il finit par se rabattre sur l'hypothèse que les noms primitifs ont peut-être été établis par une puissance supérieure à l'homme, sans s'aviser qu'elle est ruinée d'avance par les constatations précédentes.

D'autre part, son attitude n'est pas exempte de morgue. Invité par Hermogène à faire part de leur entretien à Socrate, il répond par un laconique : « Si tu veux », et garde un silence complet dans la plus grande partie du dialogue. Hermogène se plaint de l'obscurité dédaigneuse et ironique dont il enveloppe ses réponses, comme un oracle [4].

1. C'est l'avis de C. Ritter, *Platon, sein Leben, seine Schriften, seine Lehre*, München, 1910. I, p. 476, et de Wilamowitz, *o. l.*, p. 91 et 287.

2. Wilamowitz reconnaît lui-même cet entêtement.

3. Horn, *o. l.*, p. 58. S'il est impossible de dire ce qui n'est pas, on sera dans le vrai en donnant, par exemple, le nom d'Hermogène à Cratyle.

4. 384 a ; cf. 427 d.

Et quand Socrate le prie de l'inscrire lui-même parmi ses disciples, il répond avec une amusante condescendance qu'il le prendra « peut-être » pour élève (428 b) [1].

Que le portrait soit ressemblant, c'est une autre question, d'ailleurs insoluble, puisque nous ne savons presque rien du vrai Cratyle. Tout au plus peut-on dire que cette obscurité et cette affectation de silence se concilient assez bien avec les brèves indications d'Aristote. Sans aller jusqu'à croire, avec van Ijzeren, que Platon a voulu tracer une « caricature » de son ancien maître [2], on a l'impression qu'il n'avait pas gardé de lui un souvenir très favorable.

IV

CONTRE QUI EST DIRIGÉ LE *CRATYLE* ?

Les conclusions du dialogue, on l'a vu, sont pour la plupart négatives : on ne peut admettre avec Hermogène que la justesse des noms soit purement affaire de convention ; mais on ne saurait affirmer avec Cratyle que les noms soient justes par nature. L'enquête étymologique ne conduit qu'à des résultats contradictoires et incertains, parce qu'il n'est pas sûr que l'auteur des noms se soit fait une idée juste des choses à nommer. Bref, le problème agité en sens contraire par Hermogène et Cratyle est au fond négligeable pour la recherche de la connaissance. Contre quels individus ou quelles écoles sont dirigées ces conclusions [3] ? Sur ce

1. Voir J. van Ijzeren, *De Cratylo Heracliteo et de Platonis Cratylo* (*Mnemosyne*, N. S. XLIX, 1921), p. 176 sq.

2. M. Diès rapproche la peinture que fait le *Théétète* (179 e sq.) de l'école d'Héraclite, et se demande si Platon n'a pas voulu, dans le personnage de Cratyle, représenter un *type* plutôt qu'un *individu*.

3. D'après Wilamowitz, *o. l.*, p. 287, Platon a voulu seulement mettre en garde ses propres disciples contre des tendances que certains d'entre eux étaient portés à suivre, et se guérir avec eux d'illusions longtemps caressées par lui. Suivant Steinthal, Schäublin, Kirchner, après avoir cru à la possibilité d'une science étymologique, Platon a renoncé à cette croyance : le *Cratyle* atteste sa conversion, et l'ironie de Platon est surtout dirigée contre lui-même.

point encore, les avis sont très partagés. Bornons-nous à les rappeler, en indiquant les solutions les plus vraisemblables.

Hermogène n'est qu'un amateur de philosophie et un disciple, non un chef d'école. Il serait donc fort improbable que Platon eût pris la peine de critiquer si longuement sa thèse, si elle lui était personnelle. Bien que les idées qu'il lui prête soient assez superficielles, et répondent à une façon de voir qui devait être celle du vulgaire, il n'est pas impossible qu'il ait voulu combattre ici les doctrines de Démocrite sur le langage. Pour Démocrite, le langage était d'origine purement conventionnelle [1] : les premiers hommes s'étaient entendus pour assigner des noms aux choses afin de pouvoir communiquer entre eux [2].

La théorie contraire, celle de la justesse naturelle des noms, est soutenue par Cratyle, disciple d'Héraclite. Comme son maître, il croit au mouvement et à l'écoulement universels, et il s'imagine en trouver l'expression dans le langage. Dans la première partie du dialogue, Socrate, abordant les noms des Dieux, observe avec une ironie sensible qu'ils ont dû être établis par de « sublimes spéculateurs » et des discoureurs subtils qui avaient conçu avant Héraclite la théorie du mouvement, et ont formé d'après elle les noms des divinités : peut-être Hestia, en tout cas Rhéa, Kronos et Téthys. Il explique par la même croyance les dénominations données aux notions morales. Or on sait la valeur qu'il attribue ensuite à ce long développement ; on se souvient de ses sar-

Mais ces hypothèses n'excluent point la possibilité d'une polémique contre les représentants des théories rejetées. Ces théories, Platon les avait évidemment rencontrées autour de lui ; la question est de savoir où.

1. Proclus, *in Cratylum*, p. 7.

2. Gomperz, *o. l.*, p. 427 sq. Cependant R. Philippson (*Platons Kratylos und Demokrit* (*Philol. Wochenschrift*, 1929, p. 923 sq.) le conteste. Suivant lui, le jugement de Proclus sur Démocrite est sommaire et peu exact : si Démocrite admettait que, dans la suite des temps, les mots ont été altérés et détournés de la réalité par l'effet du hasard et de la convention, il les considérait probablement comme étant, à l'origine, des images ou copies des choses ; la façon de voir de Platon s'accorde pour l'essentiel avec cette théorie, que l'auteur du *Cratyle* a vraisemblablement connue.

casmes contre la théorie du mobilisme universel. Les conclusions du dialogue prouvent que l'ouvrage est surtout dirigé contre la thèse défendue par Cratyle.

Cette thèse était-elle déjà celle d'Héraclite? Croyait-il à la justesse naturelle des noms? On pourrait le supposer, d'après certains fragments où il semble invoquer la forme et la valeur de certains noms à l'appui de sa doctrine. Il est douteux, toutefois, qu'il ait expressément formulé cette théorie ; ce sont plutôt ses disciples qui ont dû développer des vues dont ils trouvaient le germe chez leur maître. Or comment faire voir que les noms expriment l'idée du mouvement universel? Pour le prouver, l'école d'Héraclite était naturellement amenée à l'exégèse étymologique. Cette exégèse, on la voit poindre déjà chez Héraclite (fragments 25, 32, 48, 114), bien que dans la plupart des cas il s'agisse plutôt de jeux de mots que d'étymologies proprement dites[1]. Le premier, disait-on, il avait considéré le mot comme une onomatopée[2]. Il est probable que le procédé étymologique fut systématiquement employé et élargi après lui.

Le développement consacré à la partie « étymologique » frappe par son ampleur autant que par l'impitoyable critique dont Platon l'a fait suivre. L'insistance de l'auteur atteste l'importance prise par cette méthode d'explication, et la nécessité où il croyait être de la ruiner définitivement. Est-ce Cratyle en personne qu'il attaque sur ce point[3]? Le titre du dialogue semblerait l'indiquer. Mais rien ne permet d'affirmer que Cratyle, si mal connu d'ailleurs, se soit adonné à l'étymologie. Son attitude ici donne même l'impression contraire. D'étymologie, il n'en propose ni n'en discute aucune ; il se borne à accepter docilement en bloc celles de Socrate, et, s'il se hâte de les approuver, c'est parce qu'il trouve dans certaines d'entre elles une confirmation du mobilisme d'Héraclite. Et parmi les autres, il y en a beaucoup qui sont sans rapport avec cette doctrine et n'intéressent même pas la philosophie[4].

1. I. van Ijzeren, *o. l.*, p. 188 et suiv.

2. Gomperz, *o. l.*, I, p. 417; cf. Kirchner, *o. l.*, Progr. 1891/2, p. 16.

3. C'est l'avis d'Ijzeren, *o. l.*, p. 199 et suiv.

4. Il est inutile de nous arrêter à la thèse étrange soutenue par

Récemment Max Warburg [1], prenant pour point de départ les vues de Wilamowitz, a soutenu que la partie « étymologique » du *Cratyle* était dirigée par Platon contre son propre disciple Héraclide du Pont. C'était un sectateur d'Héraclite, et plus tard des étymologies d'Héraclide sont souvent citées, en particulier par Orion. Platon lui confia la direction de l'Académie, en 361 suivant M. Warburg, lors de son troisième voyage en Sicile. Le père d'Héraclide se nommait Euthyphron, dont on s'expliquerait ainsi la mention répétée dans le dialogue. Cette hypothèse originale repose malheureusement sur une base des plus fragiles [2], et ne résout les difficultés existantes que pour en soulever d'autres, comme l'a bien mis en lumière H. von Arnim [3].

Les étymologies qu'il entasse avant d'en venir aux noms primitifs, Socrate les attribue dans l'ensemble à l' « inspiration » d'Euthyphron. En sa qualité de théologien, Euthyphron peut s'être complu aux étymologies qui concernaient les noms des dieux [4], et il ne serait pas impossible *a priori* que Socrate eût visé sous son nom une certaine catégorie d'exégètes. Mais tout le reste, et notamment ce qui s'y rattache à la théorie héraclitéenne du mouvement, était à coup sûr hors des préoccupations d'Euthyphron et de ses pareils. En mettant sous son inspiration l'exposé étymologique, Platon, nous l'avons dit, semble avoir eu surtout pour but

Ch. Lenormant (*Commentaire sur le Cratyle de Platon*, Athènes, 1861). D'après lui, Platon n'attaque ici que Cratyle, représentant du « parti religieux » et de « l'école sacrée », qui dans la préparation aux mystères d'Eleusis donnait une place à l'étude de la langue et à l'étymologie.

1. *Zwei Fragen zum « Kratylos »* (*Neue philol. Untersuchungen*, fünftes Heft), Berlin, 1929.

2. Il est, en particulier, fort hasardeux d'identifier avec l'auteur des étymologies mentionnées par Orion le célèbre disciple de Platon : des nombreux ouvrages que lui attribue Diogène de Laërte aucun, à en juger par les titres, n'avait trait à l'étymologie.

3. *Die sprachliche Forschung als Grundlage der Chronologie der platonischen Dialoge und des « Kratylos »* (*Sitzungsber. d. Akad. der Wissensch. in Wien*, phil.-hist. Klasse, 210 Band, 4 Abh., 1929, p. 21 et suiv.).

4. Steiner, *Die Etymologien in Platons Kratylus* (*Archiv f. Geschichte der Philosophie*, N. F., XXII, 1916, p. 125 et suiv.), estime que dans cette partie c'est lui que Platon a en vue.

d'éclairer le lecteur sur le peu de valeur qu'il faut y accorder. Que ce médiocre devin et les gens de son milieu ne soient pas le véritable objet de ses attaques, il le laisse d'ailleurs entendre quand il fait dire à Cratyle (428 c) : « Tes oracles, Socrate, sont tout à fait à mon goût, que tu tiennes ton inspiration d'Euthyphron *ou de quelque autre Muse* ».

Faut-il songer aux sophistes? Tout au début du *Cratyle* Socrate, consulté sur l'ὀρθότης, déclare qu'il saurait répondre, si ses moyens lui avaient permis de suivre les leçons à cinquante drachmes que Prodicos donnait sur la question (384 b c). Mais il n'a pu les entendre, et c'est par ses propres moyens qu'il va chercher, de concert avec Hermogène, la solution du problème. Il semble donc que Prodicos soit hors de cause. Sans doute, ce pourrait être là un simple détour ; Socrate devait avoir eu un écho des enseignements de Prodicos, et Horn[1] considère comme probable que c'est lui qui est visé dans la partie étymologique. Mais rien ne prouve que ce sophiste, particulièrement soucieux, comme on sait, de la propriété du langage et attentif à distinguer les synonymes[2], se soit occupé d'étymologies, ni ait étudié la justesse des noms au sens où elle est examinée dans le *Cratyle*[3]. La remarque de Socrate a plutôt l'air d'une boutade malicieuse, amenée et rendue presque inévitable par la mention de l'ὀρθότης.

Si le nom de Prodicos ne figure qu'incidemment dans le dialogue, celui de Protagoras y revient à plusieurs reprises. Socrate s'arrête assez longuement, pour la réfuter (385 e-386 a), sur sa thèse de « l'homme-mesure ». Il montre qu'elle est inconciliable avec sa propre thèse : le nom a un être propre qui ne dépend pas de nous. Protagoras avait-il une doctrine sur le problème de la justesse des noms[4]? On sait

1. *O. l.*, p. 39.

2. Stallbaum, *o. l.*, p. 16. Voir le *Protagoras*, 377 a sq., et l'*Euthydème*, 277 e.

3. O. Apelt, *o. l.*, 1922, *Einleitung*, p. 3.

4. Socrate veut démontrer contre Hermogène que les noms ont une justesse naturelle ; or, pour y parvenir, il fait voir que la thèse de l'homme-mesure est inacceptable. Doit-on en induire que les vues d'Hermogène sur la justesse des noms étaient celles de Protagoras ?

qu'il recherchait les conditions de l'ὀρθοέπεια, et que ses études sur les genres des noms et les temps des verbes le font apparaître comme un fondateur de la science grammaticale. D'autre part il professait avec Héraclite : « Jamais rien n'est, toujours il devient » [1]. Peut-être partageait-il les idées de l'école d'Héraclite sur la justesse des noms. Ce qui le ferait croire, c'est qu'après avoir réfuté les vues d'Hermogène, Socrate propose (391 b c) de s'adresser à lui, ou à son élève Callias, pour savoir en quoi consiste cette justesse *naturelle*. La proposition étant repoussée par Hermogène, Socrate se tourne d'un autre côté. On serait tenté d'en conclure que les considérations suivantes ne doivent rien à Protagoras : s'il en était autrement, seraient-elles admises sans protestation par Hermogène, qui connaît évidemment l'Ἀλήθεια du sophiste et en rejette avec mépris l'enseignement ?

Prenons garde cependant qu'il n'y ait là un jeu de l'ironie socratique — ou platonicienne. On a rappelé plus haut que Protagoras, dans le dialogue qui porte son nom, préconisait l'étude des poètes comme une part importante de l'éducation. Or, nous voyons Socrate consulter les poètes et préluder à ses fantaisies étymologiques en étudiant les noms d'Astyanax et d'Hector dans l'*Iliade*, pour en tirer les prétendues lois de la dénomination homérique. Plus loin il invoque et il cite Hésiode et Orphée. L'étymologie, qui plus tard, d'après Cicéron [2], sera pratiquée à la fois par l'Académie et le Lycée, et dont l'origine doit être cherchée dans certaines croyances religieuses — la foi à la valeur magique du nom — apparaît dans les plus anciens monuments de la

A première vue, la thèse de l'homme-mesure paraîtrait plutôt en effet s'accorder avec la théorie de « l'arbitraire », soutenue par Hermogène (Kirchner, *o. l.*, p. 16). Mais en ce cas, comment expliquer qu'Hermogène lui-même condamne expressément cette thèse, comme il rejettera plus loin l'Ἀλήθεια de Protagoras, sans indiquer que sur d'autres points il s'accorde avec le sophiste ? On pourrait, il est vrai, soupçonner Hermogène d'illogisme ; mais il est plus probable qu'aux yeux de Socrate la contradiction est dans les idées de Protagoras qui, partisan de la justesse naturelle des noms, ne voit pas l'incompatibilité de cette théorie avec celle de l'homme-mesure.

1. *Théétète*, 152 e.
2. *Academica posteriora*, I, 8, 32.

poésie grecque. On la note déjà chez Homère ; on la retrouve chez Hésiode et chez les tragiques[1].

Il est difficile, croyons-nous, de ne pas être frappé du rapprochement qui semble s'imposer entre le procédé mis en œuvre par Socrate dans cette partie du *Cratyle* et la méthode de Protagoras. Si l'on admet, d'autre part, que Protagoras tirait de la doctrine d'Héraclite les mêmes conclusions que Cratyle sur la justesse naturelle des noms, on inclinera à penser que l'école de ce sophiste a particulièrement été visée par Platon[2]. Mais, pas plus que pour Prodicos, on n'a la preuve que Protagoras lui-même ait pratiqué l'étymologie ; et il est vraisemblable que la partie étymologique tourne en ridicule les abus où tombaient, sinon les grands sophistes du passé, du moins certains de leurs disciples, en prétendant justifier par ces procédés fantaisistes la théorie d'Héraclite.

L'opinion de Schleiermacher que le *Cratyle* livre bataille à Antisthène a souvent été reprise et discutée. Dümmler, qui s'en est fait le principal champion, a tenté de l'étayer par des vues nouvelles. Leur goût pour les étymologies et leur doctrine étymologique, les stoïciens les auraient reçus d'Antisthène, qui les tenait d'Héraclite, et c'est Antisthène que Platon tournerait ici en dérision. Steiner[3] pense qu'Antisthène est directement visé au moins dans les étymologies des noms relatifs aux notions morales, et — ce qui nous paraît extrêmement douteux — dans les considérations sur la valeur des sons isolés. Suivant Raeder[4], Antisthène est attaqué dans le *Cratyle* comme dans l'*Euthydème*, et toutes les discussions intéressant la langue sont vraisemblablement dirigées contre lui. Il disait : « Le principe de l'éducation est l'étude des noms », et il avait écrit un ouvrage en cinq livres *Sur l'éducation ou les noms*[5]. Comme Cratyle, il soutenait qu'il est impossible de parler faux. Socrate ne fait-il pas clairement allusion à lui quand, au moment d'examiner les notions morales, il déclare qu'ayant « revêtu la peau du lion »,

1. M. Warburg, *o. l.*, p. 70 et suiv.
2. Stallbaum, *o. l.*, p. 4.
3. *O. l.*, p. 127 sq.
4. *O. l.*, p. 148.
5. Diogène de Laërte, VI, 17.

il ne se croit plus en droit de reculer [1] ? L'image fait naturellement songer à Héraclès, qu'Antisthène avait pris pour modèle avant les Stoïciens, et dont il avait donné le nom à plusieurs de ses écrits [2].

Il est peu probable, cependant, que l'ensemble du *Cratyle* ait été inspiré à Platon par son hostilité contre Antisthène. On n'a pas le droit de rattacher Antisthène à l'école d'Héraclite, en croyant l'apercevoir derrière Cratyle, ni de lui attribuer les théories de celui-ci sur la justesse naturelle du langage ; il se fondait au contraire sur les principes des Éléates [3]. On a fait justement ressortir qu'adversaire déclaré de la théorie platonicienne des Formes, il n'aurait pu y donner son assentiment, comme le fait sans hésiter Cratyle [4]. La thèse qu'il est impossible de dire faux, d'origine éléatique, n'appartenait pas en propre à Antisthène; c'était devenu un lieu commun de la sophistique : « Elle a été souvent soutenue, dit Socrate, autrefois comme de nos jours » (429 a). Quant à la plaisanterie sur la peau du lion, il est possible qu'elle s'adresse à Antisthène, car c'est bien aux travaux d'Héraclès que Socrate paraît faire allusion ; mais elle peut être aussi un souvenir de l'apologue (*L'âne qui passait pour être un lion*) qui figure dans les fables d'Ésope.

En somme, sans nier que certaines attaques du *Cratyle* aient pu atteindre Antisthène, ou même être orientées contre lui, on ne voit pas le moyen de leur prêter cette signification avec certitude [5]. Ici comme dans d'autres dialogues, le *Théétète* par exemple, Platon semble avoir en vue plusieurs sortes d'adversaires, et il serait imprudent de vouloir mettre des noms sur des théories qui n'étaient sans doute pas le fait de tel ou tel, mais se retrouvaient dans divers milieux sous l'influence d'une sophistique plus ou moins rattachée au système d'Héraclite.

1. 411 a.
2. Kiock, *o. l.*, p. 44 et suiv., estime que Platon, attaquant le type du sophiste grammairien, a eu surtout en vue Antisthène, bien qu'il ait réuni des traits pris çà et là, dont quelques-uns n'appartiennent pas à Antisthène.
3. Gomperz, *o. l.*, II, p. 191 ; Wilamowitz, *o. l.*, p. 297.
4. Horn, *o. l.*, p. 61, note; Kiock, *o. l.*, p. 44.
5. I. van Ijzeren, *o. l.*, p. 193-194.

V

LA DATE DU *CRATYLE* SA PLACE DANS L'ŒUVRE DE PLATON

Le *Cratyle* ne contient aucune indication extérieure ni sur le moment où le dialogue est censé avoir lieu, ni sur l'époque de sa composition. On est mieux renseigné sur ce dernier point par les caractères du style et par le contenu de l'ouvrage. Personne ne songe plus à y voir une des premières œuvres de Platon, comme le faisait Stallbaum [1] en le plaçant vers 402, avant la mort de Socrate, ou comme Cucuel [2]. Le *Cratyle* doit avoir suivi l'*Euthydème* [3], dont il est inséparable, et probablement à peu d'intervalle. Il se rattache d'autre part au groupe formé par le *Parménide* et le *Théétète* [4], mais il est sûrement antérieur à ces dialogues, qui reprennent avec plus d'ampleur, pour les soumettre à une critique décisive, quelques-uns des problèmes soulevés par le *Cratyle*. Or le *Théétète* [5] semble avoir été écrit après 369, et n'a peut-être été publié qu'après le second voyage de Sicile (367). Le *Cratyle* doit l'avoir précédé de plusieurs années. On y trouve esquissée, mais avec réserve, la théorie des Formes, et pour la première fois l'auteur montre que le caractère immuable de ces Formes est une condition nécessaire de leur connaissance. Mais elles ne sont pas encore, comme dans le *Phédon*, un monde à part, séparé du domaine des choses sensibles, et le *Cratyle* ne laisse rien soupçonner de cette gradation qui, d'après le *Banquet*, doit par une série d'étapes conduire de l'objet sensible à la Forme intelligible et parfaite. On peut en conclure que le *Cratyle* est antérieur au *Banquet*, composé vers 385 environ [6] et au *Phédon*. Si, d'autre part, il se place à la suite de l'*Euthy-*

1. *O. l.*, p. 26.
2. *O. l.*, p. 25.
3. Wilamowitz, *o. l.*, p. 286. Le *Cratyle*, 386 d, cite comme connu un sophisme d'Euthydème.
4. Horn, *o. l.*, p. 272 sq.
5. Voir la notice du *Théétète*, par A. Diès, p. 121.
6. L. Robin, Notice du *Banquet*, p. XI.

dème, écrit sans doute vers 386, on voit que sa date doit tomber à peu près entre 386 et 385.

Horn a fort bien montré la place occupée par le *Cratyle* dans le développement de la pensée platonicienne[1]. Le *Cratyle* clôt une phase de cette pensée et en ouvre une nouvelle. D'une part, il ferme la série des écrits dirigés contre la sophistique. Le *Gorgias* et le *Protagoras* en combattaient la doctrine morale : le *Cratyle* réfute la thèse de Protagoras que « l'homme est la mesure de toutes choses ». Cette proposition sophistique qu'il est également impossible de parler et de penser faux avait été effleurée dans l'*Euthydème* : elle est examinée et réfutée par le *Cratyle*. Mais le *Cratyle*, d'autre part, s'en prend à l'école d'Héraclite ; il attaque avec vivacité la théorie du mouvement universel. Recherchant ce qu'il faut penser de la justesse des noms, il conclut que le langage n'est pas un moyen sûr de connaître les choses, et que c'est aux choses elles-mêmes qu'il faut demander cette connaissance. Il pose enfin le problème des Formes immuables.

Ces diverses questions seront reprises et approfondies dans la suite. Le *Théétète* reconnaîtra que la thèse de Protagoras sur l'homme-mesure a été insuffisamment réfutée dans le *Cratyle*. Il la soumettra à un nouvel examen et y opposera des objections plus décisives. De même il reviendra, pour la ruiner définitivement, sur cette affirmation qu'il est impossible de parler et de penser faux. La réfutation de la doctrine d'Héraclite, amorcée par le *Cratyle*, sera poussée à fond dans le *Théétète*. Le *Cratyle* a posé le problème de la connaissance, mais sans indiquer ni les moyens de le discuter, ni les limites de la connaissance. Cette recherche fera l'objet du *Théétète*, tandis que *Parménide* examinera la permanence des Formes. Le *Théétète* touchera encore au langage, mais seulement pour l'étudier dans son rapport avec la connaissance, et en apportant des changements à certaines conceptions du *Cratyle*. Socrate y énoncera, d'ailleurs sans l'adopter, une définition du λόγος assez différente, en le représentant comme « un entrelacement de noms » (202 b), tandis que le *Cratyle* distinguait, à côté du nom (ὄνομα), le verbe ou prédicat (ῥῆμα) ; aux syllabes, connaissables et exprimables, il oppo-

1. *O. l.*, p. 62 et suiv. ; p. 272 et suiv.

sera les *éléments*, irrationnels et inexprimables [1]. D'une façon générale, le *Cratyle* a déblayé le terrain pour les recherches ultérieures, et préparé la voie au *Parménide*, au *Théétète* et au *Sophiste* [2].

1. A. Diès, *Notice* du *Théétète*, p. 144 suiv.

2. Pour l'établissement du texte, j'ai entièrement collationné les manuscrits B (sur la reproduction en phototypie donnée par de Vries) T et W (sur les photographies de l'Association Guillaume Budé). Je suis heureux de dire tout ce que mon travail doit à l'obligeance de M. A. Diès, qui, pour certaines parties de la Notice et pour l'interprétation du texte, m'a fait bénéficier de sa connaissance approfondie de la pensée platonicienne, et j'ai à cœur de remercier M. É. Chambry, qui, en revisant la traduction avec le soin le plus éclairé, m'a suggéré des améliorations nombreuses.

CONSPECTUS SIGLORUM

B = Cod. Bodleianus uel Clarkianus 39 (anno 895 post I. C. nat.).

T = Cod. Venetus append. class. 4, cod I (sub. fin. XI uel init. XII saec.).

W = Cod. Vindobonensis 54, suppl. phil. gr. 7 (fortasse saec. XII). In hoc codice desunt 414 d 8 ἔσται — 422 c 3 παραληρήσω ; sed post 423 b 10 καὶ ὀνομάζει interpositi sunt uersus 415 d 3 ὡς ἔοικε — 418 e 1 ἀγωγήν ; sequuntur u. 426 a 5 ἀδύνατόν που — 426 e 6 ἰῶτα πρὸς, deinde 419 d 1 τὸ δὲ τερπνὸν usque ad finem.

CRATYLE

[ou *sur la justesse des noms.*]

HERMOGÈNE, CRATYLE, SOCRATE

Préambule. Les deux thèses en présence.

383 a HERMOGÈNE[1]. — Voici Socrate. Veux-tu que nous lui communiquions le sujet de notre entretien[2] ?

CRATYLE. — A ta guise.

HERMOGÈNE. — Suivant Cratyle que voici, Socrate, une juste dénomination existe naturellement pour chacun des êtres ; un nom n'est pas l'appellation que certains donnent à l'objet après accord, en le désignant par une parcelle de leur
b langage, mais il existe naturellement, et pour les Grecs et pour les Barbares, une juste façon de dénommer qui est la même pour tous. Je lui demande donc, moi, si Cratyle est ou non son nom véritable : il en convient. « Et celui de Socrate ? lui dis-je. — C'est Socrate, répond-il. — De même aussi pour tous les autres hommes, le nom dont nous appelons chacun d'eux, c'est là le nom de chacun ? — Et lui : « Pas

1. Sur Hermogène, voir la *Notice*, p. 34. Son père, Hipponicos (nommé plus bas, 384 a), était fils de Callias ; Thucydide le mentionne (III, 91) comme exerçant dans l'été de 426 les fonctions de stratège. Hipponicos appartenait à une des familles d'Athènes les plus riches et les plus en vue. Sa fille Hipparété épousa Alcibiade (Plutarque, *Alc.*, VIII).

2. Ce début (noter οὖν et τὸν λόγον) montre que l'entretien d'Hermogène avec Cratyle dure déjà depuis un moment. Hermogène va le résumer un peu plus bas. Il l'interrompt sans doute en voyant arriver Socrate. Pour cette vive entrée en matière, comparer le début du *Philèbe*.

ΚΡΑΤΥΛΟΣ

[ἢ περὶ ὀνομάτων ὀρθότητος.]

ΕΡΜΟΓΕΝΗΣ ΚΡΑΤΥΛΟΣ ΣΩΚΡΑΤΗΣ

ΕΡΜ. Βούλει οὖν καὶ Σωκράτει τῷδε ἀνακοινωσώμεθα 383 a
τὸν λόγον ;

ΚΡ. Εἴ σοι δοκεῖ.

ΕΡΜ. Κρατύλος φησὶν ὅδε, ὦ Σώκρατες, ὀνόματος
ὀρθότητα εἶναι ἑκάστῳ τῶν ὄντων φύσει πεφυκυῖαν, καὶ οὐ
τοῦτο εἶναι ὄνομα ὃ ἄν τινες συνθέμενοι καλεῖν καλῶσι, τῆς
αὑτῶν φωνῆς μόριον ἐπιφθεγγόμενοι, ἀλλὰ ὀρθότητά τινα
τῶν ὀνομάτων πεφυκέναι καὶ Ἕλλησι καὶ βαρβάροις τὴν b
αὐτὴν ἅπασιν. Ἐρωτῶ οὖν αὐτὸν ἐγὼ αὐτῷ πότερον Κρα-
τύλος τῇ ἀληθείᾳ ὄνομά ἐστιν ἢ οὔ· ὁ δὲ ὁμολογεῖ. « Τί δὲ
Σωκράτει ; » ἔφην ἐγώ. « Σωκράτης », ἦ δ᾽ ὅς. « Οὐκοῦν
καὶ τοῖς ἄλλοις ἀνθρώποις πᾶσιν, ὅπερ καλοῦμεν ὄνομα

Testim. : **383 a** 5 καὶ οὐ — **b** 2 ἅπασιν Euseb., *Praep. euang.*, 11, 6 ; Greg. Corinth., Walz, *Rhet. graeci*, uol. 7, p. 1094.

Κρατύλος ἢ περὶ ὀνομάτων ὀρθότητος BTW (λογικὸς post ὀρθότητος add. b) || τὰ τοῦ διαλόγου πρόσωπα Ἑρμογένης Κρατύλος Σωκράτης Wt Ἑρμογένης Κρατύλος Σωκράτης man. recentiss. b || **383 a** 1 ἀνακοινωσώμεθα BW : -νώσωμεν T || 6 τῆς αὑτῶν φωνῆς μόριον T : τῆς αὐτῶν φωνῆς μόριον B Euseb. τῆς αὐτῶν μόριον φωνῆς W τῆς αὐτῶν φωνῆς μερίδα Greg. Cor. || **b** 2 αὐτῷ πότερον Stallbaum : εἰ αὐτῷ πότερον BW εἰ αὐτῷ T || 3 ἐστίν ἢ οὔ om. T || ὁμολογεῖ τί δὲ BT (sed in B τί δὲ euanidum) : ὁμολογεῖ αὐτῶι γε τούτῳ ὄνομα εἶναι τί δὲ W αὐτῷ γε τούτῳ ὄνομα εἶναι τί δαὶ b || 4 ἐγώ om. T.

pour toi, en tout cas, dit-il ; ton nom n'est pas Hermogène,
même si tout le monde te le donne. » Là-dessus, je le ques-
tionne, désireux de savoir ce qu'il veut dire ; mais, sans rien
384 a expliquer, il me traite avec ironie, affectant de nourrir
quelque idée en son for intérieur, et d'avoir sur ce sujet
une connaissance qui me déterminerait, s'il voulait la dire
clairement, à lui donner mon approbation et à soutenir sa
propre thèse. Si donc tu as quelque moyen d'interpréter
l'oracle de Cratyle, je l'écouterai avec plaisir. Et surtout,
j'apprendrai encore plus volontiers ce que tu penses de la
justesse des noms, s'il te plaît de le dire.

Socrate. — Fils d'Hipponicos, Hermogène, un vieux pro-
b verbe dit que « les belles choses sont difficiles » quand il
s'agit d'en apprendre la nature. En particulier, l'étude des
noms n'est pas une petite affaire. Si, pour ma part, j'avais
déjà entendu de la bouche de Prodicos la leçon de cinquante
drachmes[1] qui, à l'en croire, donne à l'auditeur une connais-
sance complète de la question, rien ne t'empêcherait de savoir
à l'instant la vérité sur la justesse des noms. Mais en fait je
c n'ai entendu que la leçon d'une drachme ; j'ignore donc
quelle peut être la vérité en ces sortes de matières. D'ailleurs
je suis prêt à la rechercher de concert avec toi et Cratyle.
Quant à nier qu'Hermogène soit ton vrai nom[2], c'est, à
ce que je soupçonne, une plaisanterie de sa part : peut-être
pense-t-il que tu échoues dans tous tes efforts pour acquérir la
fortune. Mais, je le répète, ce sont là des matières difficiles à
connaître. Il faut mettre la recherche en commun, pour exa-
miner si c'est toi qui as raison ou Cratyle.

Hermogène. — Ma foi, Socrate, je me suis souvent, pour
ma part, entretenu avec lui et avec beaucoup d'autres, sans
d pouvoir me persuader que la justesse du nom soit autre
chose qu'un accord et une convention. A mon avis, le nom
qu'on assigne à un objet est le nom juste ; le change-t-on

1. Sur ces leçons, voir Aristote, *Rhét.*, III, 14, 1415 b. Prodicos vint plusieurs fois à Athènes, envoyé en ambassade par ses concitoyens de Céos. L'*Hippias majeur*, 282 a, atteste la grande réputation que lui valut son éloquence, et les sommes prodigieuses que lui firent gagner ses leçons. Dans le *Ménon*, 96 d, Socrate dit avoir suivi son enseignement. Le souci que manifestait Prodicos de la justesse du langage est parodié dans le *Protagoras*, 337 a-c.

2. Le nom signifie : *de la race d'Hermès*, dieu du gain. Il con-

ἕκαστον, τοῦτό ἐστιν ἑκάστῳ ὄνομα; » Ὁ δέ, « Οὔκουν σοί γε », ἦ δ' ὅς, « ὄνομα Ἑρμογένης, οὐδὲ ἂν πάντες καλῶσιν ἄνθρωποι. » Καὶ ἐμοῦ ἐρωτῶντος καὶ προθυμουμένου εἰδέναι ὅ τι ποτὲ λέγει, οὔτε ἀποσαφεῖ οὐδὲν εἰρωνεύεταί τε πρός 384 a
με, προσποιούμενός τι αὐτὸς ἐν ἑαυτῷ διανοεῖσθαι ὡς εἰδὼς περὶ αὐτοῦ, ὃ εἰ βούλοιτο σαφῶς εἰπεῖν, ποιήσειεν ἂν καὶ ἐμὲ ὁμολογεῖν καὶ λέγειν ἅπερ αὐτὸς λέγει. Εἰ οὖν πῃ ἔχεις συμβαλεῖν τὴν Κρατύλου μαντείαν, ἡδέως ἂν ἀκούσαιμι· μᾶλλον δὲ αὐτῷ σοι ὅπῃ δοκεῖ ἔχειν περὶ ὀνομάτων ὀρθότητος ἔτι ἂν ἥδιον πυθοίμην, εἴ σοι βουλομένῳ ἐστίν.

ΣΩ. Ὦ παῖ Ἱππονίκου Ἑρμόγενες, παλαιὰ παροιμία ὅτι χαλεπὰ τὰ καλά ἐστιν ὅπῃ ἔχει μαθεῖν· καὶ δὴ καὶ τὸ περὶ b
τῶν ὀνομάτων οὐ σμικρὸν τυγχάνει ὂν μάθημα. Εἰ μὲν οὖν ἐγὼ ἤδη ἠκηκόη παρὰ Προδίκου τὴν πεντηκοντάδραχμον ἐπίδειξιν, ἣν ἀκούσαντι ὑπάρχει περὶ τοῦτο πεπαιδεῦσθαι, ὥς φησιν ἐκεῖνος, οὐδὲν ἂν ἐκώλυέν σε αὐτίκα μάλα εἰδέναι τὴν ἀλήθειαν περὶ ὀνομάτων ὀρθότητος· νῦν δὲ οὐκ ἀκήκοα, ἀλλὰ τὴν δραχμιαίαν. Οὔκουν οἶδα πῇ ποτε τὸ ἀληθὲς c
ἔχει περὶ τῶν τοιούτων· συζητεῖν μέντοι ἕτοιμός εἰμι καὶ σοὶ καὶ Κρατύλῳ κοινῇ. Ὅτι δὲ οὔ φησί σοι Ἑρμογένη ὄνομα εἶναι τῇ ἀληθείᾳ, ὥσπερ ὑποπτεύω αὐτὸν σκώπτειν· οἴεται γὰρ ἴσως σε χρημάτων ἐφιέμενον κτήσεως ἀποτυγχάνειν ἑκάστοτε. Ἀλλ', ὃ νῦν δὴ ἔλεγον, εἰδέναι μὲν τὰ τοιαῦτα χαλεπόν, εἰς τὸ κοινὸν δὲ καταθέντας χρὴ σκοπεῖν εἴτε ὡς σὺ λέγεις ἔχει εἴτε ὡς Κρατύλος.

ΕΡΜ. Καὶ μὴν ἔγωγε, ὦ Σώκρατες, πολλάκις δὴ καὶ τούτῳ διαλεχθεὶς καὶ ἄλλοις πολλοῖς, οὐ δύναμαι πεισθῆναι ὡς ἄλλη τις ὀρθότης ὀνόματος ἢ ξυνθήκη καὶ ὁμολογία. d
Ἐμοὶ γὰρ δοκεῖ ὅ τι ἄν τίς τῳ θῆται ὄνομα, τοῦτο εἶναι τὸ

b 6 τοῦτο B : τοῦτ' T τούτῳ W || 7 ὄνομα BT : ὄνομά ἐστιν W || **384 a** 6 ἔχειν om. T || 7 ὀρθότης Schanz pro ὀρθότητος || ἐστιν om. T || **b** 3 ἠκηκόη T : ἠκηκόειν W ἀκηκόειν B || 5 ἐκώλυέ TW : -λυσέν B (-λυσε b) || **c** 3 οὔ φήσει BtW || 4 σκοπειν in marg. add. T || 6 ἑκάστοτε om. T || **d** 2 εἶναι BW : εἶναι καὶ T.

ensuite en un autre, en abandonnant celui-là, le second n'est pas moins juste que le premier ; c'est ainsi que nous changeons le nom de nos serviteurs, sans que le nom substitué soit moins exact que le précédent. Car la nature n'assigne aucun nom en propre à aucun objet : c'est affaire d'usage et de coutume chez ceux qui ont pris l'habitude de donner
e les noms. Mais s'il en va autrement, je suis prêt, quant à moi, à m'en instruire, et à l'entendre non seulement de la bouche de Cratyle, mais de n'importe quel autre.

385 a *Entretien de Socrate et d'Hermogène. Le nom peut être vrai ou faux.*

SOCRATE. — Peut-être as-tu raison[1], Hermogène; mais examinons la chose. L'appellation qu'on attribue à chaque objet est le nom de chacun ?

HERMOGÈNE. — C'est mon avis.

SOCRATE. — Que ce soit un particulier ou la cité qui la donne ?

HERMOGÈNE. — Oui.

SOCRATE. — Comment ? si j'appelle, moi, un être quelconque, — par exemple, ce que nous appelons aujourd'hui un homme, si, moi, je le nomme cheval, et ce que nous appelons cheval, si je l'appelle homme, le même être portera-t-il pour tout le monde le nom d'homme, mais pour moi en particulier celui de cheval ? Et inversement, le nom d'homme pour moi, mais celui de cheval pour tout le monde ? Est-ce là ce que tu veux dire ?

b HERMOGÈNE. — C'est mon avis.

SOCRATE. — Voyons, dis-moi encore. Y a-t-il une chose que tu appelles dire vrai et dire faux ?

HERMOGÈNE. — Oui.

SOCRATE. — Il y aurait donc un discours vrai et un faux[2] ?

HERMOGÈNE. — Parfaitement.

SOCRATE. — Celui qui dit les choses qui sont comme elles sont est vrai, et celui qui les dit comme elles ne sont pas est faux ?

HERMOGÈNE. — Oui.

vient mal à Hermogène qui a des embarras d'argent (cf. 408 b).

1. Τι λέγειν : *dire quelque chose qui compte*, est un emploi fréquent. Comp. τις εἶναι : *être quelqu'un d'importance*.

2. Ceci est une allusion à la thèse célèbre soutenue par les

ὀρθόν· καὶ ἂν αὖθίς γε ἕτερον μεταθῆται, ἐκεῖνο δὲ μηκέτι καλῇ, οὐδὲν ἧττον τὸ ὕστερον ὀρθῶς ἔχειν τοῦ προτέρου, ὥσπερ τοῖς οἰκέταις ἡμεῖς μετατιθέμεθα, οὐδὲν ἧττον τοῦτ' εἶναι ὀρθὸν τὸ μετατεθὲν τοῦ πρότερον κειμένου· οὐ γὰρ φύσει ἑκάστῳ πεφυκέναι ὄνομα οὐδὲν οὐδενί, ἀλλὰ νόμῳ καὶ ἔθει τῶν ἐθισάντων τε καὶ καλούντων. Εἰ δέ πῃ ἄλλῃ
ἔχει, ἕτοιμος ἔγωγε καὶ μανθάνειν καὶ ἀκούειν οὐ μόνον e
παρὰ Κρατύλου, ἀλλὰ καὶ παρ' ἄλλου ὁτουοῦν.

ΣΩ. Ἴσως μέντοι τι λέγεις, ὦ Ἑρμόγενες· σκεψώμεθα 385 a
δέ. Ὃ ἂν θῇ καλεῖν τις ἕκαστον, τοῦτ' ἐστὶν ἑκάστῳ ὄνομα ;

ΕΡΜ. Ἔμοιγε δοκεῖ.

ΣΩ. Καὶ ἐὰν ἰδιώτης καλῇ καὶ ἐὰν πόλις ;

ΕΡΜ. Φημί.

ΣΩ. Τί οὖν ; ἐὰν ἐγὼ καλῶ ὁτιοῦν τῶν ὄντων, οἷον ὃ νῦν καλοῦμεν ἄνθρωπον, ἐὰν ἐγὼ τοῦτο ἵππον προσαγορεύω, ὃ δὲ νῦν ἵππον, ἄνθρωπον, ἔσται δημοσίᾳ μὲν ὄνομα ἄνθρωπος τῷ αὐτῷ, ἰδίᾳ δὲ ἵππος ; καὶ ἰδίᾳ μὲν αὖ ἄνθρωπος, δημοσίᾳ δὲ ἵππος ; οὕτω λέγεις ;

ΕΡΜ. Ἔμοιγε δοκεῖ. b

ΣΩ. Φέρε δή μοι τόδε εἰπέ· καλεῖς τι ἀληθῆ λέγειν καὶ ψευδῆ ;

ΕΡΜ. Ἔγωγε.

ΣΩ. Οὐκοῦν εἴη ἂν λόγος ἀληθής, ὁ δὲ ψευδής ;

ΕΡΜ. Πάνυ γε.

ΣΩ. Ἆρ' οὖν οὗτος ὃς ἂν τὰ ὄντα λέγῃ ὡς ἔστιν, ἀληθής· ὃς δ' ἂν ὡς οὐκ ἔστιν, ψευδής ;

ΕΡΜ. Ναί.

d 3 καὶ ἐὰν W || 6 οὐδὲν— 7 κειμένου om. T || 8 ἐθισάντων BT γρ. W : μεθιστάντων W || **385 a** 2 ὃ ἂν T : ὃ ἐὰν BW || θῇ καλεῖν BW : φῇς (θῇ in marg. t) καλεῖ T || ἔστιν om. T || 5 καὶ ἐὰν BtW : καὶ ἂν T || ἐὰν πόλις BtW : ἂν πόλις T || 7 ἐὰν B : ἂν TW || **b** 1 τί γὰρ ἂν ἄλλο τις φαίη ad δοκεῖ add. W || 2 τι Bt et W (?) : τὰ T || 5 ἀληθής BT : ὁ μὲν ἀληθής W.

Socrate. — Il est donc possible de dire par le discours ce qui est et ce qui n'est pas?

Hermogène. — Parfaitement.

c Socrate. — Et le discours vrai, est-ce dans l'ensemble qu'il est vrai, sans que ses parties le soient ?

Hermogène. — Non, ses parties le sont aussi.

Socrate. — Est-ce les parties principales qui sont vraies, et non les petites ? Ou le sont-elles toutes ?

Hermogène. — Toutes, à mon avis.

Socrate. — Peux-tu donc énoncer une partie du discours plus petite qu'un nom ?

Hermogène. — Non, c'est la plus petite.

Socrate. — Alors, le nom qui fait partie du discours vrai, on l'énonce ?

Hermogène. — Oui.

Socrate. — Et il est vrai, suivant toi.

Hermogène. — Oui.

Socrate. — Et la partie du discours faux, n'est-ce pas une fausseté ?

Hermogène. — Sans doute.

Socrate. — On peut donc dire un nom vrai ou faux, si c'est possible du discours ?

d Hermogène. — Évidemment.

Socrate. — Le nom que chacun attribue à un objet est donc le nom de chacun ?

Hermogène. — Oui.

Socrate. — Chaque objet aura-t-il autant de noms qu'on lui en attribuera, et au moment qu'on les lui attribuera ?

Hermogène. — En effet, Socrate, je ne conçois, pour ma part, qu'une juste façon de dénommer : je puis[1] appeler chaque objet[2] de tel nom, établi par moi ; toi, de tel autre, établi par toi. Il en est de même pour les cités. Je les vois
e parfois assigner chacune un nom différent aux mêmes objets,

sophistes que l'on ne peut dire ce qui n'est pas, et par suite qu'il est impossible de parler faux (voir l'*Euthydème*). Elle sera reprise plus loin par Cratyle (429 c d), et réfutée par Socrate. Platon y reviendra dans le *Sophiste* (236 e-246 a), jugeant alors que cette proposition paradoxale mérite un examen approfondi.

1. Εἶναι équivaut à ἐξεῖναι.

2. La construction habituelle est καλεῖν ὄνομά τινα, mais on trouve souvent chez Platon l'objet nommé au datif (cf. 419 c e).

ΣΩ. Ἔστιν ἄρα τοῦτο, λόγῳ λέγειν τὰ ὄντα τε καὶ μή ;

ΕΡΜ. Πάνυ γε.

ΣΩ. Ὁ λόγος δ' ἐστὶν ὁ ἀληθὴς πότερον ὅλος μὲν ἀλη- c
θής, τὰ μόρια δ' αὐτοῦ οὐκ ἀληθῆ ;

ΕΡΜ. Οὔκ, ἀλλὰ καὶ τὰ μόρια.

ΣΩ. Πότερον δὲ τὰ μὲν μεγάλα μόρια ἀληθῆ, τὰ δὲ σμικρὰ οὔ· ἢ πάντα ;

ΕΡΜ. Πάντα, οἶμαι ἔγωγε.

ΣΩ. Ἔστιν οὖν ὅ τι λέγεις λόγου σμικρότερον μόριον ἄλλο ἢ ὄνομα ;

ΕΡΜ. Οὔκ, ἀλλὰ τοῦτο σμικρότατον.

ΣΩ. Καὶ τὸ ὄνομα ἄρα τὸ τοῦ ἀληθοῦς λόγου λέγεται :

ΕΡΜ. Ναί.

ΣΩ. Ἀληθές γε, ὡς φῄς.

ΕΡΜ. Ναί.

ΣΩ. Τὸ δὲ τοῦ ψευδοῦς μόριον οὐ ψεῦδος ;

ΕΡΜ. Φημί.

ΣΩ. Ἔστιν ἄρα ὄνομα ψευδὲς καὶ ἀληθὲς λέγειν, εἴπερ καὶ λόγον ;

ΕΡΜ. Πῶς γὰρ οὔ ; d

ΣΩ. Ὃ ἂν ἄρα ἕκαστος φῇ τῳ ὄνομα εἶναι, τοῦτό ἐστιν ἑκάστῳ ὄνομα ;

ΕΡΜ. Ναί.

ΣΩ. Ἦ καὶ ὁπόσα ἂν φῇ τις ἑκάστῳ ὀνόματα εἶναι, τοσαῦτα ἔσται καὶ τότε ὁπόταν φῇ ;

ΕΡΜ. Οὐ γὰρ ἔχω ἔγωγε, ὦ Σώκρατες, ὀνόματος ἄλλην ὀρθότητα ἢ ταύτην, ἐμοὶ μὲν ἕτερον εἶναι καλεῖν ἑκάστῳ ὄνομα, ὃ ἐγὼ ἐθέμην, σοὶ δὲ ἕτερον, ὃ αὖ σύ. Οὕτω δὲ καὶ
ταῖς πόλεσιν ὁρῶ ἰδίᾳ ἑκάσταις ἐνίοτ' ἐπὶ τοῖς αὐτοῖς e

c 1 ὅλος μὲν BW : μὲν ὅλος T || 9 τοῦτο T : τὸ BW || 14 ψευδοῦς Ven. 185 : ψεύδους || 16 ψευδὲς W : ψεῦδος BT || d 5 τις φῇ T || 9 σοὶ δὲ ἑκάτερον W || αὖ Hirschig : ἂν || e 1 ἑκάσταις om. T || ἐνίοτ' Buttmann : ἐνίοις BW om. T.

des Grecs se séparer[1] ainsi des autres Grecs, et les Grecs des Barbares.

Les choses ont une essence stable, qui ne dépend pas de nous.

Socrate. — Or çà, voyons un peu, Hermogène. Crois-tu qu'il en soit ainsi des êtres eux-mêmes, et que leur essence varie avec chaque individu ? — c'était la thèse de Protagoras, quand il
386 a déclarait que l'homme « est la mesure de toutes choses »[2], voulant dire sans doute que telles les choses me paraissent, telles elles me sont, et que telles elles te paraissent, telles elles te sont — ou bien te semblent-ils par eux-mêmes avoir dans leur essence une certaine permanence ?

Hermogène. — Il m'est déjà arrivé, Socrate, de me laisser entraîner[3] dans mon embarras à la thèse de Protagoras. Et pourtant, ce n'est pas précisément[4] mon opinion.

Socrate. — Eh bien, t'es-tu déjà laissé entraîner à croire
b qu'il n'existe absolument pas d'homme méchant ?

Hermogène. — Non, par Zeus ! J'en ai fait assez souvent l'épreuve pour croire qu'il y a des hommes tout à fait méchants, et en très grand nombre.

Socrate. — Et des hommes tout à fait bons, n'as-tu pas encore cru qu'il en existe ?

Hermogène. — Fort peu.

Socrate. — Mais enfin tu l'as cru ?

Hermogène. — Oui.

Socrate. — Quelle est donc ton opinion là-dessus ? Ne penses-tu pas que les hommes tout à fait bons sont tout à fait raisonnables, et les hommes tout à fait méchants tout à fait déraisonnables ?

c Hermogène. — C'est mon avis.

Socrate. — Se peut-il donc, si Protagoras disait vrai et si la vérité est que les choses sont ce qu'elles paraissent à

1. Παρὰ : *à côté de*, par suite : *en dehors de, à la différence de*.

2. Cette formule fameuse de Protagoras est de nouveau examinée dans le *Théétète*, qui reproduit presque littéralement (152 a) ces lignes du *Cratyle*. Mais Platon l'y soumet à une réfutation plus détaillée et décisive (178 b sq.). Voir la *Notice*, p. 47.

3. Ἐνταῦθα est expliqué par εἰς ἅπερ — λέγει.

4. Οὐ πάνυ est souvent une litote exprimant une négation énergique ; voir plus loin (319 c) ὅλως οὐχ.

κείμενα ὀνόματα, καὶ Ἕλλησι παρὰ τοὺς ἄλλους Ἕλληνας, καὶ Ἕλλησι παρὰ βαρβάρους.

ΣΩ. Φέρε δὴ ἴδωμεν, ὦ Ἑρμόγενες, πότερον καὶ τὰ ὄντα οὕτως ἔχειν σοι φαίνεται, ἰδίᾳ αὐτῶν ἡ οὐσία εἶναι ἑκάστῳ, ὥσπερ Πρωταγόρας ἔλεγεν, λέγων « πάντων χρημάτων μέτρον » εἶναι ἄνθρωπον, ὡς ἄρα οἷα μὲν ἂν ἐμοὶ φαίνηται 386 a
τὰ πράγματα εἶναι, τοιαῦτα μὲν ἔστιν ἐμοί, οἷα δ' ἂν σοί, τοιαῦτα δὲ σοί· ἢ ἔχειν δοκεῖ σοι αὐτὰ αὑτῶν τινα βεβαιότητα τῆς οὐσίας ;

ΕΡΜ. Ἤδη ποτὲ ἔγωγε, ὦ Σώκρατες, ἀπορῶν καὶ ἐνταῦθα ἐξηνέχθην εἰς ἅπερ Πρωταγόρας λέγει· οὐ πάνυ τι μέντοι μοι δοκεῖ οὕτως ἔχειν.

ΣΩ. Τί δέ ; ἐς τόδε ἤδη ἐξηνέχθης ὥστε μὴ πάνυ σοι δοκεῖν εἶναί τινα ἄνθρωπον πονηρόν ; b

ΕΡΜ. Οὐ μὰ τὸν Δία, ἀλλὰ πολλάκις δὴ αὐτὸ πέπονθα, ὥστε μοι δοκεῖν πάνυ πονηροὺς εἶναί τινας ἀνθρώπους, καὶ μάλα συχνούς.

ΣΩ. Τί δέ ; πάνυ χρηστοὶ οὔπω σοι ἔδοξαν εἶναι ἄνθρωποι ;

ΕΡΜ. Καὶ μάλα ὀλίγοι.

ΣΩ. Ἔδοξαν δ' οὖν ;

ΕΡΜ. Ἔμοιγε.

ΣΩ. Πῶς οὖν τοῦτο τίθεσαι ; ἆρ' ὧδε, τοὺς μὲν πάνυ χρηστοὺς πάνυ φρονίμους, τοὺς δὲ πάνυ πονηροὺς πάνυ ἄφρονας ;

ΕΡΜ. Ἔμοιγε δοκεῖ οὕτως. c

ΣΩ. Οἷόν τε οὖν ἐστιν, εἰ Πρωταγόρας ἀληθῆ ἔλεγεν καὶ ἔστιν αὕτη ἡ ἀλήθεια, τὸ οἷα ἂν δοκῇ ἑκάστῳ τοιαῦτα

e 3 παρὰ om. B add. b || 4 ἴδωμεν Wbt : εἰδῶ- BT || 5 σοι om. W || ἑκάστῳ ἡμῶν W || **386 a** 2 εἶναι om. T || 3 τοιαῦτα δέ σοι T : τοιάδε B τοιαῦτα δ' αὖ σοί W || δοκεῖ σοι ἄττα T || αὑτῶν B : αὐ- TW || 8 δὲ B : δαὶ TWb (ἐ) || **b** 2 αὐτὸ TW : ταυ- B || 5 δὲ B : δαὶ Tb δαὶ W || ἄνθρωποι om. T || **c** 2 ἐστιν om. T.

chacun, que parmi nous les uns soient raisonnables et les autres déraisonnables [1] ?

HERMOGÈNE. — Non certes.

SOCRATE. — Et ainsi, j'imagine, tu es tout à fait d'avis, puisqu'il y a une raison et une déraison, qu'il est tout à fait impossible que Protagoras ait dit vrai. Car l'un ne saurait point sans doute être plus raisonnable que l'autre, si les
d opinions de chacun sont pour chacun la vérité.

HERMOGÈNE. — C'est cela.

SOCRATE. — Mais tu n'admets pas non plus, je pense, avec Euthydème [2], que toutes choses soient pareillement à tous à la fois et toujours. Car les uns ne sauraient non plus être bons, ni les autres méchants, si à tous pareillement et toujours appartenaient vertu et vice.

HERMOGÈNE. — Tu dis vrai.

SOCRATE. — Par conséquent, s'il n'est pas vrai que toutes choses soient pareillement à tous à la fois et toujours, ni que
e chacune soit propre à chacun, il est clair que les choses ont par elles-mêmes un certain être permanent, qui n'est ni relatif à nous ni dépendant de nous. Elles ne se laissent pas entraîner çà et là au gré de notre imagination ; mais elles existent par elles-mêmes, selon leur être propre et conformément à leur nature.

HERMOGÈNE. — C'est mon avis, Socrate.

Il en est des actes comme des choses.

SOCRATE. — Les choses elles-mêmes auront-elles donc cette nature sans qu'il en soit ainsi des actes qui s'y rapportent [3] ? Ceux-ci, je veux dire les actes, ne sont-ils pas, eux aussi, une forme déterminée de réalité ?

HERMOGÈNE. — Parfaitement, eux aussi.

387 a SOCRATE. — C'est donc en conformité avec leur propre nature que se font les actes, et non pas selon notre façon de voir. Par exemple, si nous entreprenons, nous, de couper quelque objet, devons-nous couper chacun comme il nous plaît et avec ce qu'il nous plaît ? N'est-ce pas en voulant

1. La distinction entre sages et non sages reparaît dans le *Théétète*, 171 c.

2. C'est le sophiste mis en scène dans le dialogue du même nom. Pour la thèse qui lui est attribuée ici, cf. *Euthyd.*, 294 a sq. ; 296 c.

3. L'expression a un sens à la fois actif et passif : c'est la façon

καὶ εἶναι, τοὺς μὲν ἡμῶν φρονίμους εἶναι, τοὺς δὲ ἄφρονας ;

ΕΡΜ. Οὐ δῆτα.

ΣΩ. Καὶ ταῦτά γε, ὡς ἐγῷμαι, σοὶ πάνυ δοκεῖ, φρονήσεως οὔσης καὶ ἀφροσύνης μὴ πάνυ δυνατὸν εἶναι Πρωταγόραν ἀληθῆ λέγειν· οὐδὲν γὰρ ἄν που τῇ ἀληθείᾳ ὁ ἕτερος τοῦ ἑτέρου φρονιμώτερος εἴη, εἴπερ ἃ ἂν ἑκάστῳ δοκῇ ἑκάστῳ ἀληθῆ ἔσται. d

ΕΡΜ. Ἔστι ταῦτα.

ΣΩ. Ἀλλὰ μὴν οὐδὲ κατ' Εὐθύδημόν γε οἶμαι σοὶ δοκεῖ πᾶσι πάντα ὁμοίως εἶναι ἅμα καὶ ἀεί· οὐδὲ γὰρ ἂν οὕτως εἶεν οἱ μὲν χρηστοί, οἱ δὲ πονηροί, εἰ ὁμοίως ἅπασι καὶ ἀεὶ ἀρετή τε καὶ κακία εἴη.

ΕΡΜ. Ἀληθῆ λέγεις.

ΣΩ. Οὐκοῦν εἰ μήτε πᾶσι πάντα ἐστὶν ὁμοίως ἅμα καὶ ἀεί, μήτε ἑκάστῳ ἰδίᾳ ἕκαστον τῶν ὄντων ἐστίν, δῆλον δὴ ὅτι αὐτὰ αὑτῶν οὐσίαν ἔχοντά τινα βέβαιόν ἐστι τὰ πρά- e
γματα, οὐ πρὸς ἡμᾶς οὐδὲ ὑφ' ἡμῶν, ἑλκόμενα ἄνω καὶ κάτω τῷ ἡμετέρῳ φαντάσματι, ἀλλὰ καθ' αὑτὰ πρὸς τὴν αὑτῶν οὐσίαν ἔχοντα ᾗπερ πέφυκεν.

ΕΡΜ. Δοκεῖ μοι, ὦ Σώκρατες, οὕτως ἔχειν.

ΣΩ. Πότερον οὖν αὐτὰ μὲν ἂν εἴη οὕτω πεφυκότα, αἱ δὲ πράξεις αὐτῶν οὐ κατὰ τὸν αὐτὸν τρόπον ; ἢ οὐ καὶ αὗται ἕν τι εἶδος τῶν ὄντων εἰσίν, αἱ πράξεις ;

ΕΡΜ. Πάνυ γε καὶ αὗται.

ΣΩ. Κατὰ τὴν αὑτῶν ἄρα φύσιν καὶ αἱ πράξεις πράτ- 387 a
τονται, οὐ κατὰ τὴν ἡμετέραν δόξαν. Οἷον ἐάν τι ἐπιχειρήσωμεν ἡμεῖς τῶν ὄντων τέμνειν, πότερον ἡμῖν τμητέον ἐστὶν ἕκαστον ὡς ἂν ἡμεῖς βουλώμεθα καὶ ᾧ ἂν βουληθῶμεν,

c 10 ἑτέρου ἡμῶν W || ὃ ἐὰν T || **d** 9 τῶν ὄντων ἐστίν om. T || **e** 1 αὑτῶν B : αὐ- TW || 2 πρὸς ἡμᾶς ὄντα W || 3 ἀλλὰ καὶ T || αὑτῶν codd. || 4 ἥ*περ B || 5 οὕτως ἔχειν BW : οὕτω T || 6 ἂν εἴη BW in marg. T : ἀεὶ ἢ T || 8-9 αὗται (bis) Heindorf : αὐ- || **387 a** 1 αὑτῶν T : αὐ- || 4 ἐστὶν om. T.

couper chacun suivant la façon naturelle de couper et d'être coupé, et avec ce qui y est naturellement propre, que nous couperons et réussirons et ferons correctement la chose, tandis qu'en allant contre la nature, nous manquerons le but et n'aboutirons à rien ?

b HERMOGÈNE. — C'est mon avis.

SOCRATE. — Et si nous entreprenons de brûler quelque chose, ce n'est pas en nous réglant sur n'importe quelle opinion qu'il faut le faire, mais sur l'opinion juste ? Et c'est celle qui indique comment et avec quoi chaque chose est naturellement propre à être brûlée et à brûler ?

HERMOGÈNE. — C'est cela.

SOCRATE. — De même aussi pour le reste ?

HERMOGÈNE. — Parfaitement.

Nommer est une partie de l'acte de parler.

SOCRATE. — Et parler, n'est-ce pas aussi un acte ?

HERMOGÈNE. — Oui.

SOCRATE. — Est-ce donc en suivant son opinion particulière c sur la façon dont on doit parler qu'on parlera correctement ? N'est-ce pas en se réglant sur la manière et les moyens qu'ont naturellement les choses d'exprimer et d'être exprimées par la parole, qu'on réussira à parler, sans quoi l'on manquera le but et l'on n'aboutira à rien ?

HERMOGÈNE. — Je suis de ton avis.

SOCRATE. — Or nommer, n'est-ce pas une partie de l'action de parler ? Car en nommant, n'est-ce pas ? on parle.

HERMOGÈNE. — Parfaitement.

SOCRATE. — Nommer est donc un acte, si parler était bien un acte qui se rapporte aux choses [1] ?

HERMOGÈNE. — Oui.

d SOCRATE. — Et les actes, nous l'avons vu, ne sont pas relatifs à nous, mais ont une certaine nature qui leur est propre ?

qu'ont les choses d'agir et d'être « agies » (Voir plus loin). Sur la notion de πρᾶξις, cf. *Théétète*, 155 e, et *Sophiste*, 262 b sq. Les πράξεις sont définies ici « une forme déterminée de réalité » ; le *Théétète* parle de ces gens qui refusent au contraire de les admettre au partage de l'être.

1. Horn (*Platonstudien, Neue Folge*, 1904, p. 25) note le caractère remarquable de cette définition. Pour Socrate, le langage est moins un moyen qu'ont les hommes de se comprendre qu'une forme d'acti-

ἢ ἐὰν μὲν κατὰ τὴν φύσιν βουληθῶμεν ἕκαστον τέμνειν τοῦ τέμνειν τε καὶ τέμνεσθαι καὶ ᾧ πέφυκε, τεμοῦμέν τε καὶ πλέον τι ἡμῖν ἔσται καὶ ὀρθῶς πράξομεν τοῦτο, ἐὰν δὲ παρὰ φύσιν, ἐξαμαρτησόμεθά τε καὶ οὐδὲν πράξομεν ;

ΕΡΜ. Ἔμοιγε δοκεῖ οὕτω. b

ΣΩ. Οὐκοῦν καὶ ἐὰν κάειν τι ἐπιχειρήσωμεν, οὐ κατὰ πᾶσαν δόξαν δεῖ κάειν, ἀλλὰ κατὰ τὴν ὀρθήν ; αὕτη δ' ἐστὶν ᾗ πέφυκεν ἕκαστον κάεσθαί τε καὶ κάειν καὶ ᾧ πέφυκεν ;

ΕΡΜ. Ἔστι ταῦτα.

ΣΩ. Οὐκοῦν καὶ τἆλλα οὕτω ;

ΕΡΜ. Πάνυ γε.

ΣΩ. Ἆρ' οὖν οὐ καὶ τὸ λέγειν μία τις τῶν πράξεών ἐστιν ;

ΕΡΜ. Ναί.

ΣΩ. Πότερον οὖν ᾗ ἂν τῳ δοκῇ λεκτέον εἶναι, ταύτῃ λέγων ὀρθῶς λέξει, ἢ ἐὰν μὲν ᾗ πέφυκε τὰ πράγματα λέγειν c
τε καὶ λέγεσθαι καὶ ᾧ, ταύτῃ καὶ τούτῳ λέγῃ, πλέον τέ τι ποιήσει καὶ ἐρεῖ· ἂν δὲ μή, ἐξαμαρτήσεταί τε καὶ οὐδὲν ποιήσει ;

ΕΡΜ. Οὕτω μοι δοκεῖ ὡς λέγεις.

ΣΩ. Οὐκοῦν τοῦ λέγειν μόριον τὸ ὀνομάζειν ; ὀνομάζοντες γάρ που λέγουσι τοὺς λόγους.

ΕΡΜ. Πάνυ γε.

ΣΩ. Οὐκοῦν καὶ τὸ ὀνομάζειν πρᾶξίς τίς ἐστιν, εἴπερ καὶ τὸ λέγειν πρᾶξίς τις ἦν περὶ τὰ πράγματα ;

ΕΡΜ. Ναί.

ΣΩ. Αἱ δὲ πράξεις ἐφάνησαν ἡμῖν οὐ πρὸς ἡμᾶς οὖσαι, d
ἀλλ' αὐτῶν τινα ἰδίαν φύσιν ἔχουσαι ;

a 5 τεμεῖν W || b 3 δοκεῖ W pro δεῖ || 4-5 πέφυκεν Hermann : ἐπεφύκει BT : πεφύκει et mox ἐπεφύκει W || 9 μία τίς ἐστι W || 12 πότερον οὖν αὖ ἐὰν W (in marg. γρ. ᾗ ἂν) || c 3 ἂν BT : ἐὰν W || 6 ὀνομάζοντες BW : καὶ διονομάζοντες T || 9 τίς om. B || εἴπερ BT : εἴπερ γε W || 10 ἦν BT : ἐστι W || d 2 αὑτῶν B : αὐ- TW.

Hermogène. — C'est cela.

Socrate. — Il faut donc nommer les choses suivant la manière et le moyen qu'elles ont naturellement de nommer et d'être nommées, et non comme il nous plaît, si nous voulons être d'accord avec les conclusions précédentes ? C'est ainsi que nous pourrons réussir à nommer ; autrement nous ne le pourrons pas ?

Hermogène. — Il me le semble.

Le nom est un instrument qui sert à instruire, et à distinguer la réalité.

Socrate. — Voyons donc. Ce qu'il s'agissait de couper, il fallait, disons-nous, le couper avec quelque chose ?

Hermogène. — Oui.

e Socrate. — Et ce qu'il s'agissait de tisser, le tisser avec quelque chose ? Ce qu'il s'agissait de percer, le percer avec quelque chose ?

Hermogène. — Parfaitement.

Socrate. — Et ce qu'il s'agissait de nommer, il fallait le nommer avec quelque chose ?

388 a Hermogène. — C'est cela.

Socrate. — Et de quoi fallait-il se servir pour percer ?

Hermogène. — De la tarière.

Socrate. — Et pour tisser ?

Hermogène. — De la navette.

Socrate. — Et pour nommer ?

Hermogène. — Du nom.

Socrate. — Tu as raison. Ainsi le nom aussi est un instrument.

Hermogène. — Parfaitement

Socrate. — Si donc je demandais : quel instrument est la navette ? N'est-ce pas celui qui sert à tisser ?

Hermogène. — Oui.

b Socrate. — Et en tissant que faisons-nous ? Ne distinguons-nous pas la trame et la chaîne confondues ensemble ?

Hermogène. — Oui.

Socrate. — Et de la tarière et du reste, pourras-tu en dire autant ?

Hermogène. — Parfaitement.

vité par laquelle ils se mettent en rapport avec les choses. Du moins est-ce là son point de départ.

ΕΡΜ. Ἔστι ταῦτα.

ΣΩ. Οὐκοῦν καὶ ὀνομαστέον ἐστὶν ᾗ πέφυκε τὰ πράγματα ὀνομάζειν τε καὶ ὀνομάζεσθαι καὶ ᾧ, ἀλλ' οὐχ ᾗ ἂν ἡμεῖς βουληθῶμεν, εἴπερ τι τοῖς ἔμπροσθεν μέλλει ὁμολογούμενον εἶναι ; καὶ οὕτω μὲν ἂν πλέον τι ποιοῖμεν καὶ ὀνομάζοιμεν, ἄλλως δὲ οὔ ;

ΕΡΜ. Φαίνεταί μοι.

ΣΩ. Φέρε δή, ὃ ἔδει τέμνειν, ἔδει τῳ, φαμέν, τέμνειν ;

ΕΡΜ. Ναί.

ΣΩ. Καὶ ὃ ἔδει κερκίζειν, ἔδει τῳ κερκίζειν ; καὶ ὃ ἔδει e
τρυπᾶν, ἔδει τῳ τρυπᾶν ;

ΕΡΜ. Πάνυ γε.

ΣΩ. Καὶ ὃ ἔδει δὴ ὀνομάζειν, ἔδει τῳ ὀνομάζειν ;

ΕΡΜ. Ἔστι ταῦτα. 388 a

ΣΩ. Τί δὲ ἦν ἐκεῖνο ᾧ ἔδει τρυπᾶν ;

ΕΡΜ. Τρύπανον.

ΣΩ. Τί δὲ ᾧ κερκίζειν ;

ΕΡΜ. Κερκίς.

ΣΩ. Τί δὲ ᾧ ὀνομάζειν ;

ΕΡΜ. Ὄνομα.

ΣΩ. Εὖ λέγεις. Ὄργανον ἄρα τί ἐστι καὶ τὸ ὄνομα.

ΕΡΜ. Πάνυ γε.

ΣΩ. Εἰ οὖν ἐγὼ ἐροίμην « Τί ἦν ὄργανον ἡ κερκίς ; » οὐχ ᾧ κερκίζομεν ;

ΕΡΜ. Ναί.

ΣΩ. Κερκίζοντες δὲ τί δρῶμεν ; οὐ τὴν κρόκην καὶ τοὺς b
στήμονας συγκεχυμένους διακρίνομεν ;

ΕΡΜ. Ναί.

ΣΩ. Οὐκοῦν καὶ περὶ τρυπάνου ἕξεις οὕτως εἰπεῖν καὶ περὶ τῶν ἄλλων ;

ΕΡΜ. Πάνυ γε.

d 4 ἐστίν om. T || 5 ὀνομάζειν τε καὶ om. B add. b in marg. || 10 ὃ om. B add. b || τῳ T : τῷ BW || **e** 1 τῷ et statim codd. || **388 a** 2 δὲ BW : δαὶ Tb || 4 δὲ BW : δαὶ Tb || 10 ἔγωγ' W.

Socrate. — Peux-tu donc en dire autant du nom? Si le nom est un instrument, en nous en servant pour nommer, que faisons-nous?

Hermogène. — Je ne puis le dire.

Socrate. — N'est-ce pas que nous nous instruisons les uns les autres, et que nous distinguons les choses suivant leur nature?

Hermogène. — Parfaitement.

Socrate. — Ainsi le nom est un instrument qui sert à
c instruire[1], et à distinguer la réalité comme la navette fait le tissu.

Hermogène. — Oui.

Socrate. — Or la navette est un instrument de tissage?

Hermogène. — Évidemment.

Socrate. — Un bon tisserand se servira donc comme il faut de la navette, et « comme il faut » veut dire : de façon propre au tissage ; un bon instructeur, comme il faut du nom, et « comme il faut » signifie : de façon propre à instruire.

Hermogène. — Oui.

Établir les noms est l'œuvre du législateur.

Socrate. — De qui donc est l'ouvrage dont le tisserand se servira comme il faut en se servant de la navette?

Hermogène. — Du menuisier.

Socrate. — Et tout homme est-il menuisier? ou seulement celui qui possède cet art?

Hermogène. — Celui qui possède cet art.

d Socrate. — Et de qui est l'ouvrage dont le perceur se servira comme il faut en se servant de la tarière?

Hermogène. — Du forgeron.

Socrate. — Tout homme est-il donc forgeron, ou seulement celui qui possède cet art?

Hermogène. — Celui qui possède cet art.

Socrate. — Bien. Et de qui est l'ouvrage dont se servira le bon instructeur en se servant du nom?

Hermogène. — Je ne le sais pas davantage.

Socrate. — Ne peux-tu dire non plus qui met à notre disposition les noms dont nous nous servons?

1. La proposition est admise ici sans discussion, ce qui s'explique

ΣΩ. Ἔχεις δὴ καὶ περὶ ὀνόματος οὕτως εἰπεῖν; ὀργάνῳ ὄντι τῷ ὀνόματι ὀνομάζοντες τί ποιοῦμεν;

ΕΡΜ. Οὐκ ἔχω λέγειν.

ΣΩ. Ἆρ' οὖν διδάσκομέν τι ἀλλήλους καὶ τὰ πράγματα διακρίνομεν ᾗ ἔχει;

ΕΡΜ. Πάνυ γε.

ΣΩ. Ὄνομα ἄρα διδασκαλικόν τί ἐστιν ὄργανον καὶ διακριτικὸν τῆς οὐσίας, ὥσπερ κερκὶς ὑφάσματος. c

ΕΡΜ. Ναί.

ΣΩ. Ὑφαντικὸν δέ γε ἡ κερκίς;

ΕΡΜ. Πῶς δ' οὔ;

ΣΩ. Ὑφαντικὸς μὲν ἄρα κερκίδι καλῶς χρήσεται, καλῶς δ' ἐστὶν ὑφαντικῶς· διδασκαλικὸς δὲ ὀνόματι ⟨καλῶς⟩· καλῶς δ' ἐστὶ διδασκαλικῶς.

ΕΡΜ. Ναί.

ΣΩ. Τῷ τίνος οὖν ἔργῳ ὁ ὑφάντης καλῶς χρήσεται, ὅταν τῇ κερκίδι χρῆται;

ΕΡΜ. Τῷ τοῦ τέκτονος.

ΣΩ. Πᾶς δὲ τέκτων ἢ ὁ τὴν τέχνην ἔχων;

ΕΡΜ. Ὁ τὴν τέχνην.

ΣΩ. Τῷ τίνος δὲ ἔργῳ ὁ τρυπητὴς καλῶς χρήσεται, d ὅταν τῷ τρυπάνῳ χρῆται;

ΕΡΜ. Τῷ τοῦ χαλκέως.

ΣΩ. Ἆρ' οὖν πᾶς χαλκεὺς ἢ ὁ τὴν τέχνην ἔχων;

ΕΡΜ. Ὁ τὴν τέχνην.

ΣΩ. Εἶεν. Τῷ δὲ τίνος ἔργῳ ὁ διδασκαλικὸς χρήσεται, ὅταν τῷ ὀνόματι χρῆται;

ΕΡΜ. Οὐδὲ τοῦτ' ἔχω.

ΣΩ. Οὐδὲ τοῦτό γ' ἔχεις εἰπεῖν, τίς παραδίδωσιν ἡμῖν τὰ ὀνόματα οἷς χρώμεθα;

b 8 ποιοῖμεν B || 10 οὖν codd. sed litera ν punctis notata in B οὐ Stephanus || **c** 5 χεχρήσεται T || 6 καλῶς· καλῶς man. rec. Coislin. 155 : καλῶς || 12 τέκτων ἐστὶν Wb || **d** 2 ὅταν τῷ τρυπάνῳ χρῆται om. T || 4 ὁ τὴν τέχνην om. B ὁ τὴν τέχνην ἔχων add. b in marg. || 5 ὁ τὴν τέχνην om. W || 9 τοῦτό γ' BW : τοῦτ' T.

Hermogène. — Certes non.

Socrate. — N'est-ce pas la loi (l'usage) à ton avis qui les met à notre disposition ?

Hermogène. — Apparemment.

e Socrate. — C'est donc l'ouvrage du législateur [1] que le bon instructeur utilisera en se servant du nom ?

Hermogène. — C'est mon avis.

Socrate. — Et législateur, tout homme l'est-il à ton avis, ou seulement celui qui possède cet art ?

Hermogène. — Celui qui possède cet art.

Socrate. — Ainsi, Hermogène, ce n'est pas au premier
389 a venu qu'il appartient d'établir le nom, mais à un faiseur de noms ; et celui-là, semble-t-il, est le législateur, c'est-à-dire l'artisan qui se rencontre le plus rarement chez les humains.

Hermogène. — Il le semble.

La tâche du législateur.

Socrate. — Or ça, examine donc sur quoi le législateur fixe les yeux quand il établit les noms. Remonte, pour l'examiner, aux exemples précédents. Sur quoi le menuisier a-t-il les yeux quand il fait la navette ? N'est-ce pas sur un objet naturellement propre au tissage ?

Hermogène. — Parfaitement.

b Socrate. — Et si la navette se brise pendant la fabrication, en refera-t-il une autre en tenant les yeux sur la navette brisée, ou sur cette forme dont il s'inspirait en faisant la navette qu'il a brisée ?

Hermogène. — Sur cette forme-là, ce me semble.

Socrate. — Nous serions donc tout à fait en droit de l'appeler la navette en soi ?

Hermogène. — C'est mon avis.

Socrate. — Quand il s'agit de faire une navette pour un

si les noms ont « une certaine justesse naturelle ». Plus loin elle sera reprise par Cratyle, qui lui donnera d'ailleurs une forme plus précise et absolue. Socrate alors la combattra, en montrant qu'elle n'est plus soutenable si la convention a une part dans la formation du langage.

1. Socrate laisse dans le vague cette notion du *législateur*, dont les commentateurs ont beaucoup discuté, les uns y voyant le peuple, d'autres un personnage mythique ou un homme doué d'un instinct divin, d'autres enfin les premiers hommes.

ΕΡΜ. Οὐ δῆτα.

ΣΩ. Ἆρ' οὐχὶ ὁ νόμος δοκεῖ σοι εἶναι ὁ παραδιδοὺς αὐτά ;

ΕΡΜ. Ἔοικεν.

ΣΩ. Νομοθέτου ἄρα ἔργῳ χρήσεται ὁ διδασκαλικὸς ὅταν e
ὀνόματι χρῆται ;

ΕΡΜ. Δοκεῖ μοι.

ΣΩ. Νομοθέτης δέ σοι δοκεῖ πᾶς εἶναι ἀνὴρ ἢ ὁ τὴν τέχνην ἔχων ;

ΕΡΜ. Ὁ τὴν τέχνην.

ΣΩ. Οὐκ ἄρα παντὸς ἀνδρός, ὦ Ἑρμόγενες, ὄνομα θέσθαι
ἐστίν, ἀλλά τινος ὀνοματουργοῦ· οὗτος δ' ἐστίν, ὡς ἔοικεν, 389 a
ὁ νομοθέτης, ὃς δὴ τῶν δημιουργῶν σπανιώτατος ἐν ἀνθρώποις γίγνεται.

ΕΡΜ. Ἔοικεν.

ΣΩ. Ἴθι δή, ἐπίσκεψαι ποῖ βλέπων ὁ νομοθέτης τὰ ὀνόματα τίθεται· ἐκ τῶν ἔμπροσθεν δὲ ἀνάσκεψαι. Ποῖ βλέπων ὁ τέκτων τὴν κερκίδα ποιεῖ ; ἆρ' οὐ πρὸς τοιοῦτόν τι ὃ πέφυκε κερκίζειν ;

ΕΡΜ. Πάνυ γε.

ΣΩ. Τί δέ ; ἂν καταγῇ αὐτῷ ἡ κερκὶς ποιοῦντι, πότερον b
πάλιν ποιήσει ἄλλην πρὸς τὴν κατεαγυῖαν βλέπων, ἢ πρὸς
ἐκεῖνο τὸ εἶδος πρὸς ὅπερ καὶ ἣν κατέαξεν ἐποίει ;

ΕΡΜ. Πρὸς ἐκεῖνο, ἔμοιγε δοκεῖ.

ΣΩ. Οὐκοῦν ἐκεῖνο δικαιότατ' ἂν αὐτὸ ὃ ἔστιν κερκὶς καλέσαιμεν ;

ΕΡΜ. Ἔμοιγε δοκεῖ.

ΣΩ. Οὐκοῦν ἐπειδὰν δέῃ λεπτῷ ἱματίῳ ἢ παχεῖ ἢ λινῷ

d 12 ὁ νόμος BW in marg. t : ὀνόματος T || εἶναι om. T || 13 αὐτὰ BT : ταῦτα W || e 4 πᾶς ἂν εἶναι W || 389 a 1 ἐστὶν om. T || 2 ἐν om. T || 7 τοιοῦτό W || 8 πέφυκε cum duobus codd. Stallbaum : πεφύκει BW ἐπεφύκει T || b 1 δὲ TW : δαὶ B uel b || ἡ supra uers. add. t || 5 οὐκοῦν — 7 δοκεῖ om. B in marg. add. b || 8 λινῷ BW et man. recentiss. T : λίνῳ Tb.

vêtement léger ou épais, de lin, de laine ou de toute autre sorte, toutes doivent avoir la forme de la navette, et, d'autre part, il faut appliquer à chaque ouvrage [1] le type qui est natu-
c rellement le plus approprié à chaque objet [2] ?

Hermogène. — Oui.

Socrate. — Et de même pour les autres instruments : une fois trouvé l'instrument qui, par nature, est approprié à chaque objet [3], on doit en appliquer la forme à la matière [4] dont on fait l'ouvrage [5], en la choisissant non pas comme on veut, mais d'après sa propriété naturelle. Par exemple, c'est la forme de tarière naturellement appropriée à chaque objet qu'il faut, semble-t-il, savoir imposer au fer.

Hermogène. — Parfaitement.

Socrate. — Et au bois la forme de navette naturellement appropriée à chacun.

Hermogène. — C'est cela.

d Socrate. — Nous avons vu en effet qu'à chaque genre de tissu était naturellement propre, semble-t-il, chaque sorte de navette, et de même pour le reste.

Hermogène. — Oui.

Socrate. — Eh bien, mon excellent ami, le nom qui est naturellement approprié à chaque objet, notre législateur ne doit-il pas savoir l'imposer aux sons et aux syllabes, et avoir les yeux fixés sur ce qui est le nom en soi, pour créer et établir tous les noms, s'il veut faire autorité en cette ma-
e tière ? Si chaque législateur n'opère pas sur les mêmes syllabes, voici ce qu'il ne faut point oublier [6] : tous les forgerons n'opèrent pas non plus sur le même fer en fabriquant pour le même but le même instrument ; néanmoins, tant qu'ils
390 a lui donnent la même forme, même si ce n'est pas le même fer, l'instrument est bon, qu'on le fabrique chez nous ou chez les Barbares [7]. N'est-ce pas ?

1. C'est-à-dire à chaque *instrument* (ὄργανον).

2. Ici : à chaque *espèce de vêtement*.

3. A la confection de chaque travail (comme p. ex. un vêtement).

4. Par ex. le bois, pour la navette.

5. L'instrument.

6. Ἀγνοεῖν a paru impropre ; diverses corrections ont été proposées, dont la meilleure semble être ἀμφιγνοεῖν. Mais on peut garder le texte, en admettant avec Stallbaum que τοῦτο annonce la suite.

7. Argument contestable. Deux forgerons façonnant le même

ἢ ἐρεῷ ἢ ὁποιῳοῦν τινι κερκίδα ποιεῖν, πάσας μὲν δεῖ τὸ τῆς κερκίδος ἔχειν εἶδος, οἵα δ' ἑκάστῳ καλλίστη πέφυκε, ταύτην ἀποδιδόναι τὴν φύσιν εἰς τὸ ἔργον ἕκαστον ; c

ΕΡΜ. Ναί.

ΣΩ. Καὶ περὶ τῶν ἄλλων δὴ ὀργάνων ὁ αὐτὸς τρόπος· τὸ φύσει ἑκάστῳ πεφυκὸς ὄργανον ἐξευρόντα δεῖ ἀποδοῦναι εἰς ἐκεῖνο ἐξ οὗ ἂν ποιῇ τὸ ἔργον, οὐχ οἷον ἂν αὐτὸς βουληθῇ, ἀλλ' οἷον πέφυκε. Τὸ φύσει γὰρ ἑκάστῳ, ὡς ἔοικε, τρύπανον πεφυκὸς εἰς τὸν σίδηρον δεῖ ἐπίστασθαι τιθέναι.

ΕΡΜ. Πάνυ γε.

ΣΩ. Καὶ τὴν φύσει κερκίδα ἑκάστῳ πεφυκυῖαν εἰς ξύλον.

ΕΡΜ. Ἔστι ταῦτα.

ΣΩ. Φύσει γὰρ ἦν ἑκάστῳ εἴδει ὑφάσματος, ὡς ἔοικεν, d
ἑκάστη κερκίς, καὶ τἆλλα οὕτως.

ΕΡΜ. Ναί.

ΣΩ. Ἆρ' οὖν, ὦ βέλτιστε, καὶ τὸ ἑκάστῳ φύσει πεφυκὸς ὄνομα τὸν νομοθέτην ἐκεῖνον εἰς τοὺς φθόγγους καὶ τὰς συλλαβὰς δεῖ ἐπίστασθαι τιθέναι, καὶ βλέποντα πρὸς αὐτὸ ἐκεῖνο ὃ ἔστιν ὄνομα, πάντα τὰ ὀνόματα ποιεῖν τε καὶ τίθεσθαι, εἰ μέλλει κύριος εἶναι ὀνομάτων θέτης ; εἰ δὲ μὴ εἰς τὰς αὐτὰς συλλαβὰς ἕκαστος ὁ νομοθέτης τίθησιν, οὐδὲν δεῖ τοῦτο ἀγνοεῖν· οὐδὲ γὰρ εἰς τὸν αὐτὸν σίδηρον ἅπας e
χαλκεὺς τίθησιν, τοῦ αὐτοῦ ἕνεκα ποιῶν τὸ αὐτὸ ὄργανον· ἀλλ' ὅμως, ἕως ἂν τὴν αὐτὴν ἰδέαν ἀποδιδῷ, ἐὰν καὶ ἐν ἄλλῳ σιδήρῳ, ὅμως ὀρθῶς ἔχει τὸ ὄργανον, ἐάντε ἐνθάδε ἐάντε 390 a
ἐν βαρβάροις τις ποιῇ. Ἢ γάρ ;

b 9 ἐρεῷ Bt(man. recentiss.) et primitus W ut uidetur : ἐρέῳ TWb || δεῖ BW et man. recentiss. t : δὴ T || 10 οἵα W : οἷα BT || δ' BT : δ' ἂν W || πέφυκε Stallbaum : ἐπεφύκει || **c** 3 δὲ W pro δὴ || 4 τὸ punctis notatum in T || 5 τὸ ἔργον om. T || 6 πέφυκε Stallbaum : ἐπεφύκει || 7 δεῖ BWt (man. recentiss.) : δὴ T || 9 εἰς ξύλον δεῖ τιθέναι W || **d** 7 ὄνομα TWb : ὀνόματα B || 9 ἕκαστος ὀνοματοθέτης W || **e** 1 ἀμφιγνοεῖν Peipers pro ἀγνοεῖν || οὐδὲ BW : οὐ T || αὐτὸν om. T || 3 ἂν om. B || ἐὰν καὶ ἐν ἄλλῳ σιδήρῳ ὅμως Stallbaum : ἐάν τε ἐν ἄλλῳ σιδήρῳ ὅμως codd. ἐάν τε ἐν ⟨τῷ αὐτῷ ἐάν τε ἐν⟩ ἄλλῳ ὅμως Ast secl. Schanz.

Hermogène. — Parfaitement.

Socrate. — Ne jugeras-tu pas ainsi du législateur, aussi bien du nôtre que de celui des Barbares ? Tant qu'il imprimera la forme de nom requise par chaque objet à des syllabes de n'importe quelle nature, ne sera-t-il pas aussi bon législateur, chez nous ou partout ailleurs ?

Hermogène. — Parfaitement.

Le rôle du dialecticien.

b Socrate. — Quel est donc celui qui saura reconnaître si la forme convenable de navette a été donnée à n'importe quel bois ? celui qui l'a faite, le menuisier, ou celui qui s'en servira, le tisserand ?

Hermogène. — Apparemment, Socrate, ce sera plutôt celui qui s'en servira.

Socrate. — Qui donc utilisera l'ouvrage du fabricant de lyres ? N'est-ce pas l'homme le plus capable de diriger le travail, et de juger, l'ouvrage fini, s'il est bien fait ou non ?

Hermogène. — Parfaitement.

Socrate. — Qui est-ce ?

Hermogène. — Le joueur de lyre.

Socrate. — Et l'ouvrage du constructeur de navires ?

c Hermogène. — Le pilote.

Socrate. — Et l'ouvrage du législateur ? Qui donc saura par excellence le diriger et juger du travail exécuté, chez nous comme chez les Barbares ? N'est-ce pas celui qui s'en servira ?

Hermogène. — Oui.

Socrate. — Celui-là n'est-il donc pas l'homme qui connaît l'art d'interroger ?

Hermogène. — Parfaitement.

Socrate. — Et en même temps de répondre ?

Hermogène. — Oui.

Socrate. — Mais celui qui connaît l'art d'interroger et de répondre, l'appelles-tu autrement que dialecticien ?

Hermogène. — Non, c'est le nom que je lui donne.

instrument n'emploient pas une matière différente, mais différents morceaux de la même matière. Il en va autrement du langage. Si les lettres et les syllabes sont les matériaux dont se forment les mots, il est clair que ἄνθρωπος et *homo* sont faits de *matériaux* différents (Horn, *o. l.*, p. 29-30).

ΕΡΜ. Πάνυ γε.

ΣΩ. Οὐκοῦν οὕτως ἀξιώσεις καὶ τὸν νομοθέτην τόν τε ἐνθάδε καὶ τὸν ἐν τοῖς βαρβάροις, ἕως ἂν τὸ τοῦ ὀνόματος εἶδος ἀποδιδῷ τὸ προσῆκον ἑκάστῳ ἐν ὁποιαισοῦν συλλαβαῖς, οὐδὲν χείρω νομοθέτην εἶναι τὸν ἐνθάδε ἢ τὸν ὁπουοῦν ἄλλοθι ;

ΕΡΜ. Πάνυ γε.

ΣΩ. Τίς οὖν ὁ γνωσόμενος εἰ τὸ προσῆκον εἶδος κερκίδος b
ἐν ὁποιῳοῦν ξύλῳ κεῖται ; ὁ ποιήσας, ὁ τέκτων, ἢ ὁ χρησόμενος, ὁ ὑφάντης ;

ΕΡΜ. Εἰκὸς μὲν μᾶλλον, ὦ Σώκρατες, τὸν χρησόμενον.

ΣΩ. Τίς οὖν ὁ τῷ τοῦ λυροποιοῦ ἔργῳ χρησόμενος ; ἆρ' οὐχ οὗτος ὃς ἐπίσταιτο ἂν ἐργαζομένῳ κάλλιστα ἐπιστατεῖν καὶ εἰργασμένον γνοίη εἴτ' εὖ εἴργασται εἴτε μή :

ΕΡΜ. Πάνυ γε.

ΣΩ. Τίς ;

ΕΡΜ. Ὁ κιθαριστής.

ΣΩ. Τίς δὲ ὁ τῷ τοῦ ναυπηγοῦ ;

ΕΡΜ. Κυβερνήτης. c

ΣΩ. Τίς δὲ τῷ τοῦ νομοθέτου ἔργῳ ἐπιστατήσειέ τ' ἂν κάλλιστα καὶ εἰργασμένον κρίνειε καὶ ἐνθάδε καὶ ἐν τοῖς βαρβάροις ; ἆρ' οὐχ ὅσπερ χρήσεται ;

ΕΡΜ. Ναί.

ΣΩ. Ἆρ' οὖν οὐχ ὁ ἐρωτᾶν ἐπιστάμενος οὗτός ἐστιν ;

ΕΡΜ. Πάνυ γε.

ΣΩ. Ὁ δὲ αὐτὸς καὶ ἀποκρίνεσθαι ;

ΕΡΜ. Ναί.

ΣΩ. Τὸν δὲ ἐρωτᾶν καὶ ἀποκρίνεσθαι ἐπιστάμενον ἄλλο τι σὺ καλεῖς ἢ διαλεκτικόν ;

ΕΡΜ. Οὔκ, ἀλλὰ τοῦτο.

Testim. : **390 a** 4 οὐκοῦν — 8 ἄλλοθι Euseb., *Praep. euang.*, 11, 6.

|| **390 a** 5 τὸ BTW : καὶ τὸ Euseb. || **b** 3 ὁ om. B || 5 ἆρ' om. W || 6 ἐπίσταται τῷ ἀνεργαζομένῳ B || 7 γνοίη ἂν W || 9 τίς δὴ W || 11 δαὶ b pro δὲ || **c** 2 δὲ TW : δαὶ B.

d SOCRATE. — Ainsi, le travail du charpentier consiste à fabriquer le gouvernail sous la direction du pilote, si le gouvernail doit être bien fait.

HERMOGÈNE. — Apparemment.

SOCRATE. — Et celui du législateur, semble-t-il, à établir le nom sous la direction du dialecticien[1], s'il veut établir les noms comme il faut.

HERMOGÈNE. — C'est cela.

Résumé et conclusion.

SOCRATE. — Il y a donc des chances, Hermogène, pour que l'établissement du nom ne soit pas, comme tu le crois[2], une petite affaire, œuvre de gens médiocres et des premiers venus. Cratyle a raison de dire[3] que les noms appartiennent
e naturellement aux choses, et qu'il n'est pas donné à tout le monde d'être un artisan de noms, mais à celui-là seulement qui, les yeux fixés sur le nom naturel de chaque objet, est capable d'en imposer la forme aux lettres et aux syllabes.

HERMOGÈNE. — Je ne vois pas, Socrate, ce que l'on peut
391 a opposer à ta thèse. Peut-être toutefois n'est-il pas facile d'y acquiescer ainsi sur l'heure, et il me semble que je te croirais davantage si tu me montrais quelle est cette justesse naturelle du nom dont tu parles.

En quoi consiste la justesse naturelle des noms.

SOCRATE. — Moi, bienheureux Hermogène, je ne parle d'aucune. Tu as oublié ce que je disais un peu plus haut[4], que je n'en savais rien et que j'allais l'examiner avec toi. Pour l'instant, tout ce que nous révèle l'examen, à toi et à moi, c'est que, contrairement à la première opinion, le nom

1. Socrate ne veut pas dire que les deux fonctions doivent être nécessairement distribuées entre deux personnes différentes. Elles peuvent être unies dans la même ; mais c'est à la dialectique que revient la direction (Horn, *o. l.*, p. 29).

2. Cela résulte de ce que disait Hermogène 384 c d.

3. De ce qu'on *doit* établir les noms en imposant aux lettres et aux syllabes la forme de nom la plus appropriée à l'objet, Socrate conclut que Cratyle a raison de considérer les noms comme justes par nature et non par l'effet d'une convention (voir 383 a b).

4. 384 c.

ΣΩ. Τέκτονος μὲν ἄρα ἔργον ἐστὶν ποιῆσαι πηδάλιον d
ἐπιστατοῦντος κυβερνήτου, εἰ μέλλει καλὸν εἶναι τὸ
πηδάλιον.

ΕΡΜ. Φαίνεται.

ΣΩ. Νομοθέτου δέ γε, ὡς ἔοικεν, ὄνομα, ἐπιστάτην ἔχοντος διαλεκτικὸν ἄνδρα, εἰ μέλλει καλῶς ὀνόματα θήσεσθαι.

ΕΡΜ. Ἔστι ταῦτα.

ΣΩ. Κινδυνεύει ἄρα, ὦ Ἑρμόγενες, εἶναι οὐ φαῦλον, ὡς
σὺ οἴει, ἡ τοῦ ὀνόματος θέσις, οὐδὲ φαύλων ἀνδρῶν οὐδὲ
τῶν ἐπιτυχόντων. Καὶ Κρατύλος ἀληθῆ λέγει λέγων φύσει
τὰ ὀνόματα εἶναι τοῖς πράγμασι, καὶ οὐ πάντα δημιουργὸν e
ὀνομάτων εἶναι, ἀλλὰ μόνον ἐκεῖνον τὸν ἀποβλέποντα εἰς
τὸ τῇ φύσει ὄνομα ὃν ἑκάστῳ καὶ δυνάμενον αὐτοῦ τὸ εἶδος
τιθέναι εἴς τε τὰ γράμματα καὶ τὰς συλλαβάς.

ΕΡΜ. Οὐκ ἔχω, ὦ Σώκρατες, ὅπως χρὴ πρὸς ἃ λέγεις
ἐναντιοῦσθαι. Ἴσως μέντοι οὐ ῥᾴδιόν ἐστιν οὕτως ἐξαίφνης 391 a
πεισθῆναι, ἀλλὰ δοκῶ μοι ὧδε ἂν μᾶλλον πείθεσθαί σοι, εἴ
μοι δείξειας ἥντινα φῂς εἶναι τὴν φύσει ὀρθότητα ὀνό-
ματος.

ΣΩ. Ἐγὼ μέν, ὦ μακάριε Ἑρμόγενες, οὐδεμίαν λέγω, ἀλλ' ἐπελάθου γε ὧν ὀλίγον πρότερον ἔλεγον, ὅτι οὐκ εἰδείην, ἀλλὰ σκεψοίμην μετὰ σοῦ. Νῦν δὲ σκοπουμένοις ἡμῖν, ἐμοί τε καὶ σοί, τοσοῦτον μὲν ἤδη φαίνεται παρὰ τὰ

Testim. : **d** 1 τέκτονος μὲν — **e** 3 ἑκάστῳ Greg. Corinth., Walz, *Rhet. graeci*, vol. 7, p. 1094 || **d** 1 τέκτονος — **e** 4 συλλαβάς Euseb., *Praep. euang.*, 11, 6.

d 1 τὸ ποιῆσαι Euseb. || 5 ὀνοματοθέτου Greg. Cor. pro νομοθέτου || 6 τὸ ὄνομα Greg. Cor. pro ὄνοματα || 7 τεθήσεσθαι Euseb. et Greg. Cor. || 9 οὐ φαῦλον τις εἶναι, ὦ Ἑρμογένες Greg. Cor. || 10 φλαύρων W pro φαύλων || 11 τῶν τυχόντων Greg. Cor. || **e** 3 ὃν ὄνομα W || τό τε T || 4 τά τε Euseb. pro τε τὰ || **391 a** 2 ἀλλὰ δοκῶ μοι ὧδε ἂν μᾶλλον πείθεσθαί σοι εἴ μοι Hirschig : ἀλλὰ — πείθεσθαι om. B ἀλλὰ δοκῶ μοι ὧδε ἂν μᾶλλον πειθήσεσθαί σε εἴ μοι b ἀλλὰ δοκῶ μοι ὧδε ἂν μᾶλλον τίθεσθαί (πείθεσθαί ex emend.) σε εἴ μοι T ἀλλὰ δοκῶ μοι ὧδε ἂν μᾶλλον πεισθήσεσθαι εἴ μοι W || 6 γε ὧν ὀλίγον BW : ὀλίγον γὰρ T.

semble posséder une certaine justesse naturelle, et qu'il
b n'appartient pas à tout le monde de savoir l'appliquer comme il faut à n'importe quel objet. N'est-ce pas ?

Hermogène. — Parfaitement.

Socrate. — Il nous faut donc chercher ensuite, si tu tiens à le savoir, en quoi peut à son tour consister cette justesse.

Hermogène. — Mais certainement, je tiens à le savoir.

Socrate. — Eh bien, examine-le.

Hermogène. — Comment faut-il l'examiner ?

Socrate. — La méthode la plus juste, mon camarade, est de suivre les savants, en leur payant de l'argent et en leur rendant grâces. Ceux-là, ce sont les sophistes, à qui ton
c frère Callias[1] a versé beaucoup d'argent, d'où sa réputation de sagesse. Mais puisque tu n'as pas la disposition de ton patrimoine, il te faut implorer ton frère, et le prier de t'enseigner en quoi consiste la justesse en ces matières, telle qu'il l'a apprise de Protagoras.

Hermogène. — Il serait absurde à moi, Socrate, d'en faire la prière, si, tout en rejetant absolument la Vérité[2] de Protagoras, j'accueillais comme ayant quelque valeur les propos tenus par une vérité de cette sorte.

Homère et les poètes.

Socrate. — Eh bien, s'ils ne te satisfont pas non plus, c'est Homère et les
d autres poètes qu'il faut prendre pour maîtres.

Hermogène. — Et que dit Homère, Socrate, au sujet des noms ? En quel endroit ?

Socrate. — En maint endroit. Les plus importants et les plus beaux sont ceux où il distingue pour les mêmes objets les noms donnés par les hommes et par les dieux. Ne trouves-tu pas important et admirable ce qu'il y dit de la justesse des noms ? Car il est clair que les dieux donnent
e avec justesse ces noms qui sont les noms naturels ; ne crois-tu pas ?

1. Voir l'*Apologie*, 20 a sq. C'est dans la maison de Callias qu'a lieu l'entretien du *Protagoras*. Sa richesse et ses libéralités faisaient de lui la proie des sophistes et des parasites.

2. Hermogène veut parler de l'écrit intitulé 'Αλήθεια, où Prota-

πρότερα, φύσει τέ τινα ὀρθότητα ἔχον εἶναι τὸ ὄνομα καὶ
οὐ παντὸς ἀνδρὸς ἐπίστασθαι καλῶς αὐτὸ πράγματι ὁτῳοῦν b
θέσθαι· ἢ οὔ ;

ΕΡΜ. Πάνυ γε.

ΣΩ. Οὐκοῦν τὸ μετὰ τοῦτο χρὴ ζητεῖν, εἴπερ ἐπιθυμεῖς εἰδέναι, ἥτις ποτ' αὖ ἐστιν αὐτοῦ ἡ ὀρθότης.

ΕΡΜ. Ἀλλὰ μὴν ἐπιθυμῶ γε εἰδέναι.

ΣΩ. Σκόπει τοίνυν.

ΕΡΜ. Πῶς οὖν χρὴ σκοπεῖν ;

ΣΩ. Ὀρθοτάτη μὲν τῆς σκέψεως, ὦ ἑταῖρε, μετὰ τῶν ἐπισταμένων, χρήματα ἐκείνοις τελοῦντα καὶ χάριτας κατατιθέμενον. Εἰσὶ δὲ οὗτοι οἱ σοφισταί, οἷσπερ καὶ ὁ ἀδελφός
σου Καλλίας πολλὰ τελέσας χρήματα σοφὸς δοκεῖ εἶναι. c
Ἐπειδὴ δὲ οὐκ ἐγκρατὴς εἶ τῶν πατρῴων, λιπαρεῖν χρὴ τὸν ἀδελφὸν καὶ δεῖσθαι αὐτοῦ διδάξαι σε τὴν ὀρθότητα περὶ τῶν τοιούτων ἣν ἔμαθεν παρὰ Πρωταγόρου.

ΕΡΜ. Ἄτοπος μεντἂν εἴη μου, ὦ Σώκρατες, ἡ δέησις, εἰ τὴν μὲν Ἀλήθειαν τὴν Πρωταγόρου ὅλως οὐκ ἀποδέχομαι, τὰ δὲ τῇ τοιαύτῃ ἀληθείᾳ ῥηθέντα ἀγαπῴην ὥς του ἄξια.

ΣΩ. Ἀλλ' εἰ μὴ αὖ σε ταῦτα ἀρέσκει, παρ' Ὁμήρου χρὴ
μανθάνειν καὶ παρὰ τῶν ἄλλων ποιητῶν. d

ΕΡΜ. Καὶ τί λέγει, ὦ Σώκρατες, Ὅμηρος περὶ ὀνομάτων, καὶ ποῦ ;

ΣΩ. Πολλαχοῦ· μέγιστα δὲ καὶ κάλλιστα ἐν οἷς διορίζει ἐπὶ τοῖς αὐτοῖς ἅ τε οἱ ἄνθρωποι ὀνόματα καλοῦσι καὶ οἱ θεοί. Ἦ οὐκ οἴει αὐτὸν μέγα τι καὶ θαυμάσιον λέγειν ἐν τούτοις περὶ ὀνομάτων ὀρθότητος ; δῆλον γὰρ δὴ ὅτι οἵ γε θεοὶ αὐτὰ καλοῦσιν πρὸς ὀρθότητα ἅπερ ἔστι φύσει ὀνόματα·
ἢ σὺ οὐκ οἴει ; e

α

a 9 πρότερον W || **b** 1 καλῶς om. T || πράγματι TWb : πρᾶγμά τι B || 5 αὖ ἐστιν αὐτοῦ B : αὖ αὐτοῦ ἐστιν W ἄν ἐστιν αὐτοῦ T || **c** 9 αὖ σε ταῦτα BT : ταῦτά σοι W || **d** 6 θαυμάσιον BT : -μαστόν W.

Hermogène. — Je suis persuadé au contraire que, s'ils donnent des noms, ils les donnent justes. Mais de quel genre sont ceux dont tu parles ?

Socrate. — Ne sais-tu pas que, parlant du fleuve de Troie qui livrait un combat singulier à Héphaistos, il dit [1] :

Les dieux le nomment Xanthe *et les hommes* Scamandre ?

Hermogène. — Si.

392 a Socrate. — Et alors ? N'est-il pas, à ton avis, précieux de connaître en quoi l'appellation de *Xanthe* donnée à ce fleuve peut être plus juste que celle de *Scamandre* ? Prenons, si tu préfères, l'oiseau dont le poète dit [2] :

Les dieux l'appellent χαλκίς ; *les humains* κύμινδις.

Trouves-tu négligeable d'apprendre combien l'appellation de χαλκίς est plus juste que celle de κύμινδις donnée au même oiseau ? Et de même pour les noms de *Batiée* [3] et de
b *Myriné,* et pour tant d'autres, chez ce poète et d'autres encore ? Mais ceux-là, il est peut-être au-dessus de mes forces et des tiennes d'en découvrir l'explication ; *Scamandrios* et *Astyanax* sont plus à la portée de l'intelligence humaine, ce me semble, et il est plus facile de discerner dans les noms qu'Homère donne au fils d'Hector quelle justesse il leur attribue. Tu connais sans doute les vers où se trouvent ceux dont je parle.

Hermogène. — Parfaitement.

Socrate. — Quel est à ton avis, des noms donnés à l'enfant, celui qu'Homère regarde comme le plus juste : *Astyanax,* ou *Scamandrios* ?

c Hermogène. — Je ne puis le dire.

Socrate. — Examine ainsi le problème. Si l'on te demandait : les noms les plus justes sont-ils, à ton avis, donnés par les plus sensés ou les plus insensés ?

goras exposait sa thèse de l'homme-mesure. Cf. *Théétète,* 162 a, 170 e, 171 c. Plus haut (386 c) ἀλήθεια semble déjà y faire allusion.

1. *Iliade,* XX, 74.

2. *Iliade,* XXIV, 291. Il s'agit d'une sorte de hibou.

3. Tertre escarpé qui, suivant l'*Iliade,* s'élevait devant Troie, à l'écart dans la plaine : « Les hommes l'appellent *Batiée* ; les immortels, le tombeau de la bondissante *Myriné* » (*Iliade,* II, 813-814).

ΕΡΜ. Εὖ οἶδα μὲν οὖν ἔγωγε, εἴπερ καλοῦσιν, ὅτι ὀρθῶς καλοῦσιν. Ἀλλὰ ποῖα ταῦτα λέγεις ;

ΣΩ. Οὐκ οἶσθα ὅτι περὶ τοῦ ποταμοῦ τοῦ ἐν τῇ Τροίᾳ, ὃς ἐμονομάχει τῷ Ἡφαίστῳ, « ὃν Ξάνθον », φησί, « καλέουσι θεοί, ἄνδρες δὲ Σκάμανδρον » ;

ΕΡΜ. Ἔγωγε.

ΣΩ. Τί οὖν δή ; οὐκ οἴει τοῦτο σεμνόν τι εἶναι γνῶναι, 392 a
ὅπῃ ποτὲ ὀρθῶς ἔχει ἐκεῖνον τὸν ποταμὸν Ξάνθον καλεῖν μᾶλλον ἢ Σκάμανδρον ; εἰ δὲ βούλει, περὶ τῆς ὄρνιθος ἣν λέγει ὅτι

χαλκίδα κικλήσκουσι θεοί, ἄνδρες δὲ κύμινδιν,

φαῦλον ἡγεῖ τὸ μάθημα ὅσῳ ὀρθότερόν ἐστι καλεῖσθαι χαλκὶς κυμίνδιδος τῷ αὐτῷ ὀρνέῳ ; ἢ τὴν Βατίειάν τε καὶ Μυρίνην, καὶ ἄλλα πολλὰ καὶ τούτου τοῦ ποιητοῦ καὶ ἄλλων ; b
Ἀλλὰ ταῦτα μὲν ἴσως μείζω ἐστὶν ἢ κατ' ἐμὲ καὶ σὲ ἐξευρεῖν· ὁ δὲ Σκαμάνδριός τε καὶ ὁ Ἀστυάναξ ἀνθρωπινώτερον διασκέψασθαι, ὡς ἐμοὶ δοκεῖ, καὶ ῥᾷον, ἅ φησιν ὀνόματα εἶναι τῷ τοῦ Ἕκτορος ὑεῖ, τίνα ποτὲ λέγει τὴν ὀρθότητα αὐτῶν. Οἶσθα γὰρ δήπου ταῦτα τὰ ἔπη ἐν οἷς ἔνεστιν ἃ ἐγὼ λέγω.

ΕΡΜ. Πάνυ γε.

ΣΩ. Πότερον οὖν οἴει Ὅμηρον ὀρθότερον ἡγεῖσθαι τῶν ὀνομάτων κεῖσθαι τῷ παιδί, τὸν « Ἀστυάνακτα » ἢ τὸν « Σκαμάνδριον » ;

ΕΡΜ. Οὐκ ἔχω λέγειν. c

ΣΩ. Ὧδε δὴ σκόπει. Εἴ τις ἔροιτό σε πότερον οἴει ὀρθότερον καλεῖν τὰ ὀνόματα τοὺς φρονιμωτέρους ἢ τοὺς ἀφρονεστέρους ;

Testim. : **391 e** 5 ὃν Ξάνθον — 6 Σκάμανδρον *Il.*, 20, 74 || **a** 5 χαλκίδα — κύμινδιν *Il.*, 14, 291.

392 a 5 κικλῄσκουσι B || 7 κυμίνδιος W || ἢ τὴν BT : καὶ τὴν W || **b** 1 καὶ ἄλλα BT : ἢ καὶ ἄλλα W || 2 ἐμὲ καὶ TW : ἐμέ τε καὶ B || 3 σκαμάνδριός Wb : σκάμανδρός BT || 4 ῥᾷον BW : ῥάδιον T || φήσιν[ει] W.

Hermogène. — Évidemment je répondrais : par les plus sensés.

Socrate. — Sont-ce donc dans les cités les femmes ou les hommes qui te paraissent les plus sensés, pour parler du sexe en général ?

Hermogène. — Les hommes.

Socrate. — Or tu sais que, suivant Homère, le jeune en-
d fant d'Hector était appelé *Astyanax* par les Troyens, et que le nom de *Scamandrios* lui était évidemment donné par les femmes, puisque ce sont les hommes qui l'appelaient *Astyanax* [1] ?

Hermogène. — Il le semble.

Socrate. — Et Homère, lui aussi, considérait les Troyens comme plus sages que leurs femmes ?

Hermogène. — C'est mon avis.

Socrate. — Par suite, le nom d'*Astyanax* donné à l'enfant lui semblait plus juste que celui de *Scamandrios* ?

Hermogène. — Apparemment.

Socrate. — Examine donc pour quelle raison. Mais lui-même ne nous en indique-t-il pas le pourquoi à merveille ? Il dit [2] :

e *Car, seul, il défendait leur ville et leurs grands murs.*

Voilà pourquoi, ce semble, il est juste d'appeler le fils du sauveur l'*Astyanax* de ce que son père sauvait, suivant Homère.

Hermogène. — Il me le semble.

Socrate. — Mais enfin, pour quelle raison ? Car moi-même je ne le comprends pas encore, Hermogène ; et toi, le comprends-tu ?

Hermogène. — Non, par Zeus !

393 a Socrate. — Mais, mon bon, Hector lui aussi n'a-t-il pas reçu ce nom d'Homère lui-même ?

Batiée veut dire : *la colline des ronces* (ou *des mûres*). *Myriné*, éponyme de la ville éolienne du même nom, était une Amazone tombée devant Troie, suivant la légende.

1. Sur la fantaisie de ce raisonnement, où Platon néglige l'indication donnée par l'*Iliade*, VI, 402-403, voir la *Notice*, p. 16.

2. *Iliade*, XXII, 507. Le vers se lit dans les plaintes d'Andromaque. Mais le texte homérique donne ἔρυσο et non ἔρυτο (Andromaque s'adresse à Hector), et πύλας au lieu de πόλιν.

ΕΡΜ. Δῆλον δὴ ὅτι τοὺς φρονιμωτέρους φαίην ἄν.

ΣΩ. Πότερον οὖν αἱ γυναῖκες ἐν ταῖς πόλεσιν φρονιμώτεραί σοι δοκοῦσιν εἶναι ἢ οἱ ἄνδρες, ὡς τὸ ὅλον εἰπεῖν γένος ;

ΕΡΜ. Οἱ ἄνδρες.

ΣΩ. Οὐκοῦν οἶσθα ὅτι Ὅμηρος τὸ παιδίον τὸ τοῦ Ἕκτορος ὑπὸ τῶν Τρώων φησὶν καλεῖσθαι Ἀστυάνακτα, d
Σκαμάνδριον δὲ δῆλον ὅτι ὑπὸ τῶν γυναικῶν, ἐπειδή οἵ γε ἄνδρες αὐτὸν Ἀστυάνακτα ἐκάλουν ;

ΕΡΜ. Ἔοικέ γε.

ΣΩ. Οὐκοῦν καὶ Ὅμηρος τοὺς Τρῶας σοφωτέρους ἡγεῖτο ἢ τὰς γυναῖκας αὐτῶν ;

ΕΡΜ. Οἶμαι ἔγωγε.

ΣΩ. Τὸν « Ἀστυάνακτα » ἄρα ὀρθότερον ᾤετο κεῖσθαι τῷ παιδὶ ἢ τὸν « Σκαμάνδριον » ;

ΕΡΜ. Φαίνεται.

ΣΩ. Σκοπῶμεν δὴ διὰ τί ποτε. Ἦ αὐτὸς ἡμῖν κάλλιστα ὑφηγεῖται τὸ διότι ; φησὶν γάρ·

οἶος γάρ σφιν ἔρυτο πόλιν καὶ τείχεα μακρά. e

Διὰ ταῦτα δή, ὡς ἔοικεν, ὀρθῶς ἔχει καλεῖν τὸν τοῦ σωτῆρος ὑὸν Ἀστυάνακτα τούτου ὃ ἔσῳζεν ὁ πατὴρ αὐτοῦ, ὥς φησιν Ὅμηρος.

ΕΡΜ. Φαίνεταί μοι.

ΣΩ. Τί δή ποτε ; οὐ γάρ πω οὐδ' αὐτὸς ἔγωγε μανθάνω, ὦ Ἑρμόγενες· σὺ δὲ μανθάνεις ;

ΕΡΜ. Μὰ Δί' οὐκ ἔγωγε.

ΣΩ. Ἀλλ' ἆρα, ὠγαθέ, καὶ τῷ Ἕκτορι αὐτὸς ἔθετο τὸ 393 a
ὄνομα Ὅμηρος ;

Testim. : **392 e** 1 οἶος — μακρά *Il.*, 22, 507.

c 6 ἐν ταῖς πόλεσιν αἱ γυναῖκες W || **d** 2 γε Ven. 185 (man. rec.): τε || 3 ἐκάλουν TWb : ἐκαλούμην B || 5 καὶ BT : αὖ καὶ W || ἡγεῖτο
ωι ο ό
εἶναι W || 8 οιεται W || 11 ἤ Wb : ἦ BT || 12 δια τί W || **e** 1 ἐρύετο W || 7 σὺ δὲ T et in marg. b : οὐδὲ B σὺ δ' αὖ W.

Hermogène. — Et alors ?

Socrate. — Eh bien, à mon avis, celui-là est voisin d'*Astyanax,* et ces noms ont l'air grec [1]. *Anax* et *Hector* ont à peu près le même sens, indiquant que l'un et l'autre sont des noms de roi. Car ce dont on est le *chef* (*anax*), on en est sans doute aussi le *détenteur* (*hectôr*) [2] ; il est clair en effet
b qu'on en est maître, qu'on le possède et le détient (*ékhéï*). Ou bien trouves-tu que j'ai tort, et me fais-je illusion à moi-même, en croyant saisir comme une trace de la pensée d'Homère sur la justesse des noms ?

Hermogène. — Non, par Zeus ! ce n'est pas ton cas, il me semble, et peut-être en saisis-tu quelqu'une.

Le nom et la génération naturelle.

Socrate. — On est assurément en droit, à mon avis, d'appeler lion le petit d'un lion, et cheval le petit d'un cheval [3]. Je ne parle pas du cas où, par une sorte de monstruosité, un cheval donne naissance à autre chose qu'un
c cheval ; j'entends ce qui est le fruit naturel de la race : si un cheval donne le jour, contre nature, à ce qui est le produit naturel d'un taureau, ce n'est pas un poulain qu'il faut l'appeler, mais un veau ; et si d'une créature humaine, je suppose, naît autre chose que le rejeton d'un homme, le nom d'homme ne doit pas davantage être donné à ce rejeton ; de même pour les arbres et pour tout le reste. Ne partages-tu pas mon avis ?

Hermogène. — Je le partage.

Socrate. — Tu as raison : surveille-moi de peur que je ne t'induise en erreur. C'est en effet d'après le même prin-
d cipe que le rejeton né d'un roi doit porter le nom de roi. Que le même sens s'exprime par telles ou telles syllabes, peu importe ; qu'une lettre soit ajoutée ou retranchée, cela non plus n'a aucune importance, tant que domine l'essence de l'objet manifestée dans le nom.

1. Quoique portés par des Barbares.

2. L'étymologie est exacte. Ἕκτωρ est donné comme épithète à Zeus chez Sappho (Bergk, *Poetae lyrici graeci,* 149 [107], Hésychius) ; chez Lycophron (v. 100) et Lucien (*Lexiphane,* 15), le mot est pris au sens d'*ancre*.

3. Sur la valeur des considérations qui suivent, voir la *Notice,* p. 16.

ΕΡΜ. Τί δή ;

ΣΩ. Ὅτι μοι δοκεῖ καὶ τοῦτο παραπλήσιόν τι εἶναι τῷ Ἀστυάνακτι, καὶ ἔοικεν Ἑλληνικοῖς ταῦτα τὰ ὀνόματα. Ὁ γὰρ « ἄναξ » καὶ ὁ « ἕκτωρ » σχεδόν τι ταὐτὸν σημαίνει, βασιλικὰ ἀμφότερα εἶναι τὰ ὀνόματα· οὗ γὰρ ἄν τις « ἄναξ » ᾖ, καὶ « ἕκτωρ » δήπου ἐστὶν τούτου· δῆλον γὰρ ὅτι κρατεῖ
τε αὐτοῦ καὶ κέκτηται καὶ ἔχει αὐτό. Ἦ οὐδέν σοι δοκῶ b
λέγειν, ἀλλὰ λανθάνω καὶ ἐμαυτὸν οἰόμενός τινος ὥσπερ ἴχνους ἐφάπτεσθαι τῆς Ὁμήρου δόξης περὶ ὀνομάτων ὀρθότητος ;

ΕΡΜ. Μὰ Δί' οὐ σύ γε, ὡς ἐμοὶ δοκεῖς, ἀλλὰ ἴσως του ἐφάπτει.

ΣΩ. Δίκαιόν γέ τοι ἐστιν, ὡς ἐμοὶ φαίνεται, τὸν λέοντος ἔκγονον λέοντα καλεῖν καὶ τὸν ἵππου ἔκγονον ἵππον. Οὔ τι λέγω ἐὰν ὥσπερ τέρας γένηται ἐξ ἵππου ἄλλο τι ἢ ἵππος,
ἀλλ' ὃ ἂν ᾖ τοῦ γένους ἔκγονον τὴν φύσιν, τοῦτο λέγω· c
ἐὰν βοὸς ἔκγονον φύσει ἵππος παρὰ φύσιν τέκῃ [μόσχον], οὐ πῶλον κλητέον, ἀλλὰ μόσχον· οὐδ' ἂν ἐξ ἀνθρώπου οἶμαι μὴ τὸ ἀνθρώπου ἔκγονον γένηται, [ἀλλ' ὃ ἂν] τὸ ἔκγονον ἄνθρωπος κλητέος· καὶ τὰ δένδρα ὡσαύτως καὶ τἆλλα ἅπαντα· ἢ οὐ ξυνδοκεῖ ;

ΕΡΜ. Ξυνδοκεῖ.

ΣΩ. Καλῶς λέγεις· φύλαττε γάρ με μή πῃ παρακρούσωμαί σε. Κατὰ γὰρ τὸν αὐτὸν λόγον κἂν ἐκ βασιλέως γίγνη-
ταί τι ἔκγονον, βασιλεὺς κλητέος· εἰ δὲ ἐν ἑτέραις συλλα- d
βαῖς ἢ ἐν ἑτέραις τὸ αὐτὸ σημαίνει, οὐδὲν πρᾶγμα· οὐδ' εἰ πρόσκειταί τι γράμμα ἢ ἀφῄρηται, οὐδὲν οὐδὲ τοῦτο, ἕως ἂν ἐγκρατὴς ᾖ ἡ οὐσία τοῦ πράγματος δηλουμένη ἐν τῷ ὀνόματι.

393 a 5 ταῦτα τὰ BWt : ταῦτα T || 7 βασιλικὰ — ὀνόματα secl. Stallbaum || **b** 1 τε αὐτοῦ BT : τε τούτου W || 7 ὡς μοι W || **c** 1 ὃ ἂν Vind. 31 : οὗ ἂν || 2 μόσχον secl. Ast. || 4 ἀλλ' ὃ ἐὰν BWt : ἄλλο ἐὰν T secl. Peipers || 5 τἆλλα ἅπαντα T : πολλὰ ἅπαντα B τὰ ἄλλα πάντα W || 9 κἂν BT : καὶ ἐὰν W || **d** 3 ἢ TW et in marg. b : οὐδ' B οὐδ' εἰ b.

HERMOGÈNE. — Qu'entends-tu par là ?

SOCRATE. — Rien de compliqué. Les éléments, par exemple, tu sais que nous les désignons par des noms, et non par les éléments eux-mêmes, à l'exception de quatre : l'e, l'u, l'o et l'ô.
e Les autres, voyelles et consonnes [1], tu sais que nous y ajoutons, pour les nommer, d'autres lettres [2]. Mais, tant que nous y exprimons clairement la valeur de l'élément, il est juste de donner à celui-ci le nom qui le désignera clairement pour nous. Soit, par exemple, le *bêta*. Tu vois que l'addition de l'ê, du t et de l'a, n'a rien gâté et n'empêche point de manifester la nature de cet élément à l'aide du nom tout entier, comme le voulait le législateur ; tant il a su donner aux lettres les noms convenables !

HERMOGÈNE. — Tu me parais avoir raison.

394 a SOCRATE. — Et du roi, n'en dira-t-on pas autant ? D'un roi naîtra un roi, d'un homme bon un bon, d'un bel homme un beau, et ainsi de tout le reste ; chaque race donnera naissance à un rejeton semblable, sauf en cas de monstruosité ; il faut donc employer les mêmes noms. Mais on peut en varier la forme au moyen des syllabes, de sorte que le profane pourrait s'imaginer qu'ils diffèrent, bien qu'ils soient les mêmes. Les drogues des médecins, extérieurement variées par la couleur ou l'odeur, nous paraissent différentes,
b tout en étant les mêmes ; mais le médecin, qui en considère la vertu, y voit les mêmes remèdes, sans s'en laisser imposer par les accessoires. Il en est sans doute ainsi de celui qui a la science des noms : il en examine la valeur, et ne s'en laisse pas imposer si une lettre a été ajoutée, déplacée ou retranchée, ou même si c'est par des lettres entièrement différentes que s'exprime la valeur du nom. Comme nous le disions à l'instant, *Astyanax* et *Hector* n'ont
c d'autre lettre commune que le t, et pourtant leur sens est le même. Et le nom d'*Archépolis*, quelle lettre a-t-il en

1. Socrate ne distingue ici que deux catégories d'*éléments*. Plus loin, 424 c, il en indiquera une troisième : « ceux qui, sans être des voyelles, ne sont pourtant pas des muettes ».

2. Les quatre voyelles mentionnées sont les seules lettres de l'alphabet grec qui soient désignées par le son qu'elles représentent. Les autres portent un nom dont la lettre elle-même ne forme que l'initiale. Les dénominations d'*épsilon*, *upsilon*, *oméga*, *omicron*, datent de l'époque byzantine.

ΕΡΜ. Πῶς τοῦτο λέγεις ;

ΣΩ. Οὐδὲν ποικίλον, ἀλλ' ὥσπερ τῶν στοιχείων οἶσθα
ὅτι ὀνόματα λέγομεν, ἀλλ' οὐκ αὐτὰ τὰ στοιχεῖα, πλὴν
τεττάρων, τοῦ ε καὶ τοῦ υ καὶ τοῦ ο καὶ τοῦ ω· τοῖς δ'
ἄλλοις φωνήεσί τε καὶ ἀφώνοις οἶσθα ὅτι περιτιθέντες ἄλλα e
γράμματα λέγομεν, ὀνόματα ποιοῦντες· ἀλλ' ἕως ἂν αὐτοῦ
δηλουμένην τὴν δύναμιν ἐντιθῶμεν, ὀρθῶς ἔχει ἐκεῖνο τὸ
ὄνομα καλεῖν ὃ αὐτὸ ἡμῖν δηλώσει. Οἷον τὸ « βῆτα »· ὁρᾷς
ὅτι τοῦ η καὶ τοῦ τ καὶ τοῦ α προστεθέντων οὐδὲν ἐλύπησεν,
ὥστε μὴ οὐχὶ τὴν ἐκείνου τοῦ στοιχείου φύσιν
δηλῶσαι ὅλῳ τῷ ὀνόματι οὗ ἐβούλετο ὁ νομοθέτης· οὕτως
ἠπιστήθη καλῶς θέσθαι τοῖς γράμμασι τὰ ὀνόματα.

ΕΡΜ. Ἀληθῆ μοι δοκεῖς λέγειν.

ΣΩ. Οὐκοῦν καὶ περὶ βασιλέως ὁ αὐτὸς λόγος ; Ἔσται 394 a
γάρ ποτε ἐκ βασιλέως βασιλεύς, καὶ ἐξ ἀγαθοῦ ἀγαθός, καὶ
ἐκ καλοῦ καλός, καὶ τἆλλα πάντα οὕτως, ἐξ ἑκάστου γένους
ἕτερον τοιοῦτον ἔκγονον, ἐὰν μὴ τέρας γίγνηται· κλητέον
δὴ ταὐτὰ ὀνόματα. Ποικίλλειν δὲ ἔξεστι ταῖς συλλαβαῖς,
ὥστε δόξαι ἂν τῷ ἰδιωτικῶς ἔχοντι ἕτερα εἶναι ἀλλήλων τὰ
αὐτὰ ὄντα· ὥσπερ ἡμῖν τὰ τῶν ἰατρῶν φάρμακα χρώμασιν
ἢ ὀσμαῖς πεποικιλμένα ἄλλα φαίνεται τὰ αὐτὰ ὄντα, τῷ δέ
γε ἰατρῷ, ἅτε τὴν δύναμιν τῶν φαρμάκων σκοπουμένῳ, τὰ b
αὐτὰ φαίνεται, καὶ οὐκ ἐκπλήττεται ὑπὸ τῶν προσόντων.
Οὕτω δὲ ἴσως καὶ ὁ ἐπιστάμενος περὶ ὀνομάτων τὴν δύναμιν
αὐτῶν σκοπεῖ, καὶ οὐκ ἐκπλήττεται εἴ τι πρόσκειται
γράμμα ἢ μετάκειται ἢ ἀφῄρηται, ἢ καὶ ἐν ἄλλοις παντάπασιν
γράμμασίν ἐστιν ἡ τοῦ ὀνόματος δύναμις. Ὥσπερ ὃ
νῦν δὴ ἐλέγομεν, « Ἀστυάναξ » τε καὶ « Ἕκτωρ » οὐδὲν
τῶν αὐτῶν γραμμάτων ἔχει πλὴν τοῦ τ, ἀλλ' ὅμως ταὐτὸν c
σημαίνει. Καὶ « Ἀρχέπολίς » γε τῶν μὲν γραμμάτων τί

e 1 προστιθέντες Naber pro περιτιθέντες || 4 καλεῖν ὃ T : κακεῖνο BW || βῆτα TW : β̄ B || 5 τοῦ τ̄ BW : τοῦ ταῦ T || **394 a** 5 ταὐτὰ Ven. 185 : ταῦτα || ποικίλλειν τε W || 8 ἢ B : καὶ TW || τὰ αὐτὰ BT : ταῦτα W || **b** 2 προσόντων TW : -ιόντων B || **c** 1 τ̄ BW : ταῦ T.

commun avec eux ? Cependant il signifie la même chose, et il y en a bien d'autres qui n'ont d'autre sens que celui de « roi ». D'autres, à leur tour, signifient « chef d'armée », comme *Agis*, *Polémarchos* et *Eupolémos* ; d'autres sont des noms de médecin, *Iatroclès* et *Acésimbrotos* [1] ; et sans doute en trouverions-nous une foule qui, tout en rendant un son différent par leurs syllabes et leurs lettres, disent, pour ce qui est de la valeur, la même chose. Est-ce ton avis, oui ou non ?

d HERMOGÈNE. — Absolument.

SOCRATE. — Les êtres dont la génération est conforme à la nature doivent donc recevoir les mêmes noms.

HERMOGÈNE. — Parfaitement.

Le nom et la génération contre nature.

SOCRATE. — Et les êtres contre nature, qui naissent sous la forme de monstres ? Par exemple, quand un homme bon et pieux donne naissance à un impie, n'en est-il pas comme du cas précédent, où le produit d'un taureau, même né d'un cheval, devait évidemment porter, non pas le nom de son père, mais celui de la race dont il était [2] ?

HERMOGÈNE. — Parfaitement.

e SOCRATE. — L'impie né de l'homme pieux, il faut aussi, par conséquent, l'appeler par le nom de son genre.

HERMOGÈNE. — C'est cela.

SOCRATE. — Non pas *Théophile*, semble-t-il, ni *Mnésithéos* [3], ni d'aucun nom de cette sorte, mais d'un qui signifie le contraire, si l'on veut que les noms tombent juste.

HERMOGÈNE. — Rien de plus vrai, Socrate.

SOCRATE. — C'est ainsi qu'*Oreste*, Hermogène, risque d'être justement nommé, qu'il ait dû ce nom au hasard ou à quelque poète, car sa nature farouche, son caractère sauvage et *montagnard* (*oreïnos*) se manifestent par son nom.

395 a HERMOGÈNE. — C'est vraisemblable, Socrate.

1. *Archépolis* veut dire *chef de la cité* ; *Agis*, *conducteur, chef* ; *Polémarchos*, *chef de guerre* ; *Eupolémos*, *bon* (ou *heureux*) *à la guerre*. *Iatroclès* signifie *glorieux comme médecin*, et *Acésimbrotos*, *qui guérit les mortels*.

2. On attendrait quelque chose comme καὶ τοῦτον τοῦ γένους δεῖ ἔχειν τὴν ἐπωνυμίαν. La phrase reste en l'air. Mais plus loin Socrate la complète en disant : καὶ τῷ ἐκ τοῦ εὐσεβοῦς, etc.

3. *Théophile* signifie *ami de Dieu* ; *Mnésithéos*, *qui pense à Dieu*.

ἐπικοινωνεῖ ; δηλοῖ δὲ ὅμως τὸ αὐτό· καὶ ἄλλα πολλά ἐστιν ἃ οὐδὲν ἀλλ' ἢ βασιλέα σημαίνει· καὶ ἄλλα γε αὖ στρατηγόν, οἷον « Ἆγις » καὶ « Πολέμαρχος » καὶ « Εὐπόλεμος ». Καὶ ἰατρικά γε ἕτερα, « Ἰατροκλῆς » καὶ « Ἀκεσίμβροτος »· καὶ ἕτερα ἂν ἴσως συχνὰ εὕροιμεν ταῖς μὲν συλλαβαῖς καὶ τοῖς γράμμασι διαφωνοῦντα, τῇ δὲ δυνάμει ταὐτὸν φθεγγόμενα. Φαίνεται οὕτως ἢ οὔ ;

ΕΡΜ. Πάνυ μὲν οὖν. d

ΣΩ. Τοῖς μὲν δὴ κατὰ φύσιν γιγνομένοις τὰ αὐτὰ ἀποδοτέον ὀνόματα.

ΕΡΜ. Πάνυ γε.

ΣΩ. Τί δὲ τοῖς παρὰ φύσιν, οἳ ἂν ἐν τέρατος εἴδει γένωνται ; οἷον ὅταν ἐξ ἀνδρὸς ἀγαθοῦ καὶ θεοσεβοῦς ἀσεβὴς γένηται, ἆρ' οὐχ ὥσπερ ἐν τοῖς ἔμπροσθεν, κἂν ἵππος βοὸς ἔκγονον τέκῃ, οὐ τοῦ τεκόντος δήπου ἔδει τὴν ἐπωνυμίαν ἔχειν, ἀλλὰ τοῦ γένους οὗ εἴη ;

ΕΡΜ. Πάνυ γε.

ΣΩ. Καὶ τῷ ἐκ τοῦ εὐσεβοῦς ἄρα γενομένῳ ἀσεβεῖ τὸ e
τοῦ γένους ὄνομα ἀποδοτέον.

ΕΡΜ. Ἔστι ταῦτα.

ΣΩ. Οὐ « Θεόφιλον », ὡς ἔοικεν, οὐδὲ « Μνησίθεον » οὐδὲ τῶν τοιούτων οὐδέν, ἀλλ' ὅ τι τἀναντία τούτοις σημαίνει, ἐάνπερ τῆς ὀρθότητος τυγχάνῃ τὰ ὀνόματα.

ΕΡΜ. Παντός γε μᾶλλον, ὦ Σώκρατες.

ΣΩ. Ὥσπερ γε καὶ ὁ « Ὀρέστης », ὦ Ἑρμόγενες, κινδυνεύει ὀρθῶς ἔχειν, εἴτε τις τύχη ἔθετο αὐτῷ τὸ ὄνομα εἴτε καὶ ποιητής τις, τὸ θηριῶδες τῆς φύσεως καὶ τὸ ἄγριον αὐτοῦ καὶ τὸ ὀρεινὸν ἐνδεικνύμενος τῷ ὀνόματι.

ΕΡΜ. Φαίνεται οὕτως, ὦ Σώκρατες. 395 a

αἰ

c 7 εὕροιεν W || **d** 5 δὲ B : δαὶ Tb δὲ W || **e** 1 ἀσεβεῖ οὐ τὸ W || 2-3 ἀποδοτέον. ἔστι ταῦτα BT : ἀποδοτέον ἐστιν W || 9 τύχη T : τύχῃ B τυχη (sic) W || **395 a** 1 οὕτως — 4 φαίνεται om. W in marg. add.

Socrate. — Son père aussi a, semble-t-il, un nom conforme à sa nature.

Hermogène. — Apparemment.

Socrate. — *Agamemnon,* en effet, a chance de désigner un homme capable d'aller jusqu'au bout de ses décisions avec ténacité, en accomplissant ses projets à force de vaillance. La preuve en est dans le long séjour et la ténacité de son armée devant Troie. Que cet homme soit *admirable*
b (*agastos*) par sa *persévérance* (*épimonê*), c'est ce qu'indique le nom d'*Agamemnon*. Peut-être *Atrée,* lui aussi, est-il justement nommé. Car le meurtre de Chrysippe [1] commis par lui, sa conduite si cruelle envers Thyeste [2], tous ces actes sont nuisibles et *funestes* (*atêra*) pour la vertu. Le nom qui le désigne est légèrement détourné et obscurci, de sorte qu'il ne révèle pas à tout le monde la nature du personnage ; mais pour les connaisseurs en onomastique, *Atrée* a un sens assez clair : aussi bien au sens d'*inflexible* (*atéirès*) que d'*in-*
c *trépide* (*atrestos*) et de *funeste* (*atêros*), de toute manière son nom est juste. *Pélops* lui-même me paraît avoir reçu un nom approprié, car ce nom signifie [que] celui qui ne *voit* que *l'immédiat* (*pélas, opsis*) [mérite cette appellation].

Hermogène. — Comment cela ?

Socrate. — La légende, par exemple, montre cet homme, dans le meurtre de Myrtilos, incapable de rien pressentir et prévoir du sort futur de toute sa race, de l'étendue des mal-
d heurs dont il était en train de l'accabler ; il ne voyait que l'immédiat et l'instant présent — c'est-à-dire *auprès de lui* (*pélas*) — quand il recherchait à tout prix l'union d'Hippodamie [3]. Pour *Tantale,* tout le monde estimera que son nom est juste et naturel, si ce qu'on dit de lui est vrai.

1. Chrysippe, fils de Pélops, passait pour avoir été tué par Atrée et Thyeste, ses frères, jaloux de l'affection que lui portait son père.

2. Thyeste, ayant séduit sa belle-sœur Aéropé, et s'étant emparé de l'agneau « d'or » donné par Hermès à son frère Atrée, voulut prendre le pouvoir. Atrée le chassa, puis feignit de se réconcilier avec lui, et lui fit servir les membres de ses deux fils coupés en morceaux.

3. Pour s'assurer la victoire et épouser Hippodamie, Pélops avait corrompu le cocher d'Œnomaos, Myrtilos. Celui-ci ôta la clavette à une des roues du char de son maître et causa ainsi sa mort. Mais comme il essayait de séduire l'épouse de Pélops, il fut précipité par lui dans la mer.

ΣΩ. Ἔοικεν δέ γε καὶ τῷ πατρὶ αὐτοῦ κατὰ φύσιν τὸ ὄνομα εἶναι.

ΕΡΜ. Φαίνεται.

ΣΩ. Κινδυνεύει γὰρ τοιοῦτός τις εἶναι « Ἀγαμέμνων », οἷος ἃ δόξειεν αὐτῷ διαπονεῖσθαι καὶ καρτερεῖν τέλος ἐπιτιθεὶς τοῖς δόξασι δι' ἀρετήν. Σημεῖον δὲ αὐτοῦ ἡ ἐν Τροίᾳ μονὴ τοῦ πλήθους τε καὶ καρτερία. Ὅτι οὖν ἀγασ-
τὸς κατὰ τὴν ἐπιμονὴν οὗτος ὁ ἀνὴρ ἐνσημαίνει τὸ b
ὄνομα ὁ « Ἀγαμέμνων ». Ἴσως δὲ καὶ ὁ « Ἀτρεὺς » ὀρθῶς ἔχει. Ὅ τε γὰρ τοῦ Χρυσίππου αὐτῷ φόνος καὶ ἃ πρὸς τὸν Θυέστην ὡς ὠμὰ διεπράττετο, πάντα ταῦτα ζημιώδη καὶ ἀτηρὰ πρὸς ἀρετήν. Ἡ οὖν τοῦ ὀνόματος ἐπωνυμία σμικρὸν παρακλίνει καὶ ἐπικεκάλυπται, ὥστε μὴ πᾶσι δηλοῦν τὴν φύσιν τοῦ ἀνδρός· τοῖς δ' ἐπαΐουσι περὶ ὀνομάτων ἱκανῶς δηλοῖ ὃ βούλεται ὁ « Ἀτρεύς ». Καὶ γὰρ κατὰ τὸ ἀτειρὲς
καὶ κατὰ τὸ ἄτρεστον καὶ κατὰ τὸ ἀτηρὸν πανταχῇ c
ὀρθῶς αὐτῷ τὸ ὄνομα κεῖται. Δοκεῖ δέ μοι καὶ τῷ Πέλοπι τὸ ὄνομα ἐμμέτρως κεῖσθαι· σημαίνει γὰρ τοῦτο τοὔνομα τὸν τὰ ἐγγὺς ὁρῶντα [ἄξιον εἶναι ταύτης τῆς ἐπωνυμίας].

ΕΡΜ. Πῶς δή ;

ΣΩ. Οἷόν που καὶ κατ' ἐκείνου λέγεται τοῦ ἀνδρὸς ἐν τῷ τοῦ Μυρτίλου φόνῳ οὐδὲν οἵου τε γενέσθαι προνοηθῆναι οὐδὲ προϊδεῖν τῶν πόρρω τῶν εἰς τὸ πᾶν γένος, ὅσης αὐτὸ
δυστυχίας ἐνεπίμπλη, τὸ ἐγγὺς μόνον ὁρῶν καὶ τὸ παρα- d
χρῆμα — τοῦτο δ' ἐστὶ « πέλας » — ἡνίκα προεθυμεῖτο λαβεῖν παντὶ τρόπῳ τὸν τῆς Ἱπποδαμείας γάμον. Τῷ δὲ Ταντάλῳ καὶ πᾶς ἂν ἡγήσαιτο τοὔνομα ὀρθῶς καὶ κατὰ φύσιν τεθῆναι, εἰ ἀληθῆ τὰ περὶ αὐτὸν λεγόμενα.

a 6 ἃ Hermann : ἂν BT ἃ ἂν W || 7 ἐπιθείς T || 8 καρτερία Ven. 184 : -ίας || b 5 ἀτειρὰ B || 8 ἀτειρὲς B : ἀτηρ- TW || c 2 αὐτῷ B : -τὸ T -τῶι W (ό supra ῶι) || δοκεῖ BW : -κῶ T sed εῖ supra ῶ add. t || 4 ἄξιον BT : καὶ ἄξιον W || ἄξιον — ἐπωνυμίας secl. Hermann || 8 οἵου b : οἵῳ BTW || 9 αὐτὸ b : -τῷ BTW || d 5 αὐτὸν BW : -τῶν T.

Hermogène. — De quoi veux-tu parler ?

Socrate. — Des infortunes, nombreuses et terribles, essuyées par lui de son vivant, qui finirent par la ruine totale de sa patrie ; et, après sa mort, de cette pierre *suspendue* (*talantéïa*) dans
e l'Hadès sur sa tête, par une merveilleuse conformité avec son nom[1]. On a tout à fait l'impression que, voulant l'appeler *le plus éprouvé* (*talantatos*) des hommes, on a, sous une forme voilée, substitué à cette appellation celle de *Tantale* : voilà le genre de nom que semble lui avoir donné le hasard de la légende. Le père qu'on lui attribue, Zeus, paraît avoir été, lui aussi, très bien nommé. Mais il n'est pas facile de le
396 a concevoir clairement. En effet le nom de *Zeus* est à proprement parler comme une définition. En la coupant en deux, nous employons tantôt l'une des parties, tantôt l'autre : les uns l'appellent *Zêna,* les autres *Dia*. Réunies en un seul, elles font bien voir la nature du dieu, ce qui est précisément, disons-nous, l'effet qu'un nom doit produire. Car il n'est personne qui, pour nous et pour tous les autres êtres, soit cause de la *vie* (*zên*) plus que le chef et le roi de l'univers.
b Ce dieu se trouve donc justement nommé, celui *par qui* (*di 'hon*) tous les êtres vivants obtiennent *la vie* (*zên*) tour à tour. Mais son nom, qui était un, a été, je le répète, partagé en deux, *Dii* et *Zêni*. Le dire fils de *Kronos* semblerait outrageant[2] au premier abord ; pourtant il est logique que *Zeus* (*Dia*) soit issu de quelque haute *intelligence* (*dianoïa*). C'est en effet *netteté* (*koros*) que signifie *Kronos* ; le nom désigne, non pas un *enfant* (*koros*), mais *la pureté sans mélange de son esprit* (*nou*). Ce dieu est fils d'*Ouranos*, suivant la tradition. Or, la contemplation du monde supérieur est elle-même bien nom-
c mée *ourania* (*céleste*), puisqu'*elle voit ce qui est en haut* (*horôsa ta anô*) ; c'est cette contemplation, Hermogène, qui, suivant ceux qui discourent des choses célestes, produit la pureté de

1. Tantale, riche et puissant roi de Lydie, invité par les dieux à leur table, avait dérobé du nectar et de l'ambroisie et révélé aux hommes les secrets divins. Puis, ayant reçu les dieux à son tour, il osa leur servir le corps de son propre fils. Dans l'*Odyssée* (XI, 582 sq.), on le voit aux enfers dévoré par la faim et la soif sans pouvoir saisir les fruits ni l'eau qui sont à sa portée. Pindare (*Ol.*, I, 57) le montre, comme Platon, avec un énorme rocher suspendu sur sa tête.

2. Dans le langage courant, *Kronos* était devenu synonyme de

ΕΡΜ. Τὰ ποῖα ταῦτα ;

ΣΩ. Ἅ τέ που ἔτι ζῶντι δυστυχήματα ἐγένετο πολλὰ
καὶ δεινά, ὧν καὶ τέλος ἡ πατρὶς αὐτοῦ ὅλη ἀνετράπετο,
καὶ τελευτήσαντι ἐν Ἅιδου ἡ ὑπὲρ τῆς κεφαλῆς τοῦ λίθου
ταλαντεία θαυμαστὴ ὡς σύμφωνος τῷ ὀνόματι· καὶ e
ἀτεχνῶς ἔοικεν, ὥσπερ ἂν εἴ τις βουλόμενος ταλάντατον
ὀνομάσαι ἀποκρυπτόμενος ὀνομάσειε καὶ εἴποι ἀντ' ἐκείνου
« Τάνταλον », τοιοῦτόν τι καί τούτῳ τὸ ὄνομα ἔοικεν ἐκπο-
ρίσαι ἡ τύχη τῆς φήμης. Φαίνεται δὲ καὶ τῷ πατρὶ αὐτοῦ
λεγομένῳ τῷ Διὶ παγκάλως τὸ ὄνομα κεῖσθαι· ἔστι δὲ οὐ
ῥᾴδιον κατανοῆσαι. Ἀτεχνῶς γάρ ἐστιν οἷον λόγος τὸ τοῦ 396 a
Διὸς ὄνομα· διελόντες δὲ αὐτὸ διχῇ οἱ μὲν τῷ ἑτέρῳ μέρει,
οἱ δὲ τῷ ἑτέρῳ χρώμεθα. Οἱ μὲν γὰρ « Ζῆνα », οἱ δὲ « Δία »
καλοῦσιν· συντιθέμενα δ' εἰς ἓν δηλοῖ τὴν φύσιν τοῦ θεοῦ,
ὃ δὴ προσήκειν φαμὲν ὀνόματι οἵῳ τε εἶναι ἀπεργάζεσθαι.
Οὐ γὰρ ἔστιν ἡμῖν καὶ τοῖς ἄλλοις πᾶσιν ὅστις ἐστὶν αἴτιος
μᾶλλον τοῦ ζῆν ἢ ὁ ἄρχων τε καὶ βασιλεὺς τῶν πάντων.
Συμβαίνει οὖν ὀρθῶς ὀνομάζεσθαι οὗτος ὁ θεὸς εἶναι, δι b
ὃν ζῆν ἀεὶ πᾶσι τοῖς ζῶσιν ὑπάρχει· διείληπται δὲ δίχα,
ὥσπερ λέγω, ἓν ὂν τὸ ὄνομα, τῷ « Διὶ » καὶ τῷ « Ζηνί ».
Τοῦτον δὲ Κρόνου ὑὸν εἶναι ὑβριστικὸν μὲν ἂν τι δόξειεν
εἶναι ἀκούσαντι ἐξαίφνης, εὔλογον δὲ μεγάλης τινὸς διανοίας
ἔκγονον εἶναι τὸν Δία· κόρον γὰρ σημαίνει, οὐ παῖδα, ἀλλὰ
τὸ καθαρὸν αὐτοῦ καὶ ἀκήρατον τοῦ νοῦ. Ἔστι δὲ οὗτος
Οὐρανοῦ ὑός, ὡς λόγος· ἡ δὲ αὖ ἐς τὸ ἄνω ὄψις καλῶς ἔχει
τοῦτο τὸ ὄνομα καλεῖσθαι, « οὐρανία », ὁρῶσα τὰ ἄνω, c
ὅθεν δὴ καί φασιν, ὦ Ἑρμόγενες, τὸν καθαρὸν νοῦν παρα-

Testim. : **396 a** 3 οἱ μὲν γὰρ — 7 τῶν πάντων Stob., *Eclog.*, I, 2, 27.

e 1 ταλαντεία Spalding : ταντaλεία || θαυμαστὴ T : -τῶς BW || ξύμφωνος W : συμφώνως BT || 3 ὀνομάσαι ἀποκρυπτόμενος om. W || 4 τούτῳ BW : τοῦτο T || **396 a** 2 διελόντες δὲ BW : διελόντες T || 4 δ' εἰς (uel δὲ εἰς) BT : δὲ ταῦτα εἰς W || **b** 1 δι' ὃν TWb : διὸ B || 4 ὑιὸν εἶναι W : ὑιὸν BT || μὲν ἄν BT : μὲν οὖν W || τι bt : τις BTW || **c** 1 τοῦτο ὄνομα W.

l'esprit, et justifie le nom donné au *ciel* (*ouranó*). Si je me rappelais la généalogie hésiodique, et les ancêtres encore plus reculés qu'elle donne à ces dieux, je ne me lasserais pas d'expliquer la justesse de leurs noms, avant d'avoir mis à l'épreuve, pour voir comment elle se comporterait — je veux dire : si elle resterait court ou non —, cette sagesse qui
d vient de me tomber si soudainement, je ne sais d'où.

L'inspiration d'Euthyphron.

Hermogène. — Le fait est, Socrate, que tu m'as tout bonnement l'air, à la façon des inspirés, de te mettre soudain à chanter des oracles.

Socrate. — Oui, Hermogène, et c'est surtout à Euthyphron, du dème de Prospalte, que j'attribue mon accès de sagesse. Dès l'aurore, je suis longtemps resté avec lui, et je prêtais l'oreille à ses propos. Peut-être l'inspiration qui l'agitait n'a-t-elle pas seulement empli mes oreilles de cette divine sagesse, mais s'est-elle encore emparée de mon âme.
e Voici donc, à mon avis, comment il nous faut faire : pour aujourd'hui, l'utiliser, en achevant ce qui reste à examiner sur les noms ; demain, si vous en êtes d'accord avec moi, nous l'exorciserons et nous nous en purifierons, après avoir découvert un homme habile à ce genre de purification, soit un
397 a prêtre, soit un sophiste.

Hermogène. — Moi, je veux bien ; car j'aurais le plus grand plaisir à entendre ce qui reste encore à dire des noms.

Socrate. — Eh bien, c'est ainsi qu'il faut faire. Par où veux-tu donc que nous commencions l'examen — maintenant que nous sommes engagés dans un exposé d'ensemble —, pour savoir si vraiment les noms nous attesteront par eux-mêmes que chacun d'eux, bien loin d'avoir été ainsi établi au
b hasard, possède quelque justesse ? Les noms donnés aux héros et aux hommes risqueraient peut-être de nous tromper : beaucoup d'entre eux ont été établis d'après les appellations des ancêtres, parfois sans aucune convenance, comme nous le disions au début ; beaucoup sont comme l'expression

radoteur (cf. *Euthyd.*, 287 b). — De κόρος, *jeune garçon*, Platon distingue κόρος (apparenté à κορέω, *nettoyer*), dont le sens habituel est *immondice*, mais auquel il prête celui de *netteté*.

γίγνεσθαι οἱ μετεωρολόγοι, καὶ τῷ οὐρανῷ ὀρθῶς τὸ ὄνομα κεῖσθαι· εἰ δ' ἐμεμνήμην τὴν Ἡσιόδου γενεαλογίαν, τίνας ἔτι τοὺς ἀνωτέρω προγόνους λέγει τούτων, οὐκ ἂν ἐπαυόμην διεξιὼν ὡς ὀρθῶς αὐτοῖς τὰ ὀνόματα κεῖται, ἕως ἀπεπειράθην τῆς σοφίας ταυτησὶ τί ποιήσει, εἰ ἄρα ἀπερεῖ ἢ οὔ,
ἣ ἐμοὶ ἐξαίφνης νῦν οὑτωσὶ προσπέπτωκεν ἄρτι οὐκ οἶδ' d
ὁπόθεν.

ΕΡΜ. Καὶ μὲν δή, ὦ Σώκρατες, ἀτεχνῶς γέ μοι δοκεῖς ὥσπερ οἱ ἐνθουσιῶντες ἐξαίφνης χρησμῳδεῖν.

ΣΩ. Καὶ αἰτιῶμαί γε, ὦ Ἑρμόγενες, μάλιστα αὐτὴν ἀπὸ Εὐθύφρονος τοῦ Προσπαλτίου προσπεπτωκέναι μοι· ἕωθεν γὰρ πολλὰ αὐτῷ συνῆ καὶ παρεῖχον τὰ ὦτα. Κινδυνεύει οὖν ἐνθουσιῶν οὐ μόνον τὰ ὦτά μου ἐμπλῆσαι τῆς δαιμονίας σοφίας, ἀλλὰ καὶ τῆς ψυχῆς ἐπειλῆφθαι. Δοκεῖ οὖν μοι
χρῆναι οὑτωσὶ ἡμᾶς ποιῆσαι· τὸ μὲν τήμερον εἶναι χρή- e
σασθαι αὐτῇ καὶ τὰ λοιπὰ περὶ τῶν ὀνομάτων ἐπισκέψασθαι, αὔριον δέ, ἂν καὶ ὑμῖν ξυνδοκῇ, ἀποδιοπομπησόμεθά τε αὐτὴν καὶ καθαρούμεθα ἐξευρόντες ὅστις τὰ τοιαῦτα δεινὸς
καθαίρειν, εἴτε τῶν ἱερέων τις εἴτε τῶν σοφιστῶν. 397 a

ΕΡΜ. Ἀλλ' ἐγὼ μὲν ξυγχωρῶ· πάνυ γὰρ ἂν ἡδέως τὰ ἐπίλοιπα περὶ τῶν ὀνομάτων ἀκούσαιμι.

ΣΩ. Ἀλλὰ χρὴ οὕτω ποιεῖν. Πόθεν οὖν βούλει ἀρξώμεθα διασκοποῦντες, ἐπειδήπερ εἰς τύπον τινὰ ἐμβεβήκαμεν, ἵνα εἰδῶμεν εἰ ἄρα ἡμῖν ἐπιμαρτυρήσει αὐτὰ τὰ ὀνόματα μὴ πάνυ ἀπὸ τοῦ αὐτομάτου οὕτως ἕκαστα κεῖσθαι, ἀλλ'
ἔχειν τινὰ ὀρθότητα; τὰ μὲν οὖν τῶν ἡρώων καὶ ἀνθρώπων b
λεγόμενα ὀνόματα ἴσως ἂν ἡμᾶς ἐξαπατήσειεν· πολλὰ μὲν γὰρ αὐτῶν κεῖται κατὰ προγόνων ἐπωνυμίας, οὐδὲν προσῆκον ἐνίοις, ὥσπερ κατ' ἀρχὰς ἐλέγομεν, πολλὰ δὲ ὥσπερ

c 3 μετεωρολόγοι TWb : -γω B || οὐραν*ῷ T || 5 ἐπαυόμην BT : -σάμην t in marg. -σαίμην (sic) W || 6 ἕως ἂν W || 7 ταυτησὶ τι T : ταύτης εἴ τι BWt || 8 ἧ TWB : ᾔ B || d 7 συνῆ B : -ῆν TWb || e 3 δὲ ἂν B : δ' ἐὰν T δὲ ἐὰν W || 397 a 2 ἂν om. T || 7 ἀπὸ ταυτομάτου W || b 3 ἐπωνυμίας T : ὁμων- BW.

d'un souhait : ainsi *Euthychidès*[1], *Sosias*[2], *Théophile*[3] et maint autre. Ceux de ce genre, il faut, à mon avis, les laisser de côté ; mais il y a apparence que nous découvrirons surtout les dénominations justes dans ce qui a, par nature, une existence éternelle. Car c'est là surtout que l'attribution des
c noms doit avoir été faite avec soin ; peut-être même certains d'entre eux sont-ils l'œuvre d'une puissance plus divine que celle des hommes[4].

HERMOGÈNE. — Tu me parais avoir raison, Socrate.

Les noms des dieux.

SOCRATE. — Dans ces conditions, n'est-il pas juste de commencer par les dieux, en examinant comment peut bien se justifier ce nom même de *dieux* qu'on leur a donné ?

HERMOGÈNE. — C'est naturel.

SOCRATE. — Voici donc ce que je soupçonne, pour ma part. A mon avis, les premiers habitants de la Grèce croyaient
d seulement aux dieux qui sont aujourd'hui ceux de beaucoup de Barbares : le soleil, la lune, la terre, les astres et le ciel ; les voyant tous agités d'un mouvement et d'une course perpétuels, c'est d'après cette faculté naturelle de *courir* (*théïn*) qu'ils les nommèrent *dieux* (*théoï*)[5] ; plus tard, quand ils reconnurent tous les autres, c'est désormais ce nom qu'ils leur appliquaient. Mon explication a-t-elle ou non quelque apparence de vérité ?

HERMOGÈNE. — Oui, bien certainement.

SOCRATE. — Qu'examiner après cela ? N'est-ce pas évidem-
e ment les génies, les héros et les hommes ?

1. *Euthychidès* vient de εὐτυχής, *heureux*.

2. *Sosias* est rattaché à σῴζω, *sauver*.

3. Voir plus haut, 394 e, et la note.

4. Plus loin (425 d) Socrate lui-même rejettera cette explication, comme un expédient trop commode. Mais l'on verra Cratyle y recourir (438 c) à son tour quand l'argumentation de Socrate l'aura réduit aux abois.

5. Hérodote propose pour θεός une autre étymologie, qui n'est pas moins fantaisiste. D'après lui (II, 52), les Pélasges donnaient ce nom aux dieux comme ayant *mis en ordre* (κόσμῳ θέντες) toutes choses. — L'étymologie indiquée par Socrate est de nature à plaire aux disciples d'Héraclite, comme Cratyle, partisans du mouvement perpétuel.

εὐχόμενοι τίθενται, οἷον « Εὐτυχίδην » καὶ » Σωσίαν » καὶ
« Θεόφιλον » καὶ ἄλλα πολλά. Τὰ μὲν οὖν τοιαῦτα δοκεῖ
μοι χρῆναι ἐᾶν· εἰκὸς δὲ μάλιστα ἡμᾶς εὑρεῖν τὰ ὀρθῶς
κείμενα περὶ τὰ ἀεὶ ὄντα καὶ πεφυκότα. Ἐσπουδάσθαι γὰρ
ἐνταῦθα μάλιστα πρέπει τὴν θέσιν τῶν ὀνομάτων· ἴσως δ' c
ἔνια αὐτῶν καὶ ὑπὸ θειοτέρας δυνάμεως ἢ τῆς τῶν ἀνθρώ-
πων ἐτέθη.

ΕΡΜ. Δοκεῖς μοι καλῶς λέγειν, ὦ Σώκρατες.

ΣΩ. Ἆρ' οὖν οὐ δίκαιον ἀπὸ τῶν θεῶν ἄρχεσθαι, σκοπου-
μένους πῇ ποτε αὐτὸ τοῦτο τὸ ὄνομα οἱ « θεοὶ » ὀρθῶς
ἐκλήθησαν ;

ΕΡΜ. Εἰκός γε.

ΣΩ. Τοιόνδε τοίνυν ἔγωγε ὑποπτεύω· φαίνονταί μοι
οἱ πρῶτοι τῶν ἀνθρώπων τῶν περὶ τὴν Ἑλλάδα τούτους
μόνους τοὺς θεοὺς ἡγεῖσθαι οὕσπερ νῦν πολλοὶ τῶν βαρβά- d
ρων, ἥλιον καὶ σελήνην καὶ γῆν καὶ ἄστρα καὶ οὐρανόν· ἅτε
οὖν αὐτὰ ὁρῶντες πάντα ἀεὶ ἰόντα δρόμῳ καὶ θέοντα, ἀπὸ
ταύτης τῆς φύσεως τῆς τοῦ θεῖν « θεοὺς » αὐτοὺς ἐπονο-
μάσαι· ὕστερον δὲ κατανοοῦντες τοὺς ἄλλους πάντας ἤδη
τούτῳ τῷ ὀνόματι προσαγορεύειν. Ἔοικέ τι ὃ λέγω τῇ ἀλη-
θείᾳ ἢ οὐδέν ;

ΕΡΜ. Πάνυ μὲν οὖν ἔοικεν.

ΣΩ. Τί οὖν ἂν μετὰ τοῦτο σκοποῖμεν ; ἦ δῆλον δὴ ὅτι
δαίμονάς τε καὶ ἥρωας καὶ ἀνθρώπους ;

Testim. : **397 b** 8 ἐσπουδάσθαι — **c** 3 ἐτέθη Euseb., *Praep. euang.*, 11, 6 || **c** 9 φαίνονται — **d** 2 οὐρανὸν Euseb., *Praep. euang.*, 3, 2 || 8 φαίνονται — **d** 4 ἐπονομάσαι Theodoret., *Therapeut.*, p. 69 et p. 107 ; Euseb., *Praep. euang.*, 1, 9 || 10 τούτους — **d** 2 οὐρανόν Euseb., *Praep. euang.*, 3, 10.

b 5 εὐτυχίδην T (sed δ in ras., ut uidetur) W : -χιάδην B || 7 χρῆναι BT et γρ. W in marg. : χαίρειν W || **c** 3 ἐγενήθη Euseb. pro ἐτέθη || 10 περὶ Theodoret. pro τῶν περὶ || **d** 1 μόνους ἡγεῖσθαι θεοὺς Theodoret. || τοὺς om. Euseb. || οἱ πολλοὶ Theodoret. || 4 ἐπονομάσαι : γρ. καὶ ἐπικαλέσαι W || 5 ἄλλους πάντας BT : ἄλλους ἅπαντας W || 6 τῇ ἀληθείᾳ B : τῷ ἀληθεῖ TW || 9 ἦ δῆλον W probauit Heindorf qui personas recte primus distinxit : δῆλον BT.

HERMOGÈNE. — Les génies.

SOCRATE. — A vrai dire, Hermogène, que peut bien signifier le nom de *génies* ? Vois si tu trouves que j'ai raison.

HERMOGÈNE. — Tu n'as qu'à parler.

SOCRATE. — Sais-tu qui sont les génies d'après Hésiode ?

HERMOGÈNE. — Je ne vois pas.

SOCRATE. — Ne sais-tu pas non plus qu'elle fut d'or, suivant lui [1], la première race d'hommes ?

HERMOGÈNE. — Oui, cela je le sais.

SOCRATE. — Eh bien, il dit d'elle :

Depuis que le sort a recouvert cette race,
398 a *On les appelle les saints génies de la terre ;*
Bons, secourables, ils sont les gardiens des mortels [2].

HERMOGÈNE. — Et après ?

SOCRATE. — Mon opinion est que, par « race d'or », il entend non pas « née de l'or », mais « bonne et belle ». Et la preuve, pour moi, c'est qu'il nous appelle nous-mêmes « race de fer » [3].

HERMOGÈNE. — Tu dis vrai.

SOCRATE. — Et parmi les hommes d'aujourd'hui, crois-tu,
b s'il en est un bon, qu'il le rattacherait à cette race d'or ?

HERMOGÈNE. — C'est probable.

SOCRATE. — Mais les bons ne sont-ils pas sensés ?

HERMOGÈNE. — Oui.

SOCRATE. — Voici donc essentiellement ce qu'il entend, à mon avis, par les *génies* (*daïmones*) : c'est parce qu'ils étaient sensés et *savants* (*daêmones*) qu'il les a nommés *daïmones*. Et anciennement dans notre langue, ce nom lui-même se

1. Dans le mythe des cinq races, Hésiode nomme d'abord la race d'or, celle des hommes qui vivaient au temps de Kronos, « sans souci, à l'abri des peines et des misères », et qui, sans travail, recueillaient tous les fruits de la terre (*Travaux*, V, 109-126).

2. Les trois vers cités par Socrate se lisent dans les *Travaux* (121-123). Le texte d'Hésiode donne γαῖ' au lieu de μοῖρ', et au vers suivant : τοὶ μὲν δαίμονές εἰσι Διὸς μεγάλου διὰ βουλάς.

3. La cinquième et dernière race, dont les misères arrachent à Hésiode le souhait désespéré d'être mort plus tôt ou né plus tard. Les hommes de cette race ne sont pas seulement consumés par les fatigues et les soucis, mais un temps viendra où ne règneront parmi eux que la dureté, la perfidie et le crime (*Trav.*, v. 174-201).

ΕΡΜ. Δαίμονας. e

ΣΩ. Καὶ ὡς ἀληθῶς, ὦ Ἑρμόγενες, τί ἄν ποτε νοοῖ τὸ ὄνομα οἱ « δαίμονες » ; σκέψαι ἄν τί σοι δόξω εἰπεῖν.

ΕΡΜ. Λέγε μόνον.

ΣΩ. Οἶσθα οὖν τίνας φησὶν Ἡσίοδος εἶναι τοὺς δαίμονας ;

ΕΡΜ. Οὐκ ἐννοῶ.

ΣΩ. Οὐδὲ ὅτι χρυσοῦν γένος τὸ πρῶτόν φησιν γενέσθαι τῶν ἀνθρώπων ;

ΕΡΜ. Οἶδα τοῦτό γε.

ΣΩ. Λέγει τοίνυν περὶ αὐτοῦ,

> Αὐτὰρ ἐπειδὴ τοῦτο γένος κατὰ μοῖρ' ἐκάλυψεν,
> οἱ μὲν δαίμονες ἁγνοὶ ἐπιχθόνιοι καλέονται, 398 a
> ἐσθλοί, ἀλεξίκακοι, φύλακες θνητῶν ἀνθρώπων.

ΕΡΜ. Τί οὖν δή ;

ΣΩ. Ὅτι οἶμαι ἐγὼ λέγειν αὐτὸν τὸ χρυσοῦν γένος οὐκ ἐκ χρυσοῦ πεφυκός, ἀλλ' ἀγαθόν τε καὶ καλόν. Τεκμήριον δέ μοί ἐστιν ὅτι καὶ ἡμᾶς φησιν σιδηροῦν εἶναι γένος.

ΕΡΜ. Ἀληθῆ λέγεις.

ΣΩ. Οὐκοῦν καὶ τῶν νῦν οἴει ἂν φάναι αὐτὸν εἴ τις
ἀγαθός ἐστιν ἐκείνου τοῦ χρυσοῦ γένους εἶναι ; b

ΕΡΜ. Εἰκός γε.

ΣΩ. Οἱ δ' ἀγαθοὶ ἄλλο τι ἢ φρόνιμοι ;

ΕΡΜ. Φρόνιμοι.

ΣΩ. Τοῦτο τοίνυν παντὸς μᾶλλον λέγει, ὡς ἐμοὶ δοκεῖ, τοὺς δαίμονας· ὅτι φρόνιμοι καὶ δαήμονες ἦσαν, « δαίμονας » αὐτοὺς ὠνόμασεν· καὶ ἔν γε τῇ ἀρχαίᾳ τῇ ἡμετέρᾳ

Testim. : **397 e** 12 αὐτὰρ — **398 a** 2 ἀνθρώπων Hesiod., *Op.*, 121 sq. || **398 a** 1 οἱ μὲν — 2 ἀνθρώπων Plat., *Resp.*, V, 469 a.

e 2 ἀληθῶς γε W || **398 a** 1 ἐπιχθόνιοι W (idem Plato in *Rep.*, 469 a, ubi τελέθουσιν pro καλέονται et μερόπων pro θνητῶν scrips.) : ὑπο- BT (sed υ in ras. T) || 5 γεγονέναι W pro πεφυκός || καὶ om. W || 6 σιδηροῦς W sed ν supra ς scrips. || **b** 1 γένους TWb : -νος B || εἶναι αὐτὸν W || 7 ὠνόμασεν Bt : -σαν W.

rencontre[1]. Notre poète et bien d'autres qui tiennent ce langage ont raison de dire qu'un homme de bien, après sa mort, obtient une haute destinée et de grands honneurs, et
c qu'il devient *génie*, suivant le nom que lui vaut sa sagesse. En ce sens, j'admets à mon tour que tout homme de bien a le caractère d'un *génie*, vivant et mort, et que le nom de *génie* lui est justement donné.

Hermogène. — Moi aussi, Socrate, je crois être sur ce point pleinement d'accord avec toi. Et le *héros*, que peut-il être ?

Socrate. — Voilà qui n'est pas bien difficile à concevoir. Ce nom, dont la forme a été légèrement détournée, indique la naissance due à l'amour.

Hermogène. — Que veux-tu dire ?

Socrate. — Ne sais-tu pas que les héros sont des demi-dieux[2] ?

Hermogène. — Eh bien ?

d Socrate. — Tous, évidemment, sont nés de l'amour d'un dieu pour une mortelle, ou d'un mortel pour une déesse. Considère encore ce nom à la lumière de l'ancienne langue attique, et tu t'en rendras mieux compte : tu verras qu'il a été dérivé du nom de l'*amour* (*érôs*), auquel les *héros* ont dû la naissance, avec un léger changement pour la forme. Voilà comment il définit les héros, ou bien il veut dire qu'ils étaient savants, orateurs éloquents et bon dialecticiens, étant habiles à *questionner* (*érôtân*) et à *parler* (*eïreïn*), car *eïreïn* est synonyme de *légeïn* (*dire*). Comme nous venons de le
e dire, les héros, en langue attique, se trouvent être des orateurs et des questionneurs habiles, si bien que la race héroïque devient une espèce de rhéteurs et de sophistes.

1. Le mot δαήμων appartient surtout à la langue poétique. On le trouve chez Homère, mais il est rare en prose.

2. Chez Homère ἥρως est une épithète honorifique, généralement appliquée aux personnages de l'épopée, non seulement aux rois et aux chefs, mais aux gens de leur entourage. L'aède Démodocos est un *héros*. La conception reprise ici par Platon est celle d'Hésiode, qui fait du héros un être intermédiaire entre le dieu et l'homme. Dans les *Travaux*, les hommes de la quatrième race, sont la race divine des héros que l'on appelle *demi-dieux* (v. 159-160). Tombés dans la guerre, devant Thèbes ou à Troie, ils habitent après leur mort les Iles des Bienheureux, au bord de l'Océan. — Le mot ἥρως signifie *protec-*

φωνῇ αὐτὸ συμβαίνει τὸ ὄνομα. Λέγει οὖν καλῶς καὶ οὗτος καὶ ἄλλοι ποιηταὶ πολλοὶ ὅσοι λέγουσιν ὡς, ἐπειδάν τις ἀγαθὸς ὢν τελευτήσῃ, μεγάλην μοῖραν καὶ τιμὴν ἔχει καὶ γίγνεται δαίμων κατὰ τὴν τῆς φρονήσεως ἐπωνυμίαν. c
Ταύτῃ οὖν τίθεμαι καὶ ἐγὼ [τὸν δαήμονα] πάντ' ἄνδρα ὃς ἂν ἀγαθὸς ᾖ, δαιμόνιον εἶναι καὶ ζῶντα καὶ τελευτήσαντα, καὶ ὀρθῶς « δαίμονα » καλεῖσθαι.

ΕΡΜ. Καὶ ἐγώ μοι δοκῶ, ὦ Σώκρατες, τούτου πάνυ σοι σύμψηφος εἶναι. Ὁ δὲ δὴ « ἥρως » τί ἂν εἴη ;

ΣΩ. Τοῦτο δὲ οὐ πάνυ χαλεπὸν ἐννοῆσαι. Σμικρὸν γὰρ παρῆκται αὐτῶν τὸ ὄνομα, δηλοῦν τὴν ἐκ τοῦ ἔρωτος γένεσιν.

ΕΡΜ. Πῶς λέγεις ;

ΣΩ. Οὐκ οἶσθα ὅτι ἡμίθεοι οἱ ἥρωες ;

ΕΡΜ. Τί οὖν ;

ΣΩ. Πάντες δήπου γεγόνασιν ἐρασθέντος ἢ θεοῦ θνητῆς d
ἢ θνητοῦ θεᾶς. Ἐὰν οὖν σκοπῇς καὶ τοῦτο κατὰ τὴν Ἀττικὴν τὴν παλαιὰν φωνήν, μᾶλλον εἴσει· δηλώσει γάρ σοι ὅτι παρὰ τὸ τοῦ ἔρωτος ὄνομα, ὅθεν γεγόνασιν οἱ ἥρωες, σμικρὸν παρηγμένον ἐστὶν ὀνόματος χάριν. Καὶ ἤτοι τοῦτο λέγει τοὺς ἥρωας, ἢ ὅτι σοφοὶ ἦσαν καὶ ῥήτορες δεινοὶ καὶ διαλεκτικοί, ἐρωτᾶν ⟨καὶ εἴρειν⟩ ἱκανοὶ ὄντες· τὸ γὰρ « εἴρειν » λέγειν ἐστίν. Ὅπερ οὖν ἄρτι λέγομεν, ἐν τῇ Ἀττικῇ φωνῇ λεγόμενοι οἱ ἥρωες ῥήτορές τινες καὶ ἐρωτη- e
τικοὶ συμβαίνουσιν, ὥστε ῥητόρων καὶ σοφιστῶν γένος

Testim. : **398 b** 9 ὡς ἐπειδὰν — **c** 2 ἄνδρα Theodoret., *Therapeut.*, p. 323.

b 10 ἐκεῖ ἔχει Theodoret. || **c** 2 τὸν δαήμονα secl. Hermann τὸν δαήμονα ἄνδρα Theodoret. || 5 ἔγωγέ T || 11 ἥρωες εἰσιν W || **d** 1 ἐρασθέντος ἢ θεοῦ θνητῆς ἢ θνητοῦ θεᾶς anonymus in *Obs. Miscell.*, VII, p. 273 : ἐρασθέντος ἢ θεοῦ θνητῆς ἢ θεᾶς θνητοῦ W ἐρασθέντες ἢ θεοὶ θνητῆς ἢ θνητοὶ θεᾶς BT || 5 μικρὸν W || στόματος Peipers pro ὀνόματος || 6 δεινοὶ T (sed ras. ante δ) W : καὶ δεινοὶ B || 7 ⟨καὶ εἴρειν⟩ add. H. Schmidt || 8 λέγομεν B : λεγομεν (sic) W : ἐλέγομεν T || **e** 1 οἱ om. W || ἐρωτητικοὶ BW : ἐρωτικοὶ T.

Mais ce n'est pas cela qui est difficile à concevoir ; c'est plutôt le nom des *hommes* (*anthrôpoi*). Pourquoi sont-ils appelés *anthrôpoi* ? Toi, peux-tu le dire ?

HERMOGÈNE. — Comment le pourrais-je, mon bon ? Même si j'étais capable de le trouver, je ne m'en donnerais pas la peine, car je pense que tu sauras le découvrir mieux que moi.

399 a SOCRATE. — L'inspiration d'Euthyphron te donne confiance, paraît-il !

HERMOGÈNE. — Evidemment.

SOCRATE. — Et tu as raison d'avoir confiance. Car, en ce moment, je crois qu'il m'est venu des idées ingénieuses, et je risquerai, si je n'y prends garde, d'être encore aujourd'hui plus habile que de raison. Fais attention à ce que je vais dire. En premier lieu, voici ce qu'on doit se mettre dans l'esprit au sujet des noms : souvent nous ajoutons des lettres, nous en ôtons d'autres, en dérivant les noms d'où il nous plaît, et nous déplaçons les accents. Voilà, par exemple, *Dii philos* (*ami de Zeus*) ; pour faire un nom de cette locu-
b tion [1], nous enlevons le second i, et à la syllabe du milieu, qui est aiguë, nous substituons une grave [2]. Dans d'autres cas, inversement, nous ajoutons des lettres, et faisons passer dans la prononciation le grave à l'aigu.

HERMOGÈNE. — Tu dis vrai.

SOCRATE. — Eh bien, c'est un de ces changements qu'a éprouvé le nom des hommes, il me semble. De locution il est devenu nom, par la suppression d'une lettre, l'a, et la transformation de la finale en grave.

HERMOGÈNE. — Que veux-tu dire ?

c SOCRATE. — Ceci. Ce nom d'*anthrôpos* signifie qu'au contraire des animaux, incapables d'observer rien de ce qu'ils voient, d'en raisonner et de l'examiner, l'homme, dès qu'il a vu, — et *opôpé* a ce sens — applique son examen et son raisonnement à ce qu'il a vu. Et voilà pourquoi,

teur ; cf. latin *servo* (Boisacq, *Dictionnaire étymologique*, p. 329, *s. v.*).

1. C'est-à-dire de ce *prédicat*. Plus loin, Platon distinguera, comme éléments de la *définition* (ou de la *phrase*), λόγος, le *nom* (ὄνομα) et le *verbe* ou *prédicat* (ῥῆμα). Le second indique ce qui est dit du sujet, et peut prendre diverses formes.

2. Διὶ φίλος est remplacé par Δίφιλος. La syllabe φι-, frappée dans le premier cas de l'accent *aigu* (ὀξεῖα), devient, dans le second, *grave*

γίγνεται τὸ ἡρωικὸν φῦλον. Ἀλλὰ οὐ τοῦτο χαλεπόν ἐστιν ἐννοῆσαι, ἀλλὰ μᾶλλον τὸ τῶν ἀνθρώπων, διὰ τί ποτε « ἄνθρωποι » καλοῦνται· σὺ ἔχεις εἰπεῖν ;

ΕΡΜ. Πόθεν, ὠγαθέ, ἔχω ; οὐδ' εἴ τι οἷός τ' ἂν εἴην εὑρεῖν, οὐ συντείνω διὰ τὸ ἡγεῖσθαι σὲ μᾶλλον εὑρήσειν ἢ ἐμαυτόν.

ΣΩ. Τῇ τοῦ Εὐθύφρονος ἐπιπνοίᾳ πιστεύεις, ὡς ἔοικας. 399 a

ΕΡΜ. Δῆλα δή.

ΣΩ. Ὀρθῶς γε σὺ πιστεύων· ὡς καὶ νῦν γέ μοι φαίνομαι κομψῶς ἐννενοηκέναι, καὶ κινδυνεύσω, ἐὰν μὴ εὐλαβῶμαι, ἔτι τήμερον σοφώτερος τοῦ δέοντος γενέσθαι. Σκόπει δὴ ὃ λέγω. Πρῶτον μὲν γὰρ τὸ τοιόνδε δεῖ ἐννοῆσαι περὶ ὀνομάτων, ὅτι πολλάκις ἐπεμβάλλομεν γράμματα, τὰ δ' ἐξαιροῦμεν, παρ' ὃ βουλόμεθα ὀνομάζοντες, καὶ τὰς ὀξύτητας μεταβάλλομεν. Οἷον « Διὶ φίλος » — τοῦτο ἵνα ἀντὶ ῥήματος ὄνομα ἡμῖν γένηται, τό τε ἕτερον αὐτόθεν ἰῶτα b ἐξείλομεν καὶ ἀντὶ ὀξείας τῆς μέσης συλλαβῆς βαρεῖαν ἐφθεγξάμεθα. Ἄλλων δὲ τοὐναντίον ἐμβάλλομεν γράμματα, τὰ δὲ βαρύτερα ⟨ὀξύτερα⟩ φθεγγόμεθα.

ΕΡΜ. Ἀληθῆ λέγεις.

ΣΩ. Τούτων τοίνυν ἓν καὶ τὸ τῶν ἀνθρώπων ὄνομα πέπονθεν, ὡς ἐμοὶ δοκεῖ. Ἐκ γὰρ ῥήματος ὄνομα γέγονεν, ἑνὸς γράμματος τοῦ ἄλφα ἐξαιρεθέντος καὶ βαρυτέρας τῆς τελευτῆς γενομένης.

ΕΡΜ. Πῶς λέγεις ;

ΣΩ. Ὧδε. Σημαίνει τοῦτο τὸ ὄνομα ὁ « ἄνθρωπος » c ὅτι τὰ μὲν ἄλλα θηρία ὧν ὁρᾷ οὐδὲν ἐπισκοπεῖ οὐδὲ ἀναλογίζεται οὐδὲ ἀ ν α θ ρ ε ῖ, ὁ δὲ ἄνθρωπος ἅμα ἑώρακεν — τοῦτο δ' ἐστὶ « ὄπωπε » — καὶ ἀ ν α θ ρ ε ῖ καὶ λογίζεται τοῦτο ὃ

Testim. : **399 c** 3 ὁ δὲ ἄνθρωπος — 6 ὄπωπεν Euseb., *Praep. euang.*, 11, 6.

e 5 ἢ σὺ Heindorf ‖ **399 a** 5 δὲ δὴ W ‖ **b** 4 ὀξύτερα add. Buttmann ‖ 6 τούτων BW : τοῦτο T ‖ 8 ἄλφα B : ᾱ TW ‖ **c** 4 ὄπωπε W Eusebius : τὸ ὄπωπε BT.

à la différence des animaux, l'homme a été justement nommé *anthrôpos* : car *il examine ce qu'il a vu* (*anathrôn ha opôpé*) [1].

Hermogène. — Et la suite ? Dois-je te la demander ? J'aurais plaisir à l'apprendre.

Socrate. — Parfaitement.

d Hermogène. — Eh bien, à ces questions me semble pour ainsi dire s'en rattacher une autre. Nous attribuons, n'est-ce pas ? une âme et un corps à l'homme.

Socrate. — Naturellement.

Hermogène. — Essayons donc d'analyser ces mots encore, comme les précédents.

Socrate. — Veux-tu dire : d'examiner à propos de l'âme en quoi ce nom lui convient, et de même ensuite pour le corps ?

Hermogène. — Oui.

Socrate. — Eh bien, pour improviser une explication, voici à peu près, je crois, la pensée de ceux qui ont nommé l'*âme* (*psukhê*) : c'est ce qui, par sa présence, est pour le corps cause de la vie, en lui procurant la faculté de respirer et en le
e *rafraîchissant* (*anapsukhon*) [2] ; dès que ce principe rafraîchissant vient à manquer, le corps périt et meurt ; de là, selon moi, le nom de *psukhê* qu'ils lui ont donné. Mais, si tu préfères, prends patience : je crois apercevoir une explication
400 a plus plausible aux yeux des Euthyphrons [3]. Car la première, j'imagine, leur semblerait méprisable et vulgaire. Examine donc si toi-même tu trouveras celle-ci à ton goût.

Hermogène. — Tu n'as qu'à parler.

Socrate. — La nature du corps tout entier, qu'est-ce qui, selon toi, la maintient et la véhicule, pour la faire vivre et circuler ? N'est-ce pas l'âme ?

(βαρεῖα), c'est-à-dire *atone*. Car l'accent *grave* (βαρύς) est en réalité l'*absence* d'accent (J. Vendryès, *Traité d'accentuation grecque*, p. 35 et suiv.).

1. On faisait encore venir ἄνθρωπος de ἄνω ἀθρεῖν (*regarder en haut*), ou de ἔναρθρον ἔχειν ἔπος (*avoir une parole articulée*).

2. Aristote, *De anim.*, I, 2 (fin) cite l'étymologie qui rattache ψυχή à ψυχρός, à cause de l'idée de *respiration* (ἀναπνοή) et de *rafraîchissement* (κατάψυξις).

3. L'expression dont se sert Platon (τοῖς ἀμφί 'E.) désigne proprement le maître et ses disciples. Ici elle vise ironiquement Euthyphron et ses pareils, ou les gens de son milieu.

ὄπωπεν. Ἐντεῦθεν δὴ μόνον τῶν θηρίων ὀρθῶς ὁ ἄνθρω-
πος « ἄνθρωπος » ὠνομάσθη, ἀναθρῶν ἃ ὄπωπε.

ΕΡΜ. Τί οὖν ; τὸ μετὰ τοῦτο ἔρωμαί σε, ὃ ἡδέως ἂν
πυθοίμην ;

ΣΩ. Πάνυ γε.

ΕΡΜ. Ὥσπερ τοίνυν μοι δοκεῖ τούτοις ἑξῆς εἶναί τι d
χρῆμα. « Ψυχὴν » γάρ που καὶ « σῶμά » τι καλοῦμεν τοῦ
ἀνθρώπου.

ΣΩ. Πῶς γὰρ οὔ ;

ΕΡΜ. Πειρώμεθα δὴ καὶ ταῦτα διελεῖν ὥσπερ τὰ
ἔμπροσθεν.

ΣΩ. Ψυχὴν λέγεις ἐπισκέψασθαι ὡς εἰκότως τούτου τοῦ
ὀνόματος τυγχάνει, ἔπειτ' αὖ τὸ σῶμα ;

ΕΡΜ. Ναί.

ΣΩ. Ὡς μὲν τοίνυν ἐκ τοῦ παραχρῆμα λέγειν, οἶμαί τι
τοιοῦτον νοεῖν τοὺς τὴν ψυχὴν ὀνομάσαντας, ὡς τοῦτο ἄρα,
ὅταν παρῇ τῷ σώματι, αἴτιόν ἐστι τοῦ ζῆν αὐτῷ, τὴν τοῦ
ἀναπνεῖν δύναμιν παρέχον καὶ ἀναψῦχον, ἅμα δὲ ἐκλεί- e
ποντος τοῦ ἀναψύχοντος τὸ σῶμα ἀπόλλυταί τε καὶ τελευτᾷ·
ὅθεν δή μοι δοκοῦσιν αὐτὸ « ψυχὴν » καλέσαι. Εἰ δὲ βούλει,
ἔχε ἠρέμα· δοκῶ γάρ μοί τι καθορᾶν πιθανώτερον τούτου
τοῖς ἀμφὶ Εὐθύφρονα. Τούτου μὲν γάρ, ὡς ἐμοὶ δοκεῖ, 400 a
καταφρονήσαιεν ἂν καὶ ἡγήσαιντο φορτικὸν εἶναι· τόδε δὲ
σκόπει ἐὰν ἄρα καὶ σοὶ ἀρέσῃ.

ΕΡΜ. Λέγε μόνον.

ΣΩ. Τὴν φύσιν παντὸς τοῦ σώματος, ὥστε καὶ ζῆν καὶ
περιιέναι, τί σοι δοκεῖ ἔχειν τε καὶ ὀχεῖν ἄλλο ἢ ψυχή ;

Testim. : **399 c** 5 ὀρθῶς — 6 ὄπωπε Stob., *Eclog.*, 1, 39, 3 || **d** 10 οἶμαι — **e** 3 καλέσαι Stob., *Eclog.*, 1, 41, 10.

c 5 δὴ TW : δὲ δὴ B || ἄνθρωπος semel Stob. || 7 τί οὖν — πυθοίμην Hermogeni primus attribuit Heindorf || ἔρωμαι b : ἐρῶμαι BW ἔρομαι T || **d** 2 σῶμά τι W : σῶμα τί T σῶμα B || τοῦ om. W || 11 τοιοῦτόν τι Stob. || **e** 1 δὲ καὶ W || ἐκλιπόντος W || 2 τε om. Stob. || 3 ἔνθεν W pro ὅθεν || ψυχὴν αὐτὸ Stob. || **400 a** 3 ἀρέσχῃ W.

Hermogène. — C'est bien elle.

Socrate. — Et la nature de tous les autres êtres ? Ne crois-tu pas avec Anaxagore que c'est un esprit et une âme qui les ordonne et les maintient [1] ?

Hermogène. — C'est mon avis.

b Socrate. — On aurait donc raison de donner le nom de *phusékhê* à cette force qui *véhicule* (*okhéï*) et *maintient* (*ékhéï*) *la nature* (*phusis*). Mais on peut aussi, par enjolivement, dire *psukhê*.

Hermogène. — Parfaitement, et même, à mon avis, cette explication est plus savante que l'autre.

Socrate. — Elle l'est en effet ; néanmoins le nom paraît vraiment risible, sous la forme qu'il a reçue.

Hermogène. — Et la suite, que devons-nous en penser ?

Socrate. — Le corps (*sôma*), veux-tu dire ?

Hermogène. — Oui.

Socrate. — Le nom m'en paraît complexe ; pour peu
c qu'on en modifie la forme, il l'est au plus haut point. Certains le définissent le *tombeau* (*sêma*) de l'âme, où elle se trouverait présentement ensevelie [2] ; et, d'autre part, comme c'est par lui que l'âme exprime ses manifestations, à ce titre encore il est justement appelé *signe* (*sêma*) d'après eux. Toutefois ce sont surtout les Orphiques qui me semblent avoir établi ce nom, dans la pensée que l'âme expie les fautes pour lesquelles elle est punie, et que, pour la *garder* (*sôzêtai*), elle a comme enceinte ce corps qui figure une prison ; qu'il est donc, suivant son nom même, le *sôma* (la *geôle*) de l'âme, jusqu'à ce qu'elle ait payé sa dette, et qu'il n'y a point à changer une seule lettre.

d Hermogène. — Ces explications, Socrate, me semblent

1. Aristote, *De anim.*, I, 2, 404 a : « Anaxagore identifie l'âme (ψυχή) et l'esprit (νοῦς) », mais il fait du νοῦς le principe de toutes choses. Suivant Anaxagore, les éléments, primitivement confondus, ont été séparés et *mis en ordre* par l'Esprit. Platon lui emprunte le mot διακοσμεῖν dont il se sert ici.

2. Dans le *Gorgias*, 493 a, Socrate déclare avoir entendu dire aux sages que notre vie présente est une mort, et que le *corps* (σῶμα) est un *tombeau* (σῆμα). Il s'agit probablement de Philolaos. — Sur l'étymologie de σῶμα attribuée aux Orphiques (le corps considéré comme la prison de l'âme), cf. *Phédon*, 62 b : Socrate rappelle une formule que l'on prononçait dans les Mystères : « Nous sommes,

ΕΡΜ. Οὐδὲν ἄλλο.

ΣΩ. Τί δέ ; καὶ τὴν τῶν ἄλλων ἁπάντων φύσιν οὐ πιστεύεις Ἀναξαγόρᾳ νοῦν καὶ ψυχὴν εἶναι τὴν διακοσμοῦσαν καὶ ἔχουσαν ;

ΕΡΜ. Ἔγωγε.

ΣΩ. Καλῶς ἄρα ἂν τὸ ὄνομα τοῦτο ἔχοι τῇ δυνάμει b
ταύτῃ ἣ φύσιν ὀχεῖ καὶ ἔχει « φυσέχην » ἐπονομάζειν.
Ἔξεστι δὲ καὶ « ψυχὴν » κομψευόμενον λέγειν.

ΕΡΜ. Πάνυ μὲν οὖν, καὶ δοκεῖ γέ μοι τοῦτο ἐκείνου τεχνικώτερον εἶναι.

ΣΩ. Καὶ γὰρ ἔστιν· γελοῖον μέντοι φαίνεται ὡς ἀληθῶς ὀνομαζόμενον ὡς ἐτέθη.

ΕΡΜ. Ἀλλὰ δὴ τὸ μετὰ τοῦτο πῶς φῶμεν ἔχειν ;

ΣΩ. Τὸ σῶμα λέγεις ;

ΕΡΜ. Ναί.

ΣΩ. Πολλαχῇ μοι δοκεῖ τοῦτό γε· ἂν μὲν καὶ σμικρόν
τις παρακλίνῃ, καὶ πάνυ. Καὶ γάρ σῆμά τινές φασιν αὐτὸ c
εἶναι τῆς ψυχῆς, ὡς τεθαμμένης ἐν τῷ νῦν παρόντι· καὶ
διότι αὖ τούτῳ σημαίνει ἃ ἂν σημαίνῃ ἡ ψυχή, καὶ ταύτῃ
« σῆμα » ὀρθῶς καλεῖσθαι. Δοκοῦσι μέντοι μοι μάλιστα
θέσθαι οἱ ἀμφὶ Ὀρφέα τοῦτο τὸ ὄνομα, ὡς δίκην διδούσης
τῆς ψυχῆς ὧν δὴ ἕνεκα δίδωσιν, τοῦτον δὲ περίβολον ἔχειν,
ἵνα σῴζηται, δεσμωτηρίου εἰκόνα· εἶναι οὖν τῆς ψυχῆς
τοῦτο, ὥσπερ αὐτὸ ὀνομάζεται, ἕως ἂν ἐκτείσῃ τὰ ὀφειλόμενα, τὸ « σῶμα », καὶ οὐδὲν δεῖν παράγειν οὐδὲ γράμμα.

ΕΡΜ. Ταῦτα μέν μοι δοκεῖ ἱκανῶς, ὦ Σώκρατες, εἰρη- d

Testim. : **400 b** 9 τὸ σῶμα — **c** 10 γράμμα Stob., *Eclog.*, 1, 35, 9 || **c** 1 καὶ γὰρ σῆμα — 6 δίδωσιν Clemens Alex., *Strom.*, 3, 3, 16.

a 8 Τί δαὶ b || **b** 2 ἣ BW : ᾗ T || **c** 1 πάνυ τι W || 2 τῷ παρόντι καὶ νῦν Stob. || 3 αὖ om. Clem. Alex. || τοῦτο Stob. pro τούτῳ || σημαίνῃ Stob. : -μήνῃ BT -μήνη W || 4 μοι om. Stob. Clem. Alex. || 6 τῆς ψυχῆς om. Clem. Alex. || 8 τοῦτο, ὥσπερ αὐτὸ BTW : τοῦτο αὐτὸ ὥσπερ Stob. || 9 τὰ σώματα Stob. pro τὸ σῶμα || οὐδὲ T : -δὲν BW Stob.

suffisantes. Mais, pour les noms des dieux, pourrions-nous, comme tu le faisais tout à l'heure en parlant de Zeus, examiner de la même manière en vertu de quelle justesse leurs noms ont été établis ?

Socrate. — Par Zeus ! Hermogène, si nous étions raisonnables, il y aurait pour nous une manière, la meilleure de toutes : ce serait de dire que nous ne savons rien des dieux, ni de leurs personnes, ni des noms qu'ils peuvent bien se donner à eux-mêmes, — car il est clair qu'ils emploient, eux,
e les vrais noms. Une seconde manière de justesse serait de faire comme dans les prières, où nous avons pour loi de les invoquer « sous les noms, n'importe lesquels ni de quelle origine, qui leur plaisent »[1], comme n'en sachant pas davantage.
401 a C'est en effet une loi sage, à mon avis. Faisons donc, si tu veux, notre enquête, après avoir pour ainsi dire prévenu les dieux qu'elle ne portera point sur eux — car nous nous en reconnaissons incapables — , mais sur les hommes et sur l'opinion qu'ils pouvaient avoir quand ils leur ont donné leurs noms : ce procédé ne saurait éveiller leur colère.

Hermogène. — Ta proposition, Socrate, me paraît sage[2]. Faisons comme tu dis.

b Socrate. — N'est-ce point par Hestia qu'il nous faut commencer, suivant le rite[3] ?

Hermogène. — Ce serait justice.

Socrate. — Quelle intention pourrait-on attribuer à celui qui a nommé Hestia ?

Hermogène. — Par Zeus, voilà encore qui ne me semble pas facile !

Socrate. — Il y a des chances, en tout cas, mon bon Hermogène, pour que les premiers auteurs de ces noms aient été non des esprits médiocres, mais de sublimes spéculateurs et des discoureurs subtils.

Hermogène. — Comment cela ?

nous autres hommes, dans une sorte de *geôle* (φρουρᾷ), d'où l'on ne doit pas se libérer ni s'évader ».

1. Sur cette formule prudente usitée dans les prières, cf. *Euthydème*, 288 a, etc.

2. Littéralement : *dans la juste mesure*. Pour ce sens de μετρίως, cf. *Criton*, 46 c, etc.

3. C'est par Hestia que l'on commençait les sacrifices.

σθαι· περὶ δὲ τῶν θεῶν τῶν ὀνομάτων, οἷον καὶ περὶ τοῦ
« Διὸς » νῦν δὴ ἔλεγες, ἔχοιμεν ἄν που κατὰ τὸν αὐτὸν
τρόπον ἐπισκέψασθαι κατὰ τίνα ποτὲ ὀρθότητα αὐτῶν τὰ
ὀνόματα κεῖται ;

ΣΩ. Ναὶ μὰ Δία ἡμεῖς γε, ὦ Ἑρμόγενες, εἴπερ γε νοῦν
ἔχοιμεν, ἕνα μὲν τὸν κάλλιστον τρόπον, ὅτι περὶ θεῶν οὐδὲν
ἴσμεν, οὔτε περὶ αὐτῶν οὔτε περὶ τῶν ὀνομάτων, ἅττα
ποτὲ ἑαυτοὺς καλοῦσιν· δῆλον γὰρ ὅτι ἐκεῖνοί γε τἀληθῆ
καλοῦσι. Δεύτερος δ' αὖ τρόπος ὀρθότητος, ὥσπερ ἐν ταῖς e
εὐχαῖς νόμος ἐστὶν ἡμῖν εὔχεσθαι, οἵτινές τε καὶ ὁπόθεν
χαίρουσιν ὀνομαζόμενοι, ταῦτα καὶ ἡμᾶς αὐτοὺς καλεῖν,
ὡς ἄλλο μηδὲν εἰδότας· καλῶς γὰρ δὴ ἔμοιγε δοκεῖ νενομί- 401 a
σθαι. Εἰ οὖν βούλει, σκοπῶμεν ὥσπερ προειπόντες τοῖς
θεοῖς ὅτι περὶ αὐτῶν οὐδὲν ἡμεῖς σκεψόμεθα — οὐ γὰρ
ἀξιοῦμεν οἷοί τ' ἂν εἶναι σκοπεῖν — ἀλλὰ περὶ τῶν ἀνθρώ-
πων, ἥν τινά ποτε δόξαν ἔχοντες ἐτίθεντο αὐτοῖς τὰ ὀνό-
ματα· τοῦτο γὰρ ἀνεμέσητον.

ΕΡΜ. Ἀλλά μοι δοκεῖς, ὦ Σώκρατες, μετρίως λέγειν,
καὶ οὕτω ποιῶμεν.

ΣΩ. Ἄλλο τι οὖν ἀφ' Ἑστίας ἀρχώμεθα κατὰ τὸν b
νόμον ;

ΕΡΜ. Δίκαιον γοῦν.

ΣΩ. Τί οὖν ἄν τις φαίη διανοούμενον τὸν ὀνομάσαντα Ἑστίαν ὀνομάσαι ;

ΕΡΜ. Οὐ μὰ τὸν Δία οὐδὲ τοῦτο οἶμαι ῥᾴδιον εἶναι.

ΣΩ. Κινδυνεύουσι γοῦν, ὠγαθὲ Ἑρμόγενες, οἱ πρῶτοι τὰ ὀνόματα τιθέμενοι οὐ φαῦλοι εἶναι, ἀλλὰ μετεωρολόγοι καὶ ἀδολέσχαι τινές.

ΕΡΜ. Τί δή ;

d 7 ἔχομεν ed. Basileensis altera || 9 αὐτοὶ ἑαυτοὺς W (fortasse recte) || **401 a** 2 εἰ βούλει οὖν TW || 5 ἥν ποτέ τινα BT || 7 μετρίως BT et in marg. W : καλῶς W || **b** 1 οὖν BT : οὖν ἢ W || ἀρχόμεθα W || 3 δίκαιον γοῦν BT : δίκαιόν γέ τοι ἐστί W || 8-9 μετεωρολόγοι τινὲς καὶ ἀδολέσχαι W.

Socrate. — L'établissement de ces noms dénote claire-
c ment, pour moi, des hommes de ce caractère. Et si l'on
examine les noms étrangers à l'attique, on découvre tout
aussi bien ce que veut dire chacun d'eux. Par exemple, ce
que nous appelons, nous autres, *ousia* certains l'appellent
essia, d'autres encore *ôsia*[1]. Eh bien, en premier lieu, que
l'*essence* (*ousia*) des choses soit appelée *Hestia*, d'après le
second de ces noms[2], voilà qui est logique ; et quand, d'autre
part, nous désignons, nous, par *Hestia* ce qui participe à l'*exis-
tence* (*ousia*)[3], en ce sens encore *Hestia* est le nom juste : car
nous-mêmes, semble-t-il, nous appelions anciennement *essia*
l'*existence* (*ousia*). En outre, si l'on y réfléchit à la lumière
d des sacrifices, on interprètera ainsi la pensée de ceux qui ont
établi ces noms : avant tous les dieux, c'est à Hestia
la première que doivent naturellement sacrifier les hommes
qui nommèrent *Hestia* l'essence de toutes choses. Quant aux
auteurs d'*ôsia,* ceux-là doivent croire à peu près, comme
Héraclite, que les choses qui sont se meuvent toutes et que
rien ne demeure ; qu'elles ont donc pour cause et pour prin-
cipe directeur l'*impulsion* (*to ôthoun*), bien nommée par suite
e *ôsia*. Mais c'est assez parlé sur ce sujet pour des gens qui ne
savent rien. Après Hestia, il est juste d'examiner Rhéa et
Kronos. Le nom de Kronos, à vrai dire, nous l'avons déjà
passé en revue[4] : mais peut-être mes propos sont-ils sans
valeur.

Hermogène. — Comment cela, Socrate ?

Socrate. — Mon bon, il m'est venu à l'esprit tout un essaim de savantes pensées.

Hermogène. — De quelle nature ?

402 a Socrate. — La chose est tout à fait risible à dire, et pour-
tant, à mon avis, ne manque pas de vraisemblance.

Hermogène. — Quelle vraisemblance ?

Socrate. — Je crois voir Héraclite énoncer d'antiques et

1. La forme dorienne ὠσία se rencontre chez Stobée, *Ecl.*, 1, 424 Ocellos) et I, 712 (Archytas). — Quant à ἐσσία, c'est aussi une forme dorienne qu'on retrouve ailleurs : Stobée, *Ecl. phys.*, I, p. 8 (Philolaos). Voir Bergk, *Zeitschr. f. Alterthumswissenschaft*, 1843, p. 24.

2. C'est-à-dire ἐσσία.

3. Une chose *est* parce qu'elle participe à l'*existence*, Cf. *Soph.*, 246 a, et la note de M. Diès.

4. 396 b.

ΣΩ. Καταφαίνεταί μοι ἡ θέσις τῶν ὀνομάτων τοιούτων
τινῶν ἀνθρώπων εἶναι, καὶ ἐάν τις τὰ ξενικὰ ὀνόματα c
ἀνασκοπῇ, οὐχ ἧττον ἀνευρίσκεται ὃ ἕκαστον βούλεται.
Οἷον καὶ ἐν τούτῳ ὃ ἡμεῖς « οὐσίαν » καλοῦμεν, εἰσὶν οἳ
« ἐσσίαν » καλοῦσιν, οἳ δ' αὖ « ὠσίαν ». Πρῶτον μὲν οὖν
κατὰ τὸ ἕτερον ὄνομα τούτων ἡ τῶν πραγμάτων οὐσία
« Ἑστία » καλεῖσθαι ἔχει λόγον, καὶ ὅτι γε αὖ ἡμεῖς τὸ
τῆς οὐσίας μετέχον « Ἑστίαν » φαμέν, καὶ κατὰ τοῦτο
ὀρθῶς ἂν καλοῖτο « Ἑστία ». Ἐοίκαμεν γὰρ καὶ ἡμεῖς τὸ
παλαιὸν « ἐσσίαν » καλεῖν τὴν οὐσίαν. Ἔτι δὲ καὶ κατὰ τὰς
θυσίας ἄν τις ἐννοήσας ἡγήσαιτο οὕτω νοεῖν ταῦτα τοὺς d
τιθεμένους· τὸ γὰρ πρὸ πάντων θεῶν τῇ Ἑστίᾳ πρώτῃ
προθύειν εἰκὸς ἐκείνους οἵτινες τὴν πάντων οὐσίαν
« Ἑστίαν » ἐπωνόμασαν. Ὅσοι δ' αὖ « ὠσίαν », σχεδόν τι
αὖ οὗτοι καθ' Ἡράκλειτον ἂν ἡγοῖντο τὰ ὄντα ἰέναι τε
πάντα καὶ μένειν οὐδέν· τὸ οὖν αἴτιον καὶ τὸ ἀρχηγὸν αὐτῶν
εἶναι τὸ ὠθοῦν, ὅθεν δὴ καλῶς ἔχειν αὐτὸ « ὠσίαν » ὠνο-
μάσθαι. Καὶ ταῦτα μὲν δὴ ταύτῃ ὡς παρὰ μηδὲν εἰδότων e
εἰρήσθω· μετὰ δ' Ἑστίαν δίκαιον Ῥέαν καὶ Κρόνον ἐπισ-
κέψασθαι. Καίτοι τό γε τοῦ Κρόνου ὄνομα ἤδη διήλθομεν.
Ἴσως μέντοι οὐδὲν λέγω.

ΕΡΜ. Τί δή, ὦ Σώκρατες ;

ΣΩ. Ὠγαθέ, ἐννενόηκά τι σμῆνος σοφίας.

ΕΡΜ. Ποῖον δὴ τοῦτο ;

ΣΩ. Γελοῖον μὲν πάνυ εἰπεῖν, οἶμαι μέντοι τινὰ πιθα- 402 a
νότητα ἔχον.

ΕΡΜ. Τίνα ταύτην ;

ΣΩ. Τὸν Ἡράκλειτόν μοι δοκῶ καθορᾶν παλαί' ἄττα

c 1 εἶναι om. T || 4 ἐσσίαν W : ἐσσίαν T ἐσίαν B || οἱ δ' αὖ BT : οἱ δὲ W || 6 ἑστία W (ut uidet.) b : ἐσ- B ἑσ- (sic) T || ὅτε W pro ὅτι || 7 ἑστίαν Tb : ἐσ- B εσ- (sic) W || 8 ἑστία TWb : ἐσ- B || d 2 ἑστίᾳ TW : ἐσ- B || e 2 ἑστίαν TW : ἐσ- B || 402 a 1 μὲν om. T || 4 παλαί' cod. Gud. 44 : πάλαι BW παλαι T || ἄττα BW : ἅττα Tb.

sages propos, aussi vieux, sans mentir, que Kronos et Rhéa, ceux que tenait aussi Homère.

HERMOGÈNE. — Qu'entends-tu par là ?

SOCRATE. — Héraclite dit, n'est-ce pas ? que « tout passe et rien ne demeure » ; et, comparant les choses au courant d'un fleuve, il ajoute qu' « on ne saurait entrer deux fois dans le même fleuve ».

HERMOGÈNE. — C'est exact.

b SOCRATE. — Eh bien, à ton avis, avait-il une autre conception qu'Héraclite, celui qui donnait aux ancêtres des autres dieux les noms de Rhéa et de Kronos [1] ? Crois-tu que ce soit par hasard qu'il leur ait donné, à l'un et à l'autre, des noms exprimant l'écoulement ? De même Homère dit à son tour :

Océan, père des dieux, et leur mère, Téthys [2]

et, je crois aussi, Hésiode [3]. Et Orphée déclare lui-même :

Océan au beau cours se maria le premier
c *avec Téthys, sa sœur née de la même mère.*

Considère que ces indications s'accordent ensemble, et se ramènent toutes à l'idée d'Héraclite.

HERMOGÈNE. — Tu me parais avoir raison, Socrate ; mais le nom de Téthys, je ne conçois pas ce qu'il veut dire.

SOCRATE. — Cependant il l'indique presque de lui-même : c'est un nom de source déguisé. Car ce qui est *criblé* (*diat-*
d *tôménon*) et *filtré* (*êthouménon*) figure une source ; de ces deux noms a été formé celui de *Téthys*.

HERMOGÈNE. — Voilà, Socrate, qui est joli.

SOCRATE. — Je le crois bien. Mais qu'est-ce qui vient ensuite ? De Zeus nous avons déjà parlé.

HERMOGÈNE. — Oui.

SOCRATE. — Passons donc à ses frères, à Poséïdon, à Pluton et à l'autre nom qu'on lui donne.

1. Socrate a plus haut rattaché Κρόνος à κόρος (*netteté*). Ici, bien qu'il ne le dise pas expressément, il explique ce nom par κρουνος (source).

2. Iliade, XIV, 201.

3. Socrate ne fait ce rapprochement qu'avec réserve (οἶμαι). En fait, suivant la *Théogonie*, la plupart des dieux sont issus de la Terre et du Ciel (Gaia et Ouranos), notamment Océan et Téthys, qui se sont unis à leur tour pour donner naissance aux Fleuves et aux Océanines.

σοφὰ λέγοντα, ἀτεχνῶς τὰ ἐπὶ Κρόνου καὶ Ῥέας, ἃ καὶ Ὅμηρος ἔλεγεν.

ΕΡΜ. Πῶς τοῦτο λέγεις ;

ΣΩ. Λέγει που Ἡράκλειτος ὅτι « πάντα χωρεῖ καὶ οὐδὲν μένει », καὶ ποταμοῦ ῥοῇ ἀπεικάζων τὰ ὄντα λέγει ὡς « δὶς ἐς τὸν αὐτὸν ποταμὸν οὐκ ἂν ἐμβαίης ».

ΕΡΜ. Ἔστι ταῦτα.

ΣΩ. Τί οὖν ; δοκεῖ σοι ἀλλοιότερον Ἡρακλείτου νοεῖν ὁ b
τιθέμενος τοῖς τῶν ἄλλων θεῶν προγόνοις « Ῥέαν » τε καὶ
« Κρόνον » ; ἆρα οἴει ἀπὸ τοῦ αὐτομάτου αὐτὸν ἀμφοτέροις
ῥευμάτων ὀνόματα θέσθαι ; ὥσπερ αὖ Ὅμηρος « Ὠκεανόν
τε θεῶν γένεσίν » φησιν « καὶ μητέρα Τηθύν »· οἶμαι δὲ
καὶ Ἡσίοδος. Λέγει δέ που καὶ Ὀρφεὺς ὅτι

Ὠκεανὸς πρῶτος καλλίρροος ἦρξε γάμοιο,
ὅς ῥα κασιγνήτην ὁμομήτορα Τηθὺν ὄπυιεν. c

Ταῦτ' οὖν σκόπει ὅτι καὶ ἀλλήλοις συμφωνεῖ καὶ πρὸς τὰ τοῦ Ἡρακλείτου πάντα τείνει.

ΕΡΜ. Φαίνει τί μοι λέγειν, ὦ Σώκρατες· τὸ μέντοι τῆς Τηθύος οὐκ ἐννοῶ ὄνομα τί βούλεται.

ΣΩ. Ἀλλὰ μὴν τοῦτό γε ὀλίγου αὐτὸ λέγει ὅτι πηγῆς
ὄνομα ἐπικεκρυμμένον ἐστίν. Τὸ γὰρ διαττώμενον καὶ
τὸ ἠθούμενον πηγῆς ἀπείκασμά ἐστιν· ἐκ δὲ τούτων d
ἀμφοτέρων τῶν ὀνομάτων ἡ « Τηθὺς » τὸ ὄνομα ξύγκειται.

ΕΡΜ. Τοῦτο μέν, ὦ Σώκρατες, κομψόν.

ΣΩ. Τί δ' οὐ μέλλει ; Ἀλλὰ τί τὸ μετὰ τοῦτο ; τὸν μὲν Δία εἴπομεν.

ΕΡΜ. Ναί.

ΣΩ. Τοὺς ἀδελφοὺς δὴ αὐτοῦ λέγωμεν, τόν τε Ποσειδῶ

Testim. : **402 b** 4 Ὠκεανόν — 5 Τηθύν *Il.*, 14, 201.

b 1-2 ὁ τιθέμενος Bt : ὅτι θέμενος TW || 5 φησιν B : φησὶ Wb om. T || 7 καλλίρροος Ven. 185 man. rec. : καλλιρόους B καλλιρρόους T καλλιρόου b καλλίρρους t καλλίρους W || **c** 1 ὁμομήτερα W sed ο supra ε scrips. || ὤπυεν BW || 2 ἐπισκόπει W || ἄλλοις B pro ἀλλήλοις || 4 φαίνει τί T : φαίνεται B φαίνῃ τί Wb || 7 διαττόμενον b || **d** 3 μὲν οὖν W || 4 μέλλει W : -ω BT || 7 τοὺς δὲ ἀδελφοὺς δὴ W || λέγομεν W.

HERMOGÈNE. — Parfaitement.

SOCRATE. — Le nom de *Poséïdon* me semble avoir été
e donné par son premier auteur parce qu'il fut arrêté dans sa
marche par la nature de la mer, qui l'empêcha d'aller plus
loin et fut comme une entrave à ses pieds. Le dieu qui
commande à cette force reçut donc de lui le nom de *Po-
séïdon*, comme *entravant les pieds* (*posidesmon*) : l'e a été
ajouté sans doute pour l'élégance [1]. Peut-être toutefois n'est-ce
pas là le sens, et à la place du s prononçait-on deux l à l'ori-
403 a gine, pour indiquer que ce dieu *sait bien des choses* (*poll'
éïdôs*) ; peut-être aussi a-t-il été nommé l'*ébranleur* (*ho séïôn*),
de *séïéïn* (*ébranler*), avec addition du p et du d. Quant à
Pluton, il a dû son nom à ce qu'il donne la richesse [2], car
c'est des profondeurs de la terre que la *richesse* (*ploutos*)
monte au jour. Pour *Hadès*, la plupart me semblent ad-
mettre que ce nom exprime l'*invisible* (*aéïdés*) [3], et c'est par
crainte de ce nom qu'ils l'appellent Pluton.

b HERMOGÈNE. — Et toi, Socrate, que t'en semble ?

SOCRATE. — Les hommes, à mon avis, ont commis bien des erreurs sur la fonction de ce dieu, et le redoutent sans raison. Que chacun de nous, une fois mort, habite là-bas pour toujours, ils le redoutent ; et que l'âme s'en aille le trouver dépouillée du corps, voilà encore qui les emplit de crainte ; mais, selon moi, tout converge vers le même sens, le pouvoir du dieu comme son nom.

HERMOGÈNE. — Comment cela ?

c SOCRATE. — Je vais t'expliquer ma pensée. Dis-moi : des liens qui obligent n'importe quel être vivant à demeurer n'importe où, quel est le plus fort, la nécessité ou le désir ?

1. A plusieurs reprises Socrate fait entrer en compte, dans ses explications étymologiques, le désir qu'ont eu les hommes d'« enjoliver » les noms, quittes à les défigurer. Voir notamment 414 c.

2. L'explication est exacte. Pluton est le distributeur de la richesse, plus exactement le dieu de l'abondance agricole, car la terre dont il habite les profondeurs produit les fruits qui sont la nourriture de l'homme. C'est à ce titre que le laboureur, suivant les *Travaux* (v. 465 sq.), doit invoquer, en même temps que la « pure » Déméter, celui qu'Hésiode appelle le « Zeus chthonien ».

3. Dans le *Phédon*, le nom d'Hadès est expliqué par le caractère *invisible* (ἀειδής) du lieu qui est le séjour de ce dieu — interprétation écartée ici par Socrate.

καὶ τὸν Πλούτωνα καὶ τὸ ἕτερον ὄνομα ὃ ὀνομάζουσιν αὐτόν.

ΕΡΜ. Πάνυ γε.

ΣΩ. Τὸ μὲν τοίνυν τοῦ Ποσειδῶνός μοι φαίνεται ὠνό-
μάσθαι, τοῦ πρώτου ὀνομάσαντος, ὅτι αὐτὸν βαδίζοντα e
ἐπέσχεν ἡ τῆς θαλάττης φύσις καὶ οὐκέτι εἴασεν προελθεῖν,
ἀλλ' ὥσπερ δεσμὸς τῶν ποδῶν αὐτῷ ἐγένετο. Τὸν οὖν
ἄρχοντα τῆς δυνάμεως ταύτης θεὸν ὠνόμασεν « Ποσει-
δῶνα », ὡς « ποσίδεσμον » ὄντα· τὸ δὲ ε ἔγκειται ἴσως
εὐπρεπείας ἕνεκα. Τάχα δὲ οὐκ ἂν τοῦτο λέγοι, ἀλλ' ἀντὶ
τοῦ σῖγμα δύο λάβδα τὸ πρῶτον ἐλέγετο, ὡς π ο λ λ ὰ ε ἰ δ ό τ ο ς 403 a
τοῦ θεοῦ. Ἴσως δὲ ἀπὸ τοῦ σείειν « ὁ σείων » ὠνόμασται·
πρόσκειται δὲ τὸ πεῖ καὶ τὸ δέλτα. Τὸ δὲ Πλούτωνος,
τοῦτο μὲν κατὰ τὴν τοῦ π λ ο ύ τ ο υ δόσιν, ὅτι ἐκ τῆς γῆς
κάτωθεν ἀνίεται ὁ πλοῦτος, ἐπωνομάσθη· ὁ δὲ « Ἅιδης »,
οἱ πολλοὶ μέν μοι δοκοῦσιν ὑπολαμβάνειν τὸ ἀειδὲς προσει-
ρῆσθαι τῷ ὀνόματι τούτῳ, καὶ φοβούμενοι τὸ ὄνομα « Πλού-
τωνα » καλοῦσιν αὐτόν.

ΕΡΜ. Σοὶ δὲ πῶς φαίνεται, ὦ Σώκρατες ; b

ΣΩ. Πολλαχῇ ἔμοιγε δοκοῦσιν ἄνθρωποι διημαρτηκέναι
περὶ τούτου τοῦ θεοῦ τῆς δυνάμεως καὶ φοβεῖσθαι αὐτὸν
οὐκ ἄξιον. Ὅτι τε γάρ, ἐπειδὰν ἅπαξ τις ἡμῶν ἀποθάνῃ,
ἀεὶ ἐκεῖ ἐστιν, φοβοῦνται, καὶ ὅτι ἡ ψυχὴ γυμνὴ τοῦ
σώματος παρ' ἐκεῖνον ἀπέρχεται, καὶ τοῦτο πεφόβηνται·
τὰ δ' ἐμοὶ δοκεῖ πάντα ἐς ταὐτόν τι συντείνειν, καὶ ἡ ἀρχὴ
τοῦ θεοῦ καὶ τὸ ὄνομα.

ΕΡΜ. Πῶς δή ;

ΣΩ. Ἐγώ σοι ἐρῶ ἅ γέ μοι φαίνεται. Εἰπὲ γάρ μοι, c
δεσμὸς ζῴῳ ὁτῳοῦν ὥστε μένειν ὁπουοῦν, πότερος ἰσχυρό-
τερός ἐστιν, ἀνάγκη ἢ ἐπιθυμία ;

e 1 τοῦ BT : ὑπὸ τοῦ W ‖ **403 a** 1 σίγμα (sic) B : σ̄ TW ‖ δύο λαβδα B (λλ et μ supra scrips. b) : δύο λλ TW ‖ 3 πῖ καὶ τὸ δέλτα B : π̄ καὶ τὸ δ̄ TW ‖ 5 ὠνομάσθη W ‖ **b** 4 ἄξιον ⟨ὂν⟩ Baiter ‖ 5 φοβεῖται T ‖ 6 πεφόβηται T.

HERMOGÈNE. — Sans comparaison, Socrate, c'est le désir.

SOCRATE. — Ne crois-tu donc pas que bien des gens échapperaient à Hadès, s'il ne liait par le lien le plus fort ceux qui s'en vont dans l'autre monde ?

HERMOGÈNE. — Évidemment.

SOCRATE. — C'est donc, semble-t-il, par quelque désir qu'il les enchaîne — s'il est vrai qu'il les enchaîne par le lien le plus puissant —, et non par la nécessité.

HERMOGÈNE. — Apparemment.

SOCRATE. — D'autre part, il existe bien des désirs ?

HERMOGÈNE. — Oui.

d SOCRATE. — C'est donc par le plus puissant des désirs qu'il les enchaîne, si c'est par le lien le plus puissant qu'il doit les maintenir.

HERMOGÈNE. — Oui.

SOCRATE. — Or est-il de plus grand désir que celui de vivre dans la société d'un être par lequel on espère devenir meilleur ?

HERMOGÈNE. — Non, par Zeus ! Socrate, en aucune façon.

SOCRATE. — Pour ces raisons, Hermogène, affirmons donc que nul ne veut quitter l'autre monde pour revenir ici-bas, pas même les Sirènes [1] en personne, mais qu'un charme
e les retient enchaînées, elles et tous les autres ; tant sont beaux, semble-t-il, les discours que sait tenir Hadès ! D'après notre thèse, ce dieu est un sophiste accompli, et grand bienfaiteur de ceux qui sont à ses côtés, lui qui, même aux habitants d'ici-bas envoie des biens si nombreux, tant il a là-bas de richesses en réserve ! C'est ce qui lui a valu le nom de Pluton. Que, d'autre part, il refuse de vivre dans la société des hommes, tant qu'ils ont leur corps, et qu'il ne se mêle à eux que quand
404 a leur âme est purifiée de tous les maux et désirs corporels, n'est-ce pas à ton avis le fait d'un philosophe, et qui a bien su comprendre que le moyen de retenir les hommes est de les enchaîner par le désir de la vertu, tandis que, quand ils sont en proie aux transports et à la folie du corps, Kronos

1. Proclus, *in Cratylum*, 157 : Platon distingue trois sortes de Sirènes : les Sirènes célestes, celles qui aident à la génération, celles qui purifient, placées sous le pouvoir d'Hadès. Elles sont souvent mises en rapport avec le monde infernal ; elles figurent dans certaines versions de la légende de Perséphone ; Hélène, dans

ΕΡΜ. Πολὺ διαφέρει, ὦ Σώκρατες, ἡ ἐπιθυμία.

ΣΩ. Οἴει οὖν τὸν Ἅιδην οὐκ ἂν πολλοὺς ἐκφεύγειν, εἰ μὴ τῷ ἰσχυροτάτῳ δεσμῷ ἔδει τοὺς ἐκεῖσε ἰόντας ;

ΕΡΜ. Δῆλα δή.

ΣΩ. Ἐπιθυμίᾳ ἄρα τινὶ αὐτούς, ὡς ἔοικε, δεῖ, εἴπερ τῷ μεγίστῳ δεσμῷ δεῖ, καὶ οὐκ ἀνάγκῃ.

ΕΡΜ. Φαίνεται.

ΣΩ. Οὐκοῦν ἐπιθυμίαι αὖ πολλαί εἰσιν ;

ΕΡΜ. Ναί.

ΣΩ. Τῇ μεγίστῃ ἄρα ἐπιθυμίᾳ τῶν ἐπιθυμιῶν δεῖ αὐτούς, d
εἴπερ μέλλει τῷ μεγίστῳ δεσμῷ κατέχειν.

ΕΡΜ. Ναί.

ΣΩ. Ἔστιν οὖν τις μείζων ἐπιθυμία ἢ ὅταν τίς τῳ συνὼν οἴηται δι᾽ ἐκεῖνον ἔσεσθαι ἀμείνων ἀνήρ ;

ΕΡΜ. Μὰ Δί᾽ οὐδ᾽ ὁπωστιοῦν, ὦ Σώκρατες.

ΣΩ. Διὰ ταῦτα ἄρα φῶμεν, ὦ Ἑρμόγενες, οὐδένα δεῦρο ἐθελῆσαι ἀπελθεῖν τῶν ἐκεῖθεν, οὐδὲ αὐτὰς τὰς Σειρῆνας,
ἀλλὰ κατακεκηλῆσθαι ἐκείνας τε καὶ τοὺς ἄλλους πάντας· e
οὕτω καλούς τινας, ὡς ἔοικεν, ἐπίσταται λόγους λέγειν ὁ Ἅιδης, καὶ ἔστιν, ὥς γ᾽ ἐκ τοῦ λόγου τούτου, ὁ θεὸς οὗτος τέλεος σοφιστής τε καὶ μέγας εὐεργέτης τῶν παρ᾽ αὐτῷ, ὅς γε καὶ τοῖς ἐνθάδε τοσαῦτα ἀγαθὰ ἀνίησιν· οὕτω πολλὰ αὐτῷ τὰ περιόντα ἐκεῖ ἐστιν, καὶ τὸν « Πλούτωνα » ἀπὸ τούτου ἔσχε τὸ ὄνομα. Καὶ τὸ αὖ μὴ ἐθέλειν συνεῖναι τοῖς ἀνθρώποις ἔχουσι τὰ σώματα, ἀλλὰ τότε συγγίγνεσθαι,
ἐπειδὰν ἡ ψυχὴ καθαρὰ ᾖ πάντων τῶν περὶ τὸ σῶμα κακῶν 404 a
καὶ ἐπιθυμιῶν, οὐ φιλοσόφου δοκεῖ σοι εἶναι καὶ εὖ ἐντεθυμημένου ὅτι οὕτω μὲν ἂν κατέχοι αὐτοὺς δήσας τῇ περὶ ἀρετὴν ἐπιθυμίᾳ, ἔχοντας δὲ τὴν τοῦ σώματος πτοίησιν καὶ

d 2 τῷ δεσμῷ τῷ μεγίστῳ W || 5 ἔσεσθαι BWt : ἔσται T || 8 ἐλθεῖν W || **e** 1 κἀκείνας τὲ W || 4 οὗτος om. T || τέλος W pro τέλεος || 8 συγγίνεσθαι B || **404 a** 2 φιλοσόφου — ἐντεθυμημένου Heusde : φιλόσοφον — ἐντεθυμημένον BTW || σοι δοκεῖ T || 4 πτόησιν W (πτοίησιν primit.).

lui-même, son père, ne pourrait l'aider à les retenir en les assujettissant dans ses liens légendaires[1] ?

HERMOGÈNE. — Tu as probablement raison, Socrate.

b SOCRATE. — Et le nom d'Hadès, Hermogène, bien loin d'être dérivé d'*invisible* (*aéïdês*), indique beaucoup plutôt la *connaissance* (*éïdénaï*) de *toutes*[2] les belles choses ; c'est de là que le législateur a tiré l'appellation d'Hadès.

HERMOGÈNE. — Bon. Et Déméter, Héra, Apollon, Athéna, Héphaïstos, Arès et les autres dieux, qu'en disons-nous ?

SOCRATE. — Déméter semble avoir dû au *don* de la nourriture, qu'elle nous fait comme *une mère* (*didousa ... mêtêr*), le nom de *Déméter* ; *Héra* est *aimable* (*ératê*), et c'est ainsi, c dit-on, que Zeus, s'étant épris d'elle, l'a pour épouse. Peut-être aussi le législateur, occupé des phénomènes célestes, a-t-il, sous une forme déguisée, donné le nom d'*Héra* à l'*air* (*aêr*), en mettant le début du mot à la fin ; tu t'en rendrais compte si tu répétais plusieurs fois le nom d'Héra[2]. *Pherréphatta*[3] est encore un nom que beaucoup redoutent comme celui d'Apollon, par ignorance, semble-t-il, de la juste valeur des noms. Car ils le modifient pour le considérer sous la forme de *Pherséphone*, et il leur paraît terrible[4]. d En réalité il indique la sagesse de cette divinité ; les choses en effet étant en mouvement, y atteindre, les toucher et pouvoir les suivre sera marque de sagesse. C'est donc le nom de *Phérépapha* que cette sagesse et ce *contact avec le mouvement* (*épaphê* tou *phéroménou*) vaudraient justement à la déesse, ou un nom analogue. C'est aussi pourquoi Hadès, sage lui-même, vit avec elle, parce qu'elle a ce caractère. Seulement

l'*Hélène* d'Euripide, les invoque comme des divinités chthoniennes (v. 167 et sq.). Leur image était fréquemment mise sur les tombeaux.

1. Père d'Hadès, comme de Zeus et de Poseidon, Kronos, détrôné par Zeus, fut précipité et *enchaîné* dans les profondeurs du Tartare, d'après l'*Iliade* (XIV, 203-204).

2. Ἅιδης est ici tiré de ἀ (collectif ou intensif) — εἰδέναι.

3. Si l'on répète plusieurs fois de suite le mot Ἥρα sans observer de pause, l'oreille entend ἀήρ aussi bien que Ἥρα.

4. Au lieu de Φερσεφόνη ou Περσεφόνη, qui sont des formes poétiques, les inscriptions attiques en prose emploient la forme Φερρέφαττα. Les décrets disent Κόρη (cf. Meisterhans, *Grammat. der att. Inschr.*, p. 100, 3).

5. Parce qu'ils font venir ce nom de φέρειν et φόνος : *qui apporte*

μανίαν οὐδ' ἂν ὁ Κρόνος δύναιτο ὁ πατὴρ συγκατέχειν αὐτῷ ἐν τοῖς δεσμοῖς δήσας τοῖς αὐτοῦ λεγομένοις ;

ΕΡΜ. Κινδυνεύεις τι λέγειν, ὦ Σώκρατες.

ΣΩ. Καὶ τό γε ὄνομα ὁ « Ἅιδης », ὦ Ἑρμόγενες, b
πολλοῦ δεῖ ἀπὸ τοῦ ἀειδοῦς ἐπωνομάσθαι, ἀλλὰ πολὺ μᾶλλον ἀπὸ τοῦ πάντα τὰ καλὰ εἰδέναι, ἀπὸ τούτου ὑπὸ τοῦ νομοθέτου « Ἅιδης » ἐκλήθη.

ΕΡΜ. Εἶεν· τί δὲ Δήμητρά τε καὶ Ἥραν καὶ Ἀπόλλω καὶ Ἀθηνᾶν καὶ Ἥφαιστον καὶ Ἄρη καὶ τοὺς ἄλλους θεούς, πῶς λέγομεν ;

ΣΩ. Δημήτηρ μὲν φαίνεται κατὰ τὴν δόσιν τῆς ἐδωδῆς διδοῦσα ὡς μήτηρ « Δημήτηρ » κεκλῆσθαι, Ἥρα δὲ
ἐρατή τις, ὥσπερ οὖν καὶ λέγεται ὁ Ζεὺς αὐτῆς ἐρασθεὶς c
ἔχειν. Ἴσως δὲ μετεωρολογῶν ὁ νομοθέτης τὸν ἀέρα « Ἥραν » ὠνόμασεν ἐπικρυπτόμενος, θεὶς τὴν ἀρχὴν ἐπὶ τελευτήν· γνοίης δ' ἄν, εἰ πολλάκις λέγοις τὸ τῆς Ἥρας ὄνομα. « Φερρέφαττα » δέ, πολλοὶ μὲν καὶ τοῦτο φοβοῦνται τὸ ὄνομα καὶ τὸν « Ἀπόλλω », ὑπὸ ἀπειρίας, ὡς ἔοικεν, ὀνομάτων ὀρθότητος. Καὶ γὰρ μεταβάλλοντες σκοποῦνται τὴν « Φερσεφόνην », καὶ δεινὸν αὐτοῖς φαίνεται· τὸ δὲ
μηνύει σοφὴν εἶναι τὴν θεόν. Ἅτε γὰρ φερομένων τῶν d
πραγμάτων τὸ ἐφαπτόμενον καὶ ἐπαφῶν καὶ δυνάμενον ἐπακολουθεῖν σοφία ἂν εἴη. « Φερέπαφα » οὖν διὰ τὴν σοφίαν καὶ τὴν ἐπαφὴν τοῦ φερομένου ἡ θεὸς ἂν ὀρθῶς καλοῖτο, ἤ τοιοῦτόν τι — δι' ὅπερ καὶ σύνεστιν αὐτῇ ὁ Ἅιδης σοφὸς ὤν, διότι τοιαύτη ἐστίν — νῦν δὲ αὐτῆς ἐκκλίνουσι τὸ

a 6 αὐτῷ W : αὐ- BT et primit. W || b 2 ἀειδοῦς W : ἀι- BT || 3 ⟨ἀεὶ⟩ εἰδέναι Hermann || 5 δαὶ b pro δὲ || Δήμητρά Cobet : δήμητράν BW δήμήτραν T || ἀπόλλω BWt : -λλῶ T || 6 ἄρη BW : -ρην T || 9 μήτηρ δημήτηρ TW : μήτηρ B || c 1 ἐρασθεὶς ἔχειν Ven. 184 : ὁ ἐρασθεὶς ἔχει || 4 τελευτήν BT : τὴν τελευτήν W || 5 φερρέφαττα BW : φερε- T || 6 ἀπόλλω W : ἀπολλῶ Bt : ἀπολλῶ T || 8 φερσεφόνην BW : φερεσε- T || d 1 θεόν BW : θεάν T || 3 φερρέπαφα B (?) et corr. W : φερεπάφα T φερρεπάφα b φερεφάττα in marg. t φερρέφαττα W || 5 ἢ Wb : ἡ B ἢ T || 6 τοὔνομα W.

on modifie son nom, en préférant l'euphonie à la vérité, pour en faire *Pherréphatta*. De même aussi pour Apollon ; je
e le répète, beaucoup redoutent le nom de ce dieu, comme s'il avait une signification terrible [1]. Ne t'en es-tu pas aperçu ?

Hermogène. — Parfaitement, et tu dis vrai.

Socrate. — En fait, il est, à mon avis, très heureusement approprié à la fonction du dieu.

Hermogène. — Comment cela ?

Socrate. — Je vais essayer de dire ce que j'en pense. Il
405 a n'est pas de nom qui, à lui seul, aurait pu mieux s'ajuster aux quatre attributions qui sont celles du dieu ; il touche à toutes, et les fait voir, pour ainsi dire : musique, divination, médecine [2] et science de l'arc.

Hermogène. — Explique-toi : voilà un nom bien étrange, à t'en croire !

Socrate. — Dis plutôt : plein d'harmonie, comme il sied à un dieu musicien. Tout d'abord, la purification et les procédés purificatoires, soit de la médecine soit de la divination,
b les fumigations de soufre au moyen des drogues médicinales et divinatoires, les bains employés dans les opérations de ce genre, et les aspersions d'eau lustrale, — toutes ces pratiques semblent avoir un seul et même pouvoir, celui de purifier l'homme dans son corps et dans son âme ; n'est-il pas vrai ?

Hermogène. — Parfaitement.

Socrate. — Ainsi ce dieu sera celui qui purifie, et celui qui lave et délivre des maux de ce genre ?

Hermogène. — Parfaitement.

Socrate. — D'après les délivrances et les purifications
c qu'il opère, considéré comme guérisseur des maux de ce genre, il serait donc justement nommé *Apolouôn* (*qui lave*). D'après son art divinatoire, sa vérité et sa *sincérité* (*haploun*)

la mort violente. Dans l'*Iliade*, notamment, la déesse participe au caractère redoutable d'Hadès son époux.

1. En le rattachant à ἀπολλύναι (*détruire*). Ainsi fait Cassandre dans Eschyle, *Agamemnon*, 1080-1082 : « Apollon, Apollon, dieu des routes ! *Apollon qui me perds* (ἀπόλλων ἐμός) ! *Tu m'as perdu* (ἀπώλεσας) sans peine une seconde fois. »

2. Si Apollon est le dieu redoutable qui extermine par ses traits, il est aussi le dieu 'Αλεξίκακος. Il a pour fils Asclépios ; lui-même il est le *Guérisseur* (*Paiôn*), que l'on invoque dans le *péan*.

ὄνομα, εὐστομίαν περὶ πλείονος ποιούμενοι τῆς ἀληθείας, ὥστε « Φερρέφατταν » αὐτὴν καλεῖν. Ταὐτὸν δὲ καὶ περὶ
τὸν Ἀπόλλω, ὅπερ λέγω, πολλοὶ πεφόβηνται περὶ τὸ ὄνομα e
τοῦ θεοῦ, ὥς τι δεινὸν μηνύοντος· ἢ οὐκ ᾔσθησαι;

ΕΡΜ. Πάνυ μὲν οὖν, καὶ ἀληθῆ λέγεις.

ΣΩ. Τὸ δέ γ' ἐστίν, ὡς ἐμοὶ δοκεῖ, κάλλιστα κείμενον πρὸς τὴν δύναμιν τοῦ θεοῦ.

ΕΡΜ. Πῶς δή;

ΣΩ. Ἐγὼ πειράσομαι φράσαι ὅ γέ μοι φαίνεται· οὐ γὰρ
ἔστιν ὅ τι ἂν μᾶλλον ὄνομα ἥρμοσεν ἓν ὂν τέτταρσι δυνάμεσι 405 a
ταῖς τοῦ θεοῦ, ὥστε πασῶν ἐφάπτεσθαι καὶ δηλοῦν τρόπον τινὰ μουσικήν τε καὶ μαντικὴν καὶ ἰατρικὴν καὶ τοξικήν.

ΕΡΜ. Λέγε δή· ἄτοπον γάρ τί μοι λέγεις τὸ ὄνομα εἶναι.

ΣΩ. Εὐάρμοστον μὲν οὖν, ἅτε μουσικοῦ ὄντος τοῦ θεοῦ. Πρῶτον μὲν γὰρ ἡ κάθαρσις καὶ οἱ καθαρμοὶ καὶ κατὰ τὴν ἰατρικὴν καὶ κατὰ τὴν μαντικὴν καὶ αἱ τοῖς ἰατρικοῖς
φαρμάκοις καὶ αἱ τοῖς μαντικοῖς περιθειώσεις τε καὶ τὰ b
λουτρὰ τὰ ἐν τοῖς τοιούτοις καὶ αἱ περιρράνσεις, πάντα ἕν τι ταῦτα δύναιτ' ἄν, καθαρὸν παρέχειν τὸν ἄνθρωπον καὶ κατὰ τὸ σῶμα καὶ κατὰ τὴν ψυχήν· ἢ οὔ;

ΕΡΜ. Πάνυ μὲν οὖν.

ΣΩ. Οὐκοῦν ὁ καθαίρων θεὸς καὶ ὁ ἀπολούων τε καὶ ἀπολύων τῶν τοιούτων κακῶν οὗτος ἂν εἴη;

ΕΡΜ. Πάνυ μὲν οὖν.

ΣΩ. Κατὰ μὲν τοίνυν τὰς ἀπολύσεις τε καὶ ἀπολούσεις,
ὡς ἰατρὸς ὢν τῶν τοιούτων, « Ἀπολούων » ἂν ὀρθῶς c
καλοῖτο· κατὰ δὲ τὴν μαντικὴν καὶ τὸ ἀληθές τε καὶ τὸ

d 8 φερρεφάτταν B : φερε- TW || **e** 1 ἀπόλλω Bt : ἀπολλῶ T ἀπολλω W || 5 εἰς τὴν δύναμιν W || **405 a** 1 ἥρμοσεν ἓν ὂν TW : ἡρμοσμένον B et γρ. in marg. W || 7 καὶ κατὰ BT : κατὰ W || 8 αἱ om. W || **b** 1 αἱ om. W || περιθειώσεις TWb : περιθεῖ ὡς εἰς B || 2 ταῦτα ἕν τι T || 7 ὁ ante ἀπολύων T || **c** 1 ἀπολούων BT : ἀπολύων W (sed ου supra υ scrips.) ἀπολύων ἢ ἀπολούων Heindorf.

— c'est la même chose — le nom qu'on lui donne effectivement en Thessalie serait tout à fait justifié : c'est *Aploun* en effet que tous les Thessaliens appellent ce dieu [1]. De plus, comme il est toujours maître de ses coups par sa science de l'arc, il est *celui qui atteint toujours* (*aeï ballôn*). Enfin, en ce qui concerne l'art musical, voici ce qu'on doit supposer. Comme dans les mots *akolouthos* et *akoïtis,* l'a signifie souvent *ensemble* (*homou*). De même ici, il faut entendre cette *rotation simultanée* (*homou polêsis*) qui se fait dans
d le ciel, ce qu'on appelle *révolutions* (*poloi*), comme dans l'harmonie du chant, ce qui se nomme *consonance* ; car tous ces mouvements, affirment les beaux esprits versés dans la musique et l'astronomie, se règlent tous en même temps sur une harmonie. Ce dieu préside à l'harmonie, en les déterminant tous simultanément et chez les dieux et chez les humains. En conséquence, de même que le *compagnon de route* et la *compagne de lit* ont été appelés par nous *akolouthos* et *akoïtis,* par substitution de l'a à homo, ainsi nous
e avons appelé *Apollon l'auteur du mouvement simultané (homopolôn*), en insérant un second l, parce que le nom était identique à celui dont le sens est fâcheux. C'est pour soupçonner ce rapport que de nos jours certaines gens, faute de considérer justement la valeur du nom, le redoutent comme
406 a annonçant quelque destruction. En fait, comme nous le disions tout à l'heure, il touche à toutes les fonctions du dieu : *simple, toujours atteignant le but, purifiant, auteur du mouvement simultané*. Quant aux *Muses* et à la *musique* en général, c'est du fait de *désirer* (*môsthai*)[2], semble-t-il, de la recherche et de l'amour de la science que ce nom a été tiré. Celui de *Lêto* vient de la bienveillance de cette déesse, en tant qu'elle *consent* [3] aux demandes qu'on lui adresse. Peut-être aussi s'explique-t-il comme le prononcent les étrangers, car beaucoup disent *Lêtho*. C'est donc, semble-t-il, pour l'absence de rudesse,

1. Les formes Ἄπλουν, Ἄπλουνος, Ἄπλουνι (pour Ἀπόλλων, etc.) se lisent en effet sur des inscriptions thessaliennes d'Érétrie (IG, IX, 2, 199), de Larissa (IG, IX, 512, 517), de Pharsale (IG, 1234), etc.

2. Ce mot dorien (*désirer, rechercher*), apparenté à l'épique μεμαώς, se rencontre chez Épicharme, Théognis, et aussi chez les tragiques. La forme dorienne Μῶσα (pour Μοῦσα) a dû faciliter le rapprochement dans l'esprit de Platon.

3. Λητώ est expliqué ici par λάω, *vouloir*, synonyme dorien de

ἁπλοῦν — ταὐτὸν γάρ ἐστιν — ὥσπερ οὖν οἱ Θετταλοὶ
καλοῦσιν αὐτόν, ὀρθότατ' ἂν καλοῖτο· « Ἄπλουν » γάρ φασι
πάντες Θετταλοὶ τοῦτον τὸν θεόν. Διὰ δὲ τὸ ἀεὶ βολῶν
ἐγκρατὴς εἶναι τοξικῇ « ἀεὶ βάλλων » ἐστίν. Κατὰ δὲ
τὴν μουσικὴν δεῖ ὑπολαβεῖν ὥσπερ τὸν ἀκόλουθόν τε καὶ
τὴν ἄκοιτιν ὅτι τὸ ἄλφα σημαίνει πολλαχοῦ τὸ ὁμοῦ, καὶ
ἐνταῦθα τὴν ὁμοῦ πόλησιν καὶ περὶ τὸν οὐρανόν, οὓς δὴ
« πόλους » καλοῦσιν, καὶ περὶ τὴν ἐν τῇ ᾠδῇ ἁρμονίαν, d
ἣ δὴ συμφωνία καλεῖται, ὅτι ταῦτα πάντα, ὥς φασιν οἱ
κομψοὶ περὶ μουσικὴν καὶ ἀστρονομίαν, ἁρμονίᾳ τινὶ
πολεῖται ἅμα πάντα· ἐπιστατεῖ δὲ οὗτος ὁ θεὸς τῇ
ἁρμονίᾳ ὁμοπολῶν αὐτὰ πάντα καὶ κατὰ θεοὺς καὶ κατ'
ἀνθρώπους· ὥσπερ οὖν τὸν ὁμοκέλευθον καὶ ὁμόκοιτιν
« ἀκόλουθον » καὶ « ἄκοιτιν » ἐκαλέσαμεν, μεταβαλόντες
ἀντὶ τοῦ « ὁμο- » « ἀ- », οὕτω καὶ « Ἀπόλλωνα » ἐκαλέσα-
μεν ὃς ἦν « Ὁμοπολῶν », ἕτερον λάβδα ἐμβαλόντες, ὅτι e
ὁμώνυμον ἐγίγνετο τῷ χαλεπῷ ὀνόματι. Ὅπερ καὶ νῦν
ὑποπτεύοντές τινες διὰ τὸ μὴ ὀρθῶς σκοπεῖσθαι τὴν δύνα-
μιν τοῦ ὀνόματος φοβοῦνται αὐτὸ ὡς σημαῖνον φθοράν τινα·
τὸ δέ, ὥσπερ ἄρτι ἐλέγετο, πασῶν ἐφαπτόμενον κεῖται 406 a
τῶν τοῦ θεοῦ δυνάμεων, ἁπλοῦ, ἀεὶ βάλλοντος, ἀπο-
λούοντος, ὁμοπολοῦντος. Τὰς δὲ « Μούσας » τε καὶ
ὅλως τὴν μουσικὴν ἀπὸ τοῦ μῶσθαι, ὡς ἔοικεν, καὶ τῆς
ζητήσεώς τε καὶ φιλοσοφίας τὸ ὄνομα τοῦτο ἐπωνόμασεν.
Λητὼ δὲ ἀπὸ τῆς πρᾳότητος τῆς θεοῦ, κατὰ τὸ ἐθελήμονα
εἶναι ὧν ἄν τις δέηται. Ἴσως δὲ ὡς οἱ ξένοι καλοῦσιν·
πολλοὶ γὰρ « Ληθὼ » καλοῦσιν· ἔοικεν οὖν πρὸς τὸ μὴ

c 4 Ἄπλουν Boeckh : ἁπλῶν BW ἁπλὸν T || 5 ἀεὶ βόλων BW : ἀειβόλων T || 6 τοξικῆς W || **d** 1 καὶ περὶ t : καὶ τὴν περὶ BTW || περὶ τὴν ᾠδὴν W || 4 πολεῖται Ast : -λεῖ || 5 ὁμοπολῶν : γρ. καὶ ἐπισκοπῶν W || 8 ἀντὶ τοῦ ὁμο ἄλφα Hermann : ἀντὶ τοῦ ἄλφα B ἀντὶ τοῦ ō ā T ἀντὶ τοῦ ο ἄλφα W || **e** 1 λάβδα B : λάμβδα Wb λ T || ἐμβαλόντες Ven. 8 : -βάλλοντες || **406 a 1** δὲ W : δὲ πολὺ BT || 3 ὁμοπολοῦντος om. B (add. b) || 5 ἐπωνόμασαν W || 6 θελήμονα T (corr. t).

pour la douceur et *la facilité de son caractère* (to *léïon* tou
b *êthous*) qu'elle a été appelée *Lêtho* par ceux qui lui donnent ce nom. Pour *Artémis*, c'est l'*intégrité* (to *artémés*) et la décence que son nom paraît signifier, à cause de son amour de la virginité. Peut-être aussi est-ce *experte en vertu* (*arétês histôr*) que la déesse a été appelée par l'auteur du nom ; ou bien il voulait dire qu'*elle a pris en horreur la fécondation* (*aroton misêsasês*) de la femme par l'homme. C'est pour une de ces raisons ou pour toutes ensemble que ce nom a été donné à la déesse par celui qui l'a établi.

Hermogène. — Et Dionysos et Aphrodite ?

Socrate. — Graves questions, fils d'Hipponicos ! En fait, c'est dans un sens à la fois sérieux et plaisant que leurs noms
c ont été donnés à ces dieux. L'intention sérieuse, demande-la à d'autres ; quant à la plaisante, rien n'empêche de l'exposer : les dieux aussi aiment le badinage. *Dionysos* serait *celui qui donne le vin* (ho *didous* ton *oïnon*), appelé *Didoïnusos* par manière de plaisanterie. Et le *vin* (*oïnos*), parce qu'il donne à la plupart des buveurs l'illusion d'avoir la raison dont ils manquent, serait à fort bon droit appelé *oïonous* (*qui fait croire qu'on a de la raison*). Quant à Aphrodite, il ne vaut pas la peine de contredire Hésiode, et il faut lui accorder que
d c'est pour être née de l'*écume* (*aphros*) qu'elle a été nommée *Aphrodite* [1].

Hermogène. — Mais en ta qualité d'Athénien, Socrate, tu n'oublieras pas non plus Athéna, ni Héphaïstos et Arès [2].

Socrate. — Non, ce ne serait pas naturel.

Hermogène. — En effet.

Socrate. — L'autre nom de la déesse, il n'est pas difficile d'en dire la raison.

Hermogène. — Lequel ?

Socrate. — C'est Pallas, n'est-ce pas ? que nous l'appelons.

Hermogène. — Évidemment.

Socrate. — En faisant venir ce nom de la danse en
e armes, nous serions, je crois, dans le vrai. Car s'élever soi-même en l'air ou élever autre chose, soit en partant de terre,

ἐθέλω. Osthoff (Boisacq, *Dict. étym.*, p. 555, *s. v.*) le rattache à λανθάνω. Cf. plus loin Ληθώ.

1. Cf. *Théogonie*, v. 195-197.

2. Athéna, on le sait, était la protectrice particulière d'Athènes.

τραχὺ τοῦ ἤθους, ἀλλ' ἥμερόν τε καὶ λεῖον « Λητώ » κεκλῆσθαι ὑπὸ τῶν τοῦτο καλούντων. « Ἄρτεμις » δὲ τὸ b
ἀρτεμὲς φαίνεται καὶ τὸ κόσμιον, διὰ τὴν τῆς παρθενίας ἐπιθυμίαν· ἴσως δὲ ἀρετῆς ἵστορα τὴν θεὸν ἐκάλεσεν ὁ καλέσας, τάχα δ' ἂν καὶ ὡς τὸν ἄροτον μισησάσης τὸν ἀνδρὸς ἐν γυναικί· ἢ διὰ τούτων τι ἢ διὰ πάντα ταῦτα τὸ ὄνομα τοῦτο ὁ τιθέμενος ἔθετο τῇ θεῷ.

ΕΡΜ. Τί δὲ ὁ « Διόνυσός » τε καὶ ἡ « Ἀφροδίτη » ;

ΣΩ. Μεγάλα, ὦ παῖ Ἱππονίκου, ἐρωτᾷς. Ἀλλὰ ἔστι γὰρ καὶ σπουδαίως εἰρημένος ὁ τρόπος τῶν ὀνομάτων τούτοις τοῖς θεοῖς καὶ παιδικῶς. Τὸν μὲν οὖν σπουδαῖον c
ἄλλους τινὰς ἐρώτα, τὸν δὲ παιδικὸν οὐδὲν κωλύει διελθεῖν· φιλοπαίσμονες γὰρ καὶ οἱ θεοί. Ὅ τε γὰρ Διόνυσος εἴη ἂν ὁ διδοὺς τὸν οἶνον « Διδοίνυσος » ἐν παιδιᾷ καλούμενος, οἶνος δ', ὅτι οἴεσθαι νοῦν ἔχειν ποιεῖ τῶν πινόντων τοὺς πολλοὺς οὐκ ἔχοντας, « οἰόνους » δικαιότατ' ἂν καλούμενος. Περὶ δὲ Ἀφροδίτης οὐκ ἄξιον Ἡσιόδῳ ἀντιλέγειν, ἀλλὰ ξυγχωρεῖν ὅτι διὰ τὴν ⟨ἐκ⟩ τοῦ ἀφροῦ γένεσιν « Ἀφρο- d
δίτη » ἐκλήθη.

ΕΡΜ. Ἀλλὰ μὴν οὐδ' Ἀθηνᾶς Ἀθηναῖός γ' ὤν, ὦ Σώκρατες, ἐπιλήσει, οὐδ' Ἡφαίστου τε καὶ Ἄρεως.

ΣΩ. Οὐδὲ εἰκός γε.

ΕΡΜ. Οὐ γάρ.

ΣΩ. Οὐκοῦν τὸ μὲν ἕτερον ὄνομα αὐτῆς οὐ χαλεπὸν εἰπεῖν δι' ὃ κεῖται.

ΕΡΜ. Τὸ ποῖον ;

ΣΩ. « Παλλάδα » που αὐτὴν καλοῦμεν.

ΕΡΜ. Πῶς γὰρ οὔ ;

ΣΩ. Τοῦτο μὲν τοίνυν ἀπὸ τῆς ἐν τοῖς ὅπλοις ὀρχήσεως ἡγούμενοι τεθῆναι ὀρθῶς ἄν, ὡς ἐγῷμαι, ἡγοίμεθα· τὸ γὰρ e

a 9 ληθώ BT : λεηθώ W λειηθώ Heindorf || **b** 1 δὲ ⟨διά⟩ Stephanus || 5-6 τὰ ὀνόματα W pro τὸ ὄνομα || 7 δὲ BW : δαὶ Tb || 9 σπουδαῖος prim. T || **c** 3 φιλοπαίγμονες bt || 6 καλοῖτο Hermann pro καλούμενος || **d** 1 ἐκ add. Hermann.

soit en se servant des mains, c'est ce que nous nommons *palléïn*
407 a (*agiter*) et *pallesthaï* (*s'agiter*), mettre en danse et danser.

HERMOGÈNE. — Parfaitement.

SOCRATE. — *Pallas* s'explique donc ainsi.

HERMOGÈNE. — Et avec raison. Mais l'autre nom, qu'en dis-tu ?

SOCRATE. — Celui d'*Athéna* ?

HERMOGÈNE. — Oui.

SOCRATE. — Voici qui est plus malaisé, mon ami. Déjà les anciens, semble-t-il, jugeaient d'Athéna comme aujour-
b d'hui les connaisseurs en poésie homérique. La plupart de ceux-ci, commentant le poète, prétendent qu'il a fait d'*Athéna* l'esprit et la pensée même ; l'auteur des noms avait d'elle, apparemment, une idée analogue ; allant plus loin encore, et voulant désigner l'*intelligence de la divinité* (*théou noêsis*) [1], il déclare, pour ainsi dire, qu'elle est *la raison divine* (*ha théonoa*), en substituant à l'ê l'a d'un dialecte étranger, et en ôtant l'i et le s. Mais peut-être n'est-ce pas non plus la raison, et estimait-il qu'elle *conçoit* mieux que les autres *les choses divines* (ta *théïa noousa*), en l'appelant *Théonoê*. Rien n'empêche, d'ailleurs, que ce soit *l'intelligence naturelle* (hê en tô *êthéï noêsis*), identifiée par lui avec cette déesse, qu'il ait
c voulu nommer *Êthonoê* ; mais on a modifié — soit l'auteur lui-même, soit d'autres après lui — le nom qu'on croyait embellir, et l'on en a fait *Athênaa*.

HERMOGÈNE. — Et Héphaïstos ? Comment l'expliques-tu ?

SOCRATE. — Veux-tu parler de ce grand *maître dans la connaissance de la lumière* (*phaeos histôr*) [2] ?

HERMOGÈNE. — Apparemment.

SOCRATE. — Le premier venu ne reconnaît-il pas en lui *Phaïstos* (*brillant*), avec adjonction de l'ê ?

HERMOGÈNE. — Probablement, à moins que tu n'aies encore quelque autre idée, comme il est vraisemblable.

Les Athéniens honoraient Héphaïstos avec Athéna dans la fête des Apaturies ; ils lui avaient élevé un temple dans la ville. Quant à Arès, c'est à lui que la colline de l'Aréopage devait son nom : il y avait été jugé, suivant la légende, pour avoir tué Halirrhotios.

1. Suivant l'hymne homérique (XXVIII, 4-5), Athéna était sortie de la tête de Zeus. Cf. Pindare, *Ol.*, VII, 35 sq.

2. Héphaïstos est présenté comme dieu de la lumière, parce qu'il est celui du feu.

που ἢ αὑτὸν ἤ τι ἄλλο μετεωρίζειν ἢ ἀπὸ τῆς γῆς ἢ ἐν
ταῖς χερσὶν « πάλλειν » τε καὶ « πάλλεσθαι » καὶ ὀρχεῖν 407 a
καὶ ὀρχεῖσθαι καλοῦμεν.

ΕΡΜ. Πάνυ μὲν οὖν.

ΣΩ. « Παλλάδα » μὲν τοίνυν ταύτῃ.

ΕΡΜ. Καὶ ὀρθῶς γε. Ἀλλὰ δὴ τὸ ἕτερον πῶς λέγεις ;

ΣΩ. Τὸ τῆς Ἀθηνᾶς ;

ΕΡΜ. Ναί.

ΣΩ. Τοῦτο ἐμβριθέστερον, ὦ φίλε. Ἐοίκασι δὴ καὶ οἱ
παλαιοὶ τὴν Ἀθηνᾶν νομίζειν ὥσπερ οἱ νῦν περὶ Ὅμηρον
δεινοί. Καὶ γὰρ τούτων οἱ πολλοὶ ἐξηγούμενοι τὸν ποιητήν b
φασι τὴν Ἀθηνᾶν αὐτὸν νοῦν τε καὶ διάνοιαν πεποιηκέναι,
καὶ ὁ τὰ ὀνόματα ποιῶν ἔοικε τοιοῦτόν τι περὶ αὐτῆς διανοεῖσθαι, ἔτι δὲ μειζόνως λέγων θεοῦ νόησιν ὡσπερεὶ λέγει
ὅτι « ἁ θεονόα » ἐστὶν αὕτη, τῷ ἄλφα ξενικῶς ἀντὶ τοῦ ἦτα
χρησάμενος καὶ τὸ ἰῶτα καὶ τὸ σῖγμα ἀφελών. Ἴσως δὲ
οὐδὲ ταύτῃ, ἀλλ' ὡς τὰ θεῖα νοούσης αὐτῆς διαφερόντως
τῶν ἄλλων « Θεονόην » ἐκάλεσεν. Οὐδὲν δὲ ἀπέχει καὶ τὴν
ἐν τῷ ἤθει νόησιν ὡς οὖσαν τὴν θεὸν ταύτην « Ἠθονόην »
μὲν βούλεσθαι προσειπεῖν· παραγαγὼν δὲ ἢ αὐτὸς ἤ τινες c
ὕστερον ἐπὶ τὸ κάλλιον, ὡς ᾤοντο, « Ἀθηνάαν » ἐκάλεσαν.

ΕΡΜ. Τί δὲ δὴ τὸν Ἥφαιστον, πῇ λέγεις ;

ΣΩ. Ἦ τὸν γενναῖον τὸν « φάεος ἵστορα » ἐρωτᾷς ;

ΕΡΜ. Ἔοικα.

ΣΩ. Οὐκοῦν οὗτος μὲν παντὶ δῆλος « Φαῖστος » ὤν, τὸ ἦτα προσελκυσάμενος ;

ΕΡΜ. Κινδυνεύει, ἐὰν μή πῃ σοι, ὡς ἔοικεν, ἔτι ἄλλῃ δόξῃ.

e 2 αὑτὸν B (?) : αὐτὸν TW (ut uidet.) b (?) || ἀπὸ W pro ἢ ἀπὸ || **407 a** 9 ὅμηρον B : ὁμήρου TW || **b** 4 λέγοι W pro λέγει || 5 ἁ θεονόα Buttmann : ἡ θεονόη BWt ηθονόη T || τὸ T pro τῷ || ἄλφα : ᾱ W || ἦτα BW : η̄ T || 6 τὸ ἰῶτα καὶ τὸ σίγμα BW : τὸ ῑ καὶ τὸ σ̄ T || 7 οὐ T pro οὐδὲ || **c** 2 ἀθηνάαν T : -νᾶν BWt || 3 τὶ δαὶ b || 4 ἢ B (ut uid.) W : ἡ Tb || 7 ἦτα B : η̄ TW.

SOCRATE. — Eh bien, pour la prévenir, interroge-moi sur Arès.

HERMOGÈNE. — Je t'interroge.

d SOCRATE. — Si tu veux, c'est à sa nature *mâle* (*arrhén*) et virile qu'*Arès* devra son nom ; ou, si tu préfères, à son caractère dur et inflexible — ce qui se dit *arrhatos* (*infrangible*) — ; en ce sens, le nom d'*Arès* conviendrait de toute façon au dieu de la guerre.

HERMOGÈNE. — Parfaitement.

SOCRATE. — Laissons donc là les dieux, par les dieux ! Car je crains, pour ma part, de discourir sur eux [1]. Mais propose-moi d'autres problèmes à ta convenance, et « tu verras ce que valent les chevaux » d'Euthyphron [2].

e HERMOGÈNE. — Je n'y manquerai pas. Mais encore une question sur *Hermès*, puisqu'aussi bien Cratyle nie que je sois *Hermogène* [3]. Essayons d'examiner ce que signifie le nom d'Hermès, pour savoir si cet homme a raison.

SOCRATE. — Eh bien, mais il paraît se rapporter au discours, ce nom d'*Hermès* ; les caractères d'*interprète* (*hermê-*
408 a *neus*), de messager, d'adroit voleur, de trompeur en paroles et d'habile marchand, c'est au pouvoir du discours que se rattache toute cette activité. Comme nous le disions plus haut [4], *parler* (*éïréïn*), c'est faire usage du discours, et le mot qu'Homère emploie en maint endroit — *mêsato* (*il imagina*), dit-il — ce mot équivaut à *machiner*. C'est d'après ces deux éléments que celui qui imagina le langage et le discours — [or, *légéïn*, c'est *eïréïn*] —, ce dieu dont nous parlons, le législateur nous prescrit pour ainsi dire de
b l'appeler : « O hommes, nous dit-il, celui qui *imagina la parole* (to *éïréïn émêsato*), c'est à bon droit que vous l'appelleriez *Eirémês*. » Mais nous autres, nous croyons enjoliver son nom en l'appelant *Hermès*. [Et *Iris*, elle aussi, c'est de

1. On a vu plus haut (400 d sq.) que Socrate n'a entrepris cette enquête sur les noms des dieux qu'avec les plus expresses réserves.

2. Parodie des v. 221-2 du chant V de l'*Iliade*. Énée dit à Pandaros : « Allons, monte sur mon char, *si tu veux voir ce que valent les chevaux troyens* (οἷοι Τρωϊκοὶ ἵπποι), habiles à bondir çà et là dans la plaine pour la poursuite comme pour la fuite ».

3. Cf. 383 b.

4. Cf. 398 b.

ΣΩ. Ἀλλ' ἵνα μὴ δόξῃ, τὸν Ἄρη ἐρώτα.

ΕΡΜ. Ἐρωτῶ.

ΣΩ. Οὐκοῦν, εἰ μὲν βούλει, κατὰ τὸ ἄρρεν τε καὶ κατὰ d τὸ ἀνδρεῖον « Ἄρης » ἂν εἴη· εἰ δ' αὖ κατὰ τὸ σκληρόν τε καὶ ἀμετάστροφον, ὃ δὴ « ἄρρατον » καλεῖται, καὶ ταύτῃ ἂν πανταχῇ πολεμικῷ θεῷ πρέποι « Ἄρη » καλεῖσθαι.

ΕΡΜ. Πάνυ μὲν οὖν.

ΣΩ. Ἐκ μὲν οὖν τῶν θεῶν πρὸς θεῶν ἀπαλλαγῶμεν, ὡς ἐγὼ δέδοικα περὶ αὐτῶν διαλέγεσθαι· περὶ δὲ ἄλλων εἴ τινων βούλει πρόβαλλέ μοι, « ὄφρα ἴδηαι οἷοι » Εὐθύφρονος « ἵπποι ».

ΕΡΜ. Ἀλλὰ ποιήσω ταῦτα, ἔτι γε ἓν ἐρόμενός σε περὶ e Ἑρμοῦ, ἐπειδή με καὶ οὔ φησιν Κρατύλος Ἑρμογένη εἶναι. Πειρώμεθα οὖν τὸν « Ἑρμῆν » σκέψασθαι τί καὶ νοεῖ τὸ ὄνομα, ἵνα καὶ εἰδῶμεν εἴ τι ὅδε λέγει.

ΣΩ. Ἀλλὰ μὴν τοῦτό γε ἔοικε περὶ λόγον τι εἶναι ὁ « Ἑρμῆς », καὶ τὸ ἑρμηνέα εἶναι καὶ τὸ ἄγγελον καὶ τὸ κλοπικόν τε καὶ τὸ ἀπατηλὸν ἐν λόγοις καὶ τὸ ἀγοραστικόν, 408 a περὶ λόγου δύναμίν ἐστιν πᾶσα αὕτη ἡ πραγματεία· ὅπερ οὖν καὶ ἐν τοῖς πρόσθεν ἐλέγομεν, τὸ « εἴρειν » λόγου χρεία ἐστί, τὸ δέ, οἷον καὶ Ὅμηρος πολλαχοῦ λέγει, « ἐμήσατό » φησιν, τοῦτο δὲ μηχανήσασθαί ἐστιν. Ἐξ ἀμφοτέρων οὖν τούτων τὸν τὸ λέγειν τε καὶ τὸν λόγον μησάμενον [τὸ δὲ λέγειν δή ἐστιν εἴρειν] τοῦτον τὸν θεὸν ὡσπερεὶ ἐπιτάττει ἡμῖν ὁ νομοθέτης· « Ὦ ἄνθρωποι, ὃς τὸ εἴρειν ἐμήσατο, b δικαίως ἂν καλοῖτο ὑπὸ ὑμῶν Εἰρέμης »· νῦν δὲ ἡμεῖς, ὡς οἰόμεθα, καλλωπίζοντες τὸ ὄνομα « Ἑρμῆν » καλοῦμεν.

Testim. : || **407 d** 8 *Il.*, 5, 221 ὄφρα ἴδηαι οἷοι Τρώιοι ἵπποι || **408 a** 4 ἐμήσατο, cf. *Il.*, 2, 6, 157 al.

d 4 πανταχοῦ W || πρέπει TW || 6 οὖν om. T || 7-8 εἴ τινων T : τινῶν B ὡντίνων W τινων εἰ b || **e** 3 νοεῖ Tb : νόει BW || 4 καὶ om. T || εἴ τι καὶ W || 6 καὶ τὸ : τὸ γὰρ W || **408 a** 2 πραγματεία Wb : -τια B -τεια (sic) T || 6 δὲ om. T || τὸ — 7 εἴρειν secl. Cornarius || 7 ὥσπερ εἰ BW corr. b || **b** 2 εἰρέμης BW : εἰρ- T (prim. ἑρμῆς).

eïrëïn qu'elle semble avoir tiré son nom, car elle était messagère.]

Hermogène. — Par Zeus ! Cratyle avait bien raison, à ce compte, de me refuser le nom d'*Hermogène* : je n'ai certes pas grandes ressources de parole !

Socrate. — Et même que Pan, fils d'Hermès, présente une double nature, voilà qui est vraisemblable, mon camarade.

c Hermogène. — Comment cela ?

Socrate. — Tu sais que le discours exprime tout, roule et met sans cesse tout en circulation. Et il est de deux sortes : vrai et faux [1].

Hermogène. — Parfaitement.

Socrate. — Ce qu'il a de vrai est poli et divin, et habite là-haut avec les dieux, tandis que le faux reste en bas avec le commun des hommes, rude et rappelant le bouc (*tragikon*). Car c'est ici, dans la vie *tragique* [2], que se trouvent pour la plupart fables et mensonges.

Hermogène. — Parfaitement.

Socrate. — C'est donc à bon droit que celui qui fait *tout* (*pân*) connaître, et *sans cesse met tout en circulation* (*aeï po-*

d *lôn*) sera nommé *Pan aïpolos* (*Pan chevrier*). Fils d'Hermès [3], il a double nature : poli par en haut, mais, par en bas, rude et semblable à un bouc. Et Pan est ou bien le langage lui-même, ou le frère du langage, s'il est vraiment fils d'Hermès ; or qu'un frère ressemble à son frère, rien d'étonnant. Mais, comme je le disais, bienheureux Hermogène, laissons-là les dieux.

Les astres et les phénomènes naturels.

Hermogène. — Du moins ceux de cette sorte, Socrate, si tu y tiens. Mais qui t'empêche de parler des dieux tels que le soleil, la lune, les astres, la terre, l'éther, l'air, le feu,

e l'eau, les saisons et l'année ?

Socrate. — C'est bien de l'ouvrage que tu me donnes ! Pourtant, si tu dois y prendre plaisir, je consens.

Hermogène. — Assurément tu me feras plaisir.

1. Cf. 385 b.

2. Platon joue sur le sens de τραγικός, et songe aux légendes mises à la scène par les tragiques, qu'il condamne dans la *République*.

3. Il était né d'Hermès et de la fille de Dryops. Suivant l'hymne

[Καὶ ἥ γε Ἶρις ἀπὸ τοῦ εἴρειν ἔοικεν κεκλημένη, ὅτι ἄγγελος ἦν.]

ΕΡΜ. Νὴ τὸν Δία, εὖ ἄρα μοι δοκεῖ Κρατύλος λέγειν τὸ ἐμὲ μὴ εἶναι Ἑρμογένη· οὔκουν εὐμήχανός γέ εἰμι λόγου.

ΣΩ. Καὶ τό γε τὸν Πᾶνα τοῦ Ἑρμοῦ εἶναι ὑὸν διφυῆ ἔχει τὸ εἰκός, ὦ ἑταῖρε.

ΕΡΜ. Πῶς δή ; c

ΣΩ. Οἶσθα ὅτι ὁ λόγος τὸ πᾶν σημαίνει καὶ κυκλεῖ καὶ πολεῖ ἀεί, καὶ ἔστι διπλοῦς, ἀληθής τε καὶ ψευδής.

ΕΡΜ. Πάνυ γε.

ΣΩ. Οὐκοῦν τὸ μὲν ἀληθὲς αὐτοῦ λεῖον καὶ θεῖον καὶ ἄνω οἰκοῦν ἐν τοῖς θεοῖς, τὸ δὲ ψεῦδος κάτω ἐν τοῖς πολλοῖς τῶν ἀνθρώπων καὶ τραχὺ καὶ τραγικόν· ἐνταῦθα γὰρ πλεῖστοι οἱ μῦθοί τε καὶ τὰ ψεύδη ἐστίν, περὶ τὸν τραγικὸν βίον.

ΕΡΜ. Πάνυ γε.

ΣΩ. Ὀρθῶς ἄρ' ⟨ἂν⟩ ὁ πᾶν μηνύων καὶ ἀεὶ πολῶν « Πὰν αἰπόλος » εἴη, διφυὴς Ἑρμοῦ ὑός, τὰ μὲν ἄνωθεν d
λεῖος, τὰ δὲ κάτωθεν τραχὺς καὶ τραγοειδής. Καὶ ἔστιν ἤτοι λόγος ἢ λόγου ἀδελφὸς ὁ Πάν, εἴπερ Ἑρμοῦ ὑός ἐστιν· ἀδελφῷ δὲ ἐοικέναι ἀδελφὸν οὐδὲν θαυμαστόν. Ἀλλ' ὅπερ ἐγὼ ἔλεγον, ὦ μακάριε, ἀπαλλαγῶμεν ἐκ τῶν θεῶν.

ΕΡΜ. Τῶν γε τοιούτων, ὦ Σώκρατες, εἰ βούλει. Περὶ δὲ τῶν τοιῶνδε τί σε κωλύει διελθεῖν, οἷον ἡλίου τε καὶ σελήνης καὶ ἄστρων καὶ γῆς καὶ αἰθέρος καὶ ἀέρος καὶ πυρὸς καὶ ὕδατος καὶ ὡρῶν καὶ ἐνιαυτοῦ ;

ΣΩ. Συχνά μέν μοι προστάττεις, ὅμως δέ, εἴπερ σοι κεχαρισμένον ἔσται, ἐθέλω.

ΕΡΜ. Καὶ μὴν χαριεῖ.

b 4 καὶ — 5 ἦν secl. Heindorf || 8 ὄν (pro υἱόν) T corr. man. recentiss. || **c** 8 ψεύδη B : ψευδῆ TW || 11 ἂν add. Stallbaum || **d** 1 πὰν αἰπόλος B (ut uid.) : παναιπόλος TWb || 3 πὰν BW : πᾶν T et prim. W || 6 περὶ δὲ τῶν τοιῶνδε Wb : περὶ τῶν τοιῶνδε B περὶ τῶν τοιούτων δὲ T || 7 σε κωλύει BW : κωλύει σε T.

SOCRATE. — Par où donc commencer ? Veux-tu que nous suivions ton ordre, en parlant du *soleil* (*hêlios*) ?

HERMOGÈNE. — Parfaitement.

SOCRATE. — On y verrait plus clair, semble-t-il, si l'on pre-
409 a nait le nom dorien — *halios* est en effet l'appellation dorienne — ; il peut être *halios* en tant qu'il *rassemble* (*halizéïn*) les humains au même endroit, quand il se lève ; il peut l'être aussi parce qu'il *roule sans cesse* (*aéï héïléïn*) autour de la terre dans sa course, ou encore, semble-t-il, parce que dans sa marche il *nuance* (*poïkilléï*) de couleurs variées les productions de la terre ; or *poïkilléïn* et *aïoléïn* reviennent au même.

HERMOGÈNE. — Et la *lune* (*sélênê*) ?

SOCRATE. — Voilà un nom qui paraît accablant pour Anaxagore.

HERMOGÈNE. — Pourquoi ?

SOCRATE. — Il a bien l'air de montrer une conception
b plus ancienne dans cette thèse récente du philosophe que la lune reçoit sa lumière du soleil[1].

HERMOGÈNE. — Comment cela ?

SOCRATE. — Clarté (*sélas*) et lumière sont, n'est-ce pas ? une même chose.

HERMOGÈNE. — Oui.

SOCRATE. — Cette lumière de la lune est toujours « nouvelle et ancienne », si l'école d'Anaxagore dit vrai[2]. Car le soleil, tournant sans cesse autour d'elle, projette sans cesse sur elle une lumière « nouvelle », et celle du mois précédent est « ancienne ».

HERMOGÈNE. — Parfaitement.

SOCRATE. — Or *sélanaia*[3] est le nom que beaucoup donnent à la lune.

HERMOGÈNE. — Parfaitement.

SOCRATE. — Puisque son *éclat* (*sélas*) est *toujours* (*aéï*) *nou-*

homérique à Pan, les immortels lui donnèrent son nom parce que sa vue les avait *tous* (πᾶσιν) égayés quand son père l'avait apporté, nouveau-né, dans l'Olympe (v. 47).

1. Plutarque, *De placitis philosophorum*, II, 27, attribue cette théorie à Thalès et à son école.

2. Anaxagore passait pour avoir expliqué le premier les phases de la lune. Mais d'après Plutarque, *Nicias*, 23, ses théories étaient encore tenues secrètes au vᵉ siècle, et acceptées seulement d'un petit nombre.

3. La forme σεληναίη se trouve chez Aristophane, *Nuées* (614) ;

ΣΩ. Τί δὴ οὖν πρῶτον βούλει ; ἢ ὥσπερ εἶπες τὸν ἥλιον διέλθωμεν ;

ΕΡΜ. Πάνυ γε.

ΣΩ. Ἔοικε τοίνυν κατάδηλον γενόμενον ἂν μᾶλλον εἰ
τῷ Δωρικῷ τις ὀνόματι χρῷτο — « ἅλιον » γὰρ καλοῦσιν 409 a
οἱ Δωριῆς — « ἅλιος » οὖν εἴη μὲν ἂν κατὰ τὸ ἁλίζειν εἰς ταὐτὸν τοὺς ἀνθρώπους, ἐπειδὰν ἀνατείλῃ, εἴη δ' ἂν καὶ τῷ περὶ τὴν γῆν ἀεὶ εἱλεῖν ἰών, ἐοίκοι δ' ἂν καὶ ὅτι ποικίλλει ἰὼν τὰ γιγνόμενα ἐκ τῆς γῆς· τὸ δὲ ποικίλλειν καὶ αἰολεῖν ταὐτόν.

ΕΡΜ. Τί δὲ ἡ « σελήνη » ;

ΣΩ. Τοῦτο δὲ τὸ ὄνομα φαίνεται τὸν Ἀναξαγόραν πιέζειν.

ΕΡΜ. Τί δή ;

ΣΩ. Ἔοικε δηλοῦντι παλαιότερον ὃ ἐκεῖνος νεωστὶ
ἔλεγεν, ὅτι ἡ σελήνη ἀπὸ τοῦ ἡλίου ἔχει τὸ φῶς. b

ΕΡΜ. Πῶς δή ;

ΣΩ. Τὸ μέν που « σέλας » καὶ τὸ « φῶς » ταὐτόν.

ΕΡΜ. Ναί.

ΣΩ. Νέον δέ που καὶ ἕνον ἀεί ἐστι περὶ τὴν σελήνην τοῦτο τὸ φῶς, εἴπερ ἀληθῆ οἱ Ἀναξαγόρειοι λέγουσιν· κύκλῳ γάρ που ἀεὶ αὐτὴν περιιὼν νέον ἀεὶ ἐπιβάλλει, ἕνον δὲ ὑπάρχει τὸ τοῦ προτέρου μηνός.

ΕΡΜ. Πάνυ γε.

ΣΩ. « Σελαναίαν » δέ γε καλοῦσιν αὐτὴν πολλοί.

ΕΡΜ. Πάνυ γε.

ΣΩ. Ὅτι δὲ σέλας νέον καὶ ἕνον ἔχει ἀεί, « σελαενο-

e 5 τί δ' οὖν W || ἢ Wb : ῆ B ῆ T || **409 a** 2 μὲν om. B || 4 εἱλεῖν B : εἰ- TW et primit. B ut uid. || ἐοίκοι BT : ἔοικε W || 7 δὲ BW : δαὶ Tb sed ε supra uers. add. T || 8 τοῦτο δὲ τὸ ὄνομα φαίνεται BT γρ. W : τοῦτο δὲ ἔοικε τὸ ὄνομα W || 11 δηλοῦντι Heusde : δηλοῦν τι (uel τί) || **b** 5 ἕνον W : ένον B ἕνον T et prim. W ἔννον b || 7 περιιὼν TW : περιὼν B || ἕνον B : ἕνον TW ἔννον b || 12 καὶ B : τε καὶ TW || ἕνον codd. || σελαενονεοάεια Heindorf : σελαεννεοάεια BW σελλαεννεοάεια T.

c *veau et ancien* (*néon* te kaï *hénon*) à la fois, *sélaénonéoaéïa* est le nom qu'il serait le plus légitime de lui donner ; mais, par contraction, on l'a appelée *sélanaïa*.

HERMOGÈNE. — Il a une allure dithyrambique, ce nom-là[1], Socrate ! Mais ceux du mois et des astres, qu'en dis-tu ?

SOCRATE. — Le *mois* (*méïs*)[2] serait justement appelé *méïés*, de *méïousthaï* (*diminuer*) ; quant aux *astres*, c'est de l'*éclair* (*astrapê*) qu'ils semblent tirer leur dénomination. L'éclair, qui *fait détourner les yeux* (*anastréphéï ta ôpa*), devrait s'appeler *anastrôpê*, mais on en a fait *astrapê* en l'enjolivant.

HERMOGÈNE. — Et le feu et l'eau ?

d SOCRATE. — Le *feu* (*pûr*) m'embarrasse. Il faut sans doute ou que la Muse d'Euthyphron m'ait abandonné, ou que ce mot soit des plus difficiles. Examine donc l'expédient que j'applique à tous les cas de ce genre qui me mettent dans l'embarras.

HERMOGÈNE. — Quel expédient ?

SOCRATE. — Je vais te le dire. Réponds-moi : pourrais-tu m'expliquer la formation du mot *pûr* ?

HERMOGÈNE. — Non, par Zeus ! pas moi.

SOCRATE. — Eh bien, examine ce que je soupçonne là-dessus,
e pour ma part. J'imagine que les Grecs, et notamment ceux des pays soumis aux Barbares, ont emprunté aux Barbares un grand nombre de noms[3].

HERMOGÈNE. — Et alors ?

SOCRATE. — Si l'on en cherchait l'étymologie probable d'après la langue grecque, et non d'après celle dont le nom se trouve provenir, tu sais qu'on serait embarrassé.

HERMOGÈNE. — Vraisemblablement.

410 a SOCRATE. — Prends donc garde que ce nom de *pûr* ne soit, lui aussi, d'origine barbare. Il n'est pas facile de le rattacher à la langue grecque, et en outre on voit les Phrygiens désigner

σεληναία (forme « dorienne »), chez Euripide, *Phén.*, 176, et Théocrite, II, 165.

1. Par son ampleur et sa complexité, il rappelle les composés hardis dont la lyrique chorale fait si grand usage.

2. Le nom qui désigne le mois a deux formes : μήν et μείς. Celle-ci se trouve non seulement en éolien, dans une partie du dorien et en ionien, mais même en attique. La première est néanmoins la plus usitée chez les prosateurs attiques.

3. Cette hypothèse, que Socrate traite d'*expédient*, et qu'il rejettera plus loin, se trouve répondre à la réalité. Voir la *Notice*, p. 18.

νεοάεια » μὲν δικαιότατ' ἂν τῶν ὀνομάτων καλοῖτο, συγκε- c
κροτημένον δὲ « σελαναία » κέκληται.

ΕΡΜ. Διθυραμβῶδές γε τοῦτο τοὔνομα, ὦ Σώκρατες. Ἀλλὰ τὸν μῆνα καὶ τὰ ἄστρα πῶς λέγεις ;

ΣΩ. Ὁ μὲν « μεὶς » ἀπὸ τοῦ μειοῦσθαι εἴη ἂν « μείης » ὀρθῶς κεκλημένος, τὰ δ' « ἄστρα » ἔοικε τῆς ἀστραπῆς ἐπωνυμίαν ἔχειν. Ἡ δὲ « ἀστραπή », ὅτι τὰ ὦπα ἀναστρέφει, « ἀναστρωπὴ » ἂν εἴη, νῦν δὲ « ἀστραπὴ » καλλωπισθεῖσα κέκληται.

ΕΡΜ. Τί δὲ τὸ πῦρ καὶ τὸ ὕδωρ ;

ΣΩ. Τὸ « πῦρ » ἀπορῶ· καὶ κινδυνεύει ἤτοι ἡ τοῦ Εὐθύ- d
φρονός με μοῦσα ἐπιλελοιπέναι, ἢ τοῦτό τι παγχάλεπον
εἶναι. Σκέψαι οὖν ἣν εἰσάγω μηχανὴν ἐπὶ πάντα τὰ τοιαῦτα
ἃ ἂν ἀπορῶ.

ΕΡΜ. Τίνα δή ;

ΣΩ. Ἐγώ σοι ἐρῶ. Ἀπόκριναι γάρ μοι· ἔχοις ἂν εἰπεῖν πῦρ κατὰ τίνα τρόπον καλεῖται ;

ΕΡΜ. Μὰ Δί' οὐκ ἔγωγε.

ΣΩ. Σκέψαι δὴ ὃ ἐγὼ ὑποπτεύω περὶ αὐτοῦ. Ἐννοῶ γὰρ
ὅτι πολλὰ οἱ Ἕλληνες ὀνόματα ἄλλως τε καὶ οἱ ὑπὸ τοῖς e
βαρβάροις οἰκοῦντες παρὰ τῶν βαρβάρων εἰλήφασιν.

ΕΡΜ. Τί οὖν δή ;

ΣΩ. Εἴ τις ζητοῖ ταῦτα κατὰ τὴν Ἑλληνικὴν φωνὴν ὡς εἰκότως κεῖται, ἀλλὰ μὴ κατ' ἐκείνην ἐξ ἧς τὸ ὄνομα τυγχάνει ὄν, οἶσθα ὅτι ἀποροῖ ἄν.

ΕΡΜ. Εἰκότως γε.

ΣΩ. Ὅρα τοίνυν καὶ τοῦτο τὸ ὄνομα τὸ « πῦρ » μή τι 410 a
βαρβαρικὸν ᾖ. Τοῦτο γὰρ οὔτε ῥᾴδιον προσάψαι ἐστὶν
Ἑλληνικῇ φωνῇ, φανεροί τ' εἰσὶν οὕτως αὐτὸ καλοῦντες

Testim. : **409 d** 9 ἐννοῶ — **e** 7 εἰκότως Euseb., *Praep. euang.*, 11, 6.

c 1 καλοῖτο τῶν ὀνομάτων T (sed supra καλοῖτο transpositionis signum add.) || 3 δέ γε T pro γε || 5 μεὶς B : μεῖς T μείης W || 10 δαὶ b pro δὲ || τε καὶ T || **d** 7 λόγον W pro τρόπον || **e** 5 ἐοικότως B Euseb. || 6 ἀποροίη Euseb.

ainsi le feu, avec un léger changement. De même pour *hudôr* (*eau*), *kunas* (*chiennes*), et bien d'autres.

HERMOGÈNE. — C'est exact.

SOCRATE. — Il ne faut donc pas faire violence à ces noms, — sans quoi l'on aurait à dire sur leur compte. Le feu et
b l'eau, je les écarte de la sorte. Quant à l'*air* (*aêr*), Hermogène, est-ce parce qu'*il enlève* (*aïréï*) ce qui est sur la terre qu'il est nommé *aêr* ? ou parce qu'il est dans un *flux perpétuel* (*aéï rhéï*) ? ou parce que le souffle du vent naît de son cours ? Car les poètes, n'est-ce pas ? appellent *aêtaï* les souffles du vent. Peut-être veut-il donc dire *aêtorrhous* (*qui s'écoule en haleines*), comme qui dirait *pneumatorrhous* (*qui s'écoule en souffles*). Quant à l'*éther*, voici à peu près mon opinion : comme il *court sans cesse en circulant* (*aéï théï rhéôn*) autour de l'air, il mériterait le nom de *aéïthéêr* (*qui court toujours*). La terre (*gê*) manifeste plus clairement sa signification si on
c la nomme *gaïa*. Car *gaïa* serait justement appelée *procréatrice*, suivant Homère : il dit en effet *gégâasi* pour *gégennêsthaï* (*avoir été enfanté*). Eh bien, que nous restait-il après cela ?

HERMOGÈNE. — Les saisons, Socrate, l'année et l'an.

SOCRATE. — Le nom des saisons (*hôraï*), c'est à l'ancienne mode attique[1] qu'il faut le prononcer, si tu veux en connaître le sens probable. Elles sont *horaï* parce qu'elles *déterminent* (*horizéïn*) les hivers et les étés, les vents et les fruits de la terre ; or, en tant qu'elles déterminent, elles méritent le
d nom de *horai*. *Éniautos* (*année*) et *étos* (*an*) ont chance d'être une seule et même chose. Ce qui amène tour à tour à la lumière les productions et les êtres, et les contrôle soi-même en soi-même rappelle, en effet, ce que nous disions plus haut de Zeus, dont le nom, coupé en deux, était *Zêna* pour les uns et *Dia* pour les autres. De même ici les uns disent *éniautos*, de *én héautô* (*en soi-même*), les autres *étos*, de *étazeï* (*contrôle*). L'ensemble de l'explication est que cette expression, *én héautô étazon* (*contrôlant en soi-même*), se prononce en deux parties, bien que faisant un tout, de manière
e à former deux noms, *éniautos* et *étos*, issus d'une seule locution.

1. L'ancien alphabet attique n'avait pas de signe particulier pour l'ω. L'o notait aussi ου et ω.

Φρύγες σμικρόν τι παρακλίνοντες· καὶ τό γε « ὕδωρ » καὶ
τὰς « κύνας » καὶ ἄλλα πολλά.

ΕΡΜ. Ἔστι ταῦτα.

ΣΩ. Οὐ τοίνυν δεῖ ταῦτα προσβιάζεσθαι, ἐπεὶ ἔχοι γ' ἄν
τις εἰπεῖν περὶ αὐτῶν. Τὸ μὲν οὖν πῦρ καὶ τὸ ὕδωρ ταύτῃ
ἀπωθοῦμαι· ὁ δὲ ἀὴρ ἆρά γε, ὦ Ἑρμόγενες, ὅτι αἴρει b
τὰ ἀπὸ τῆς γῆς, « ἀὴρ » κέκληται ; ἢ ὅτι ἀεὶ ῥεῖ ; ἢ ὅτι
πνεῦμα ἐξ αὐτοῦ γίγνεται ῥέοντος ; οἱ γὰρ ποιηταί που τὰ
πνεύματα « ἀήτας » καλοῦσιν· ἴσως οὖν λέγει, ὥσπερ ἂν εἰ
εἴποι πνευματόρρουν, « ἀητόρρουν « [ὅθεν δὴ βούλεται
αὐτὸν οὕτως εἰπεῖν, ὅτι ἐστὶν ἀήρ]. Τὸν δὲ αἰθέρα τῇδέ πῃ
ὑπολαμβάνω, ὅτι ἀεὶ θεῖ περὶ τὸν ἀέρα ῥέων « ἀειθεὴρ »
δικαίως ἂν καλοῖτο. Γῆ δὲ μᾶλλον σημαίνει ὃ βούλεται, ἐάν
τις « γαῖαν » ὀνομάσῃ· γαῖα γὰρ γεννήτειρα ἂν εἴη c
ὀρθῶς κεκλημένη, ὥς φησιν Ὅμηρος· τὸ γὰρ « γεγάασιν »
γεγεννῆσθαι λέγει. Εἶεν· τί οὖν ἡμῖν ἦν τὸ μετὰ τοῦτο ;

ΕΡΜ. Ὧραι, ὦ Σώκρατες, καὶ ἐνιαυτὸς καὶ ἔτος.

ΣΩ. Αἱ μὲν δὴ ὧραι Ἀττικιστὶ ὡς τὸ παλαιὸν ῥητέον,
εἴπερ βούλει τὸ εἰκὸς εἰδέναι· ὅραι γάρ εἰσι διὰ τὸ ὁρίζειν
χειμῶνάς τε καὶ θέρη καὶ πνεύματα καὶ τοὺς καρποὺς
τοὺς ἐκ τῆς γῆς· ὁρίζουσαι δὲ δικαίως ἂν « ὅραι » καλοῖντο.
Ἐνιαυτὸς δὲ καὶ ἔτος κινδυνεύει ἕν τι εἶναι. Τὸ γὰρ τὰ d
φυόμενα καὶ τὰ γιγνόμενα ἐν μέρει ἕκαστον προάγον εἰς
φῶς καὶ αὐτὸ ἐν αὐτῷ ἐξετάζον, τοῦτο, ὥσπερ ἐν τοῖς
πρόσθεν τὸ τοῦ Διὸς ὄνομα δίχα διῃρημένον οἱ μὲν Ζῆνα,
οἱ δὲ Δία ἐκάλουν, οὕτω καὶ ἐνταῦθα οἱ μὲν « ἐνιαυτόν »,
ὅτι ἐν ἑαυτῷ, οἱ δὲ « ἔτος », ὅτι ἐτάζει· ὁ δὲ ὅλος λόγος
ἐστὶν τὸ « ἐν αὑτῷ ἐτάζον » τοῦτο προσαγορεύεσθαι ἓν ὂν
δίχα, ὥστε δύο ὀνόματα γεγονέναι, « ἐνιαυτόν » τε καὶ
« ἔτος », ἐξ ἑνὸς λόγου. e

410 a 4 μικρόν W || **b** 1 δὲ BT : δὲ δή Wt || αἴρει W || 5 ὅθεν — 6 ἀὴρ secl. Heindorf || **c** 2 γεγεννῆσθαι B : -γενῆσθαι TW || 6 ὧραι TW || 8 ὧραι TW || **d** 3 αὑτῷ B : αυτῷ T ἑαυτῷ W || 4 ἔμπροσθεν W || 7 αὑτῷ B : ἑαυ- TW || ἓν ὂν Tb : ἐν ὄν (uel ἐνὸν) B ἕνον W

Hermogène. — Mais vraiment, Socrate, tu fais de grands progrès !

Socrate. — J'ai l'air, ce me semble, d'être déjà fort avancé en savoir.

Hermogène. — Tout à fait.

Socrate. — Bientôt tu le diras encore davantage.

Les notions morales.

411 a Hermogène. — Après cette catégorie, j'aurais personnellement plaisir à voir comment peuvent se justifier ces beaux noms qui se rapportent à la vertu, comme *pensée, compréhension, justice* et tous les autres de même sorte.

Socrate. — Tu réveilles là, mon camarade, une espèce de mots peu ordinaire ! Cependant, puisque j'ai revêtu la peau du lion[1], il ne s'agit pas de reculer, mais il faut, ce semble, soumettre à l'examen *pensée, compréhension, connaissance,*
b *science* et tous ces autres beaux noms dont tu parles.

Hermogène. — Parfaitement ; nous ne devons pas lâcher pied avant de l'avoir fait.

Socrate. — En vérité, par le chien ! je ne crois pas avoir été mauvais devin en imaginant tout à l'heure[2] que les hommes du passé le plus lointain, ceux qui établissaient les noms, ont fait essentiellement comme la plupart des sages de nos jours ; à force de tourner en rond en cherchant la nature des êtres, ceux-ci sont pris de vertige ; et par suite, les choses leur semblent tourner, emportées dans un mouvement
c universel. Ce n'est pas à l'affection dont ils sont atteints qu'ils attribuent cette façon de voir, mais à la nature même des choses : suivant eux, il n'y a en elles rien de permanent ni de fixe ; elles s'écoulent et se meuvent, et sont entièrement pleines de mouvement et de devenir. En parlant ainsi, je songe à tous les noms qui nous occupent en ce moment.

Hermogène. — Comment cela, Socrate ?

Socrate. — Peut-être n'as-tu pas compris ce que nous di-

1. Voir la *Notice*, p. 45. La fable d'Ésope conte qu'un âne, revêtu d'une peau de lion, mettait en fuite hommes et animaux. Mais le vent ayant fait tomber son déguisement, l'âne, reconnu pour tel, se vit rossé par tout le monde. — D'ailleurs Platon fait aussi allusion aux luttes d'Héraclès, couvert de la dépouille du lion de Némée.

2. Voir 401 d, 402 a, etc.

ΕΡΜ. Ἀλλὰ δῆτα, ὦ Σώκρατες, πολὺ ἐπιδίδως.

ΣΩ. Πόρρω ἤδη, οἶμαι, φαίνομαι σοφίας ἐλαύνειν.

ΕΡΜ. Πάνυ μὲν οὖν.

ΣΩ. Τάχα μᾶλλον φήσεις.

ΕΡΜ. Ἀλλὰ μετὰ τοῦτο τὸ εἶδος ἔγωγε ἡδέως ἂν 411 a
θεασαίμην ταῦτα τὰ καλὰ ὀνόματα τίνι ποτὲ ὀρθότητι κεῖται, τὰ περὶ τὴν ἀρετήν, οἷον « φρόνησίς » τε καὶ « σύνεσις » καὶ « δικαιοσύνη » καὶ τἆλλα τὰ τοιαῦτα πάντα.

ΣΩ. Ἐγείρεις μέν, ὦ ἑταῖρε, οὐ φαῦλον γένος ὀνομάτων· ὅμως δὲ ἐπειδήπερ τὴν λεοντῆν ἐνδέδυκα, οὐκ ἀποδειλιατέον, ἀλλ' ἐπισκεπτέον, ὡς ἔοικε, φρόνησιν καὶ σύνεσιν καὶ γνώμην καὶ ἐπιστήμην καὶ τἆλλα δὴ ἃ φῄς πάντα ταῦτα τὰ
καλὰ ὀνόματα. b

ΕΡΜ. Πάνυ μὲν οὖν οὐ δεῖ ἡμᾶς προαποστῆναι.

ΣΩ. Καὶ μήν, νὴ τὸν κύνα, δοκῶ γέ μοι οὐ κακῶς μαντεύεσθαι ὃ καὶ νῦν δὴ ἐνενόησα, ὅτι οἱ πάνυ παλαιοὶ ἄνθρωποι οἱ τιθέμενοι τὰ ὀνόματα παντὸς μᾶλλον, ὥσπερ καὶ τῶν νῦν οἱ πολλοὶ τῶν σοφῶν ὑπὸ τοῦ πυκνᾷ περιστρέφεσθαι ζητοῦντες ὅπῃ ἔχει τὰ ὄντα εἰλιγγιῶσιν, κἄπειτα αὐτοῖς φαίνεται περιφέρεσθαι τὰ πράγματα καὶ πάντως
φέρεσθαι. Αἰτιῶνται δὴ οὐ τὸ ἔνδον τὸ παρὰ σφίσιν πάθος c
αἴτιον εἶναι ταύτης τῆς δόξης, ἀλλὰ αὐτὰ τὰ πράγματα οὕτω πεφυκέναι, οὐδὲν αὐτῶν μόνιμον εἶναι οὐδὲ βέβαιον, ἀλλὰ ῥεῖν καὶ φέρεσθαι καὶ μεστὰ εἶναι πάσης φορᾶς καὶ γενέσεως ἀεί. Λέγω δὲ ἐννοήσας πρὸς πάντα τὰ νῦν δὴ ὀνόματα.

ΕΡΜ. Πῶς δὴ τοῦτο, ὦ Σώκρατες ;

ΣΩ. Οὐ κατενόησας ἴσως τὰ ἄρτι λεγόμενα ὅτι παντά-

e 3 ἤδη οἶμαι φαίνομαι B : ἤδη φαίνομαι W δὲ οἶμαι T || 5 ἐφήσεις T || 411 a 9 ἃ φῄς : ἃ φῂς BT ἀφ' ἧς W || b 7 εἰλιγγιῶσιν B : ἀεὶ εἰλιγγιῶσι T ἀεὶ ἰλιγγιῶσι W ἰλιγγιῶσιν b || c 3 αὐτῶν μόνιμον BT : μόνιμον αὐτῶν W || 5 δὲ B : δ' W δὴ T || 8 τὰ γὰρ ἄρτι W.

sions tout à l'heure : c'est essentiellement cette idée qu'elles sont en proie au mouvement, à l'écoulement et au devenir qui a déterminé l'attribution des noms aux choses.

HERMOGÈNE. — Je n'y avais point du tout songé.

d SOCRATE. — Eh bien, pour commencer, le premier nom que nous avons cité suppose essentiellement que les choses ont ce caractère.

HERMOGÈNE. — Quel nom ?

SOCRATE. — La *pensée* (*phronêsis*). Elle est, en effet, *l'intellection du mouvement* et de l'écoulement (*phorâs noêsis*) ; on peut aussi l'entendre comme l'*auxiliaire du mouvement* (*phorâs onêsis*) ; en tout cas, c'est au mouvement qu'elle se rapporte. Veux-tu un autre exemple ? La *connaissance* (*gnômê*) exprime essentiellement l'étude et l'*examen* de la *génération* (*gonês nômêsis*) : car *examiner* et *étudier* sont une même chose.
e Autre exemple : l'*intellection* (*noêsis*) en soi est le *désir du nouveau* (*néou hésis*). Or la *nouveauté* des êtres signifie qu'ils sont sans cesse dans le devenir. C'est à quoi l'âme aspire, comme l'indique l'auteur de ce nom, *néoésis*. Car *noêsis* n'était pas l'appellation ancienne : au lieu de l'ê il y avait deux é[1] à pro-
412 a noncer : *noéésis*. La *sagesse* (*sôphrosuné*) est la *conservation* (*sôtêria*) de ce que nous venons d'examiner, la *pensée* (*phronêsis*). Voici encore la *science* (*épistêmê*) : elle montre l'âme, l'âme de quelque valeur, suivant les choses dans leur mouvement, sans rester en arrière ni courir en avant. Il faut donc, en rejetant l'é, la nommer *pistêmê*[2]. La *compréhension* (*sunésis*), à son tour, peut sembler analogue au *raisonnement* (*sullogismos*) ; mais le mot *suniénaï* (*comprendre*, de *suniêmi*), se trouve dire exactement la même chose que *épistasthaï* (*se tenir en contact avec*), car *suniénaï* (*aller avec*,
b de *sunéïmi*) signifie que l'âme accompagne les choses dans leur marche. Quant au mot *sophia* (*savoir*), il marque un contact avec le mouvement. Le nom est assez obscur, et de forme étrangère. Mais il faut partir des poètes, et se souvenir qu'en maint endroit, amenés à parler de ce qui commence à avancer rapidement, ils disent : « il bon-

1. Le texte dit : deux εἶ. Dans l'alphabet ionien, adopté à Athènes à la fin du ve siècle, l'ε est appelé εἶ ; l'o est appelé οὖ.

2. De πιστός (*fidèle*). Texte incertain dont on a beaucoup discuté. Il est assurément tentant d'écrire, avec Heindorf, ἐπειστήμην,

πασιν ὡς φερομένοις τε καὶ ῥέουσι καὶ γιγνομένοις τοῖς
πράγμασι τὰ ὀνόματα ἐπίκειται.

ΕΡΜ. Οὐ πάνυ ἐνεθυμήθην.

ΣΩ. Καὶ μὴν πρῶτον μὲν τοῦτο ὃ πρῶτον εἴπομεν d
παντάπασιν ὡς ἐπὶ τοιούτων ἐστίν.

ΕΡΜ. Τὸ ποῖον ;

ΣΩ. Ἡ « φρόνησις »· φορᾶς γάρ ἐστι καὶ ῥοῦ νόησις.
Εἴη δ' ἂν καὶ ὄνησιν ὑπολαβεῖν φορᾶς· ἀλλ' οὖν περί γε
τὸ φέρεσθαί ἐστιν. Εἰ δὲ βούλει, ἡ « γνώμη » παντάπασιν
δηλοῖ γονῆς σκέψιν καὶ νώμησιν· τὸ γὰρ « νωμᾶν »
καὶ τὸ « σκοπεῖν » ταὐτόν. Εἰ δὲ βούλει, αὐτὸ ἡ « νόησις »
τοῦ νέου ἐστὶν ἕσις, τὸ δὲ νέα εἶναι τὰ ὄντα σημαίνει
γιγνόμενα ἀεὶ εἶναι· τούτου οὖν ἐφίεσθαι τὴν ψυχὴν μηνύει e
τὸ ὄνομα ὁ θέμενος τὴν « νεόεσιν ». Οὐ γὰρ « νόησις » τὸ
ἀρχαῖον ἐκαλεῖτο, ἀλλ' ἀντὶ τοῦ ἦτα εἶ ἔδει λέγειν δύο,
« νοέεσιν ». « Σωφροσύνη » δὲ σωτηρία οὗ νῦν δὴ ἐσκέμ-
μεθα, φρονήσεως. Καὶ μὴν ἥ γε ἐπιστήμη μηνύει ὡς 412 a
φερομένοις τοῖς πράγμασιν ἑπομένης τῆς ψυχῆς τῆς ἀξίας
λόγου, καὶ οὔτε ἀπολειπομένης οὔτε προθεούσης· διὸ δὴ
ἐκβάλλοντας δεῖ τὸ εἶ « πιστήμην » αὐτὴν ὀνομάζειν.
« Σύνεσις » δ' αὖ οὕτω μὲν δόξειεν ἂν ὥσπερ συλλογισμὸς
εἶναι· ὅταν δὲ συνιέναι λέγηται, ταὐτὸν παντάπασιν τῷ
ἐπίστασθαι συμβαίνει λεγόμενον· συμπορεύεσθαι γὰρ λέγει
τὴν ψυχὴν τοῖς πράγμασι τὸ « συνιέναι ». Ἀλλὰ μὴν ἥ γε b
« σοφία » φορᾶς ἐφάπτεσθαι σημαίνει. Σκοτωδέστερον δὲ
τοῦτο καὶ ξενικώτερον· ἀλλὰ δεῖ ἐκ τῶν ποιητῶν ἀναμιμνῄ-
σκεσθαι ὅτι πολλαχοῦ λέγουσιν περὶ ὅτου ἂν τύχωσιν τῶν

c 9 φερομέναις — γιγνομέναις W || **d** 4 καὶ ῥοῦ Bt : καιροῦ TW || 5 ἀλλ' οὖν γε περὶ W || 8 ταὐτὸν ἐστιν W || **e** 2 τὰ ὀνόματα W || 3 ἦτα εἶ B : ἡ εε T ἦτα εἶ εἶ W ἦτα εε b || 4 νοέεσιν Ven. 8 : νεόεσιν || νῦν δὴ ἐσκέμμεθα BT : νῦν διεσκέμμεθα W || **412 a** 1 εἴ γε W pro ἥ γε || 4 ἐκβάλλοντας δεῖ τὸ εἶ πιστήμην Turicenses codd. : ἐμβάλλοντας δεῖ τὸ εἶ (uel ε) ἐπιστήμην || 6 λέγηται Heindorf : λέγῃ (sed puncto supra ῃ posito uitium indic. B) || **b** 3 ἀναμιμνῄσκεσθαι B : -μνήσκεσθαι TW.

dit » (*ésuthé*). Un Laconien célèbre avait pour nom *Soos* [1], appellation que les Lacédémoniens donnent à l'élan rapide. C'est le *contact* (*épaphê*) avec ce mouvement que désigne donc *sophia*, dans l'hypothèse que les choses se meuvent.
c Voici maintenant le *bien* (*agathon*). Ce mot tend à désigner ce qui est *admirable* (*agaston*) dans toute la nature. Car, puisque les êtres sont en marche, il y a en eux de la vitesse, et il y a aussi de la lenteur. Ce n'est donc pas l'ensemble qui est admirable, mais une partie de l'ensemble, l'élément *rapide* (*thoon*)[2] ; à cette partie *admirable* (*agaston*) s'applique cette dénomination, le *bien* (*agathon*).

Quant à la *justice* (*dikaïosuné*), ce nom a été donné à la *compréhension* du *juste* (*dikaïou sunésis*), comme il est aisé de le deviner ; mais c'est le nom même du *juste* (*dikaïon*) qui est difficile. Jusqu'à un certain point, semble-t-il, beaucoup
d sont d'accord sur le sens, mais ensuite commencent les controverses. Pour ceux qui croient l'univers en mouvement, sa plus grande partie n'a d'autre caractère que de se déplacer, et ce tout est parcouru d'un bout à l'autre par un principe auquel tout ce qui naît doit la naissance. Ce principe, d'après eux, est très prompt et très subtil ; autrement il ne pourrait traverser tout le réel, s'il n'était assez subtil pour que
e rien ne pût l'arrêter, ni assez prompt pour qu'auprès de lui le reste fût comme immobile. Quoi qu'il en soit, comme il gouverne tout le reste en le *parcourant* (*diaïon*), on lui a donné avec raison le nom de *juste* (*dikaïon*), en y ajoutant pour l'euphonie l'effet du k. Jusqu'ici, encore une fois, beau-
413 a coup s'accordent sur cette explication du juste. Pour ma part, Hermogène, à force de m'y appliquer, j'ai réussi à m'instruire, dans le mystère[3], de toute la question : ce juste

à cause de ἑπομένης plus haut. Mais cette forme paraît inconciliable avec les explications fournies plus loin, 437 a.

1. Plutarque (*Lyc.*, 1) cite un ancêtre de Lycurgue qui portait ce nom.

2. Le texte des mss. est évidemment altéré. La plupart des éditeurs adoptent la correction de Baiter qui, gardant τὸ ταχύ, corrige simplement τοῦτο οὗ en τοῦ θοοῦ. Mais, comme l'a bien vu Stallbaum, l'idée doit être, non pas qu'*une partie* de l'élément *rapide* mérite le nom d'ἀγαστόν, mais que, seule, la rapidité, par opposition à la lenteur, est digne de cette épithète.

3. C'est-à-dire : secrètement, sans témoin, pour ne pas ébruiter l'affaire. Cf. *Théétète*, 152 c (ἐν ἀπορρήτῳ), où il s'agit de l'enseigne-

ἀρχομένων ταχὺ προϊέναι, « ἐσύθη » φασίν. Λακωνικῷ δὲ ἀνδρὶ τῶν εὐδοκίμων καὶ ὄνομα ἦν « Σόος »· τὴν γὰρ ταχεῖαν ὁρμὴν οἱ Λακεδαιμόνιοι τοῦτο καλοῦσιν. Ταύτης οὖν τῆς φορᾶς ἐπαφὴν σημαίνει ἡ σοφία, ὡς φερομένων τῶν ὄντων.
Καὶ μὴν τό γε « ἀγαθόν », τοῦτο τῆς φύσεως πάσης τῷ c
ἀγαστῷ βούλεται τὸ ὄνομα ἐπικεῖσθαι. Ἐπειδὴ γὰρ πορεύεται τὰ ὄντα, ἔνι μὲν ἄρ' αὐτοῖς τάχος, ἔνι δὲ βραδυτής. Ἔστιν οὖν οὐ πᾶν, [τὸ ταχὺ] ἀλλά τι αὐτοῦ ἀγαστόν, ⟨τὸ θόον⟩. Τούτῳ οὖν δὴ τῷ ἀγαστῷ αὕτη ἡ ἐπωνυμία ἐστίν, « τἀγαθόν ».

« Δικαιοσύνη » δέ, ὅτι μὲν ἐπὶ τῇ τοῦ δικαίου συνέσει τοῦτο κεῖται τὸ ὄνομα, ῥᾴδιον συμβαλεῖν· αὐτὸ δὲ τὸ « δίκαιον » χαλεπόν. Καὶ γὰρ δὴ καὶ ἔοικε μέχρι μέν του
ὁμολογεῖσθαι παρὰ πολλῶν, ἔπειτα δὲ ἀμφισβητεῖσθαι. Ὅσοι d
γὰρ ἡγοῦνται τὸ πᾶν εἶναι ἐν πορείᾳ, τὸ μὲν πολὺ αὐτοῦ ὑπολαμβάνουσιν τοιοῦτόν τι εἶναι οὐδὲν ἄλλο ἢ χωρεῖν, διὰ δὲ τούτου παντὸς εἶναί τι διεξιόν, δι' οὗ πάντα τὰ γιγνόμενα γίγνεσθαι· εἶναι δὲ τάχιστον τοῦτο καὶ λεπτότατον. Οὐ γὰρ ἂν δύνασθαι ἄλλως διὰ τοῦ ὄντος ἰέναι παντός, εἰ μὴ λεπτότατόν τε ἦν ὥστε αὐτὸ μηδὲν στέγειν, καὶ τάχιστον ὥστε χρῆσθαι ὥσπερ ἑστῶσι τοῖς ἄλλοις. Ἐπεὶ δ' οὖν ἐπι-
τροπεύει τὰ ἄλλα πάντα διαϊόν, τοῦτο τὸ ὄνομα ἐκλήθη e
ὀρθῶς « δίκαιον », εὐστομίας ἕνεκα τὴν τοῦ κάππα δύναμιν προσλαβόν. Μέχρι μὲν οὖν ἐνταῦθα, ὃ νῦν δὴ ἐλέγομεν,
παρὰ πολλῶν ὁμολογεῖται τοῦτο εἶναι τὸ δίκαιον· ἐγὼ δέ, 413 a
ὦ Ἑρμόγενες, ἅτε λιπαρὴς ὢν περὶ αὐτοῦ, ταῦτα μὲν

b 5 Λακωνικῷ — 7 καλοῦσιν secl. Heindorf || 6 Σόος Valckenaer : σοῦς || 7 καλοῦσι τοῦτο W || **c** 1 ἁπάσης W || 3 γὰρ W pro ἄρ' || 4 τὸ ταχὺ secl. Stallbaum || ⟨τὸ θόον⟩. Τούτῳ οὖν Stallbaum : τοῦτο οὖ || 5 τῶν ἀγαστῶν W pro τῷ ἀγαστῷ || 6 τὸ ἀγαθὸν W || 9 τοῦ W || **d** 2 ἐν πορείᾳ Ven. 184 (ει ex emend.) : εὐπορία BW εὐπορίᾳ T || 6 ὄντος : ἰόντος γρ. in marg. W || 7 ᾗ W pro ἦν || μηδὲν TW : -δὲ B || 8 ἑστῶς T (γρ. καθάπερ ἑστῶσι τοῖς ἄλλοις) || ἐπειδὴ οὖν W || **e** 1 διϊὼν W pro διαϊόν || 2 ὀρθῶς ἐκλήθη W || κάππα BW : κ̄ T || **413 a** 1 τοῦτο τὸ δίκαιον εἶναι W || 2 λιπαρὴς ὢν W et man. recentiss. t : λιπαρήσων BT.

dont nous parlons est aussi la cause — car la cause est *ce
par quoi* (*di' ho*) une chose existe —, et par conséquent, disait
certain, il est correct de lui donner ce nom en propre. Mais
quand, après avoir écouté cette explication, je reviens néan-
moins à la charge et demande aux gens, bien doucement :
« Que peut donc bien être le juste, mon bon, s'il en va ainsi? »,
j'ai l'air de prolonger l'interrogatoire au delà des conve-
b nances et de sauter par-dessus les bornes[1]. J'en ai, disent-ils,
assez appris [entendu] ; ils essaient, en voulant assouvir ma cu-
riosité, de parler chacun à sa mode, et ils ne s'accordent plus.
Suivant l'un le juste, c'est le soleil, car lui seul, en les *parcou-
rant* (*diaïôn*) et les *échauffant* (*kaôn*), gouverne les êtres. Or,
quand je le dis à un autre, tout aise de ce beau renseigne-
ment, il se moque de moi en m'entendant, et me demande
si je pense qu'il n'y a rien de juste chez les humains après
c le coucher du soleil. Comme j'insiste alors pour connaître son
avis, à lui, il déclare que c'est le feu[2] ; mais voilà qui n'est pas
facile à comprendre. D'après un autre, ce n'est pas le feu lui-
même, mais la chaleur elle-même contenue dans le feu.
Tel autre déclare se moquer de toutes ces explications : il
définit le juste d'après Anaxagore, en disant que c'est l'*esprit*
(*nous*) ; indépendant, sans aucun mélange, il ordonne, dit-il,
toutes choses en parcourant tout[3]. Là-dessus, mon ami, je
me trouve, moi, bien plus embarrassé qu'avant toutes mes
tentatives pour m'instruire de la nature du juste[4]. En tout
d cas, pour en revenir à l'objet de notre recherche, voilà les
raisons qui semblent lui avoir valu ce nom.

Hermogène. — Tu m'as l'air, Socrate, de rapporter là une leçon apprise, au lieu d'improviser.

ment donné par Protagoras à ses disciples, qu'il instruisait de la vérité, tandis que ses doctrines demeuraient une énigme pour le vulgaire.

1. Locution proverbiale.

2. C'est l'idée d'Héraclite, suivant qui le feu est à la fois principe de toutes choses, et loi ou pensée unique de l'univers.

3. *Le juste* est comme plus haut identifié avec la cause (τὸ αἴτιον). Aux yeux d'Anaxagore, l'Esprit (νοῦς) est *chose infinie, indépendante* (αὐτοκρατές) ou *maîtresse absolue* ; *seul il est en soi-même et pour soi-même*. Il est à la fois une *cause* motrice et une intelligence qui a mis en ordre le monde.

4. Platon fait lui-même dans le *Phédon* (97 b et suiv.) la critique de la théorie d'Anaxagore et montre en quoi elle est décevante.

πάντα διαπέπυσμαι ἐν ἀπορρήτοις, ὅτι τοῦτό ἐστι τὸ
δίκαιον καὶ τὸ αἴτιον — δι' ὃ γὰρ γίγνεταί ⟨τι⟩, τοῦτ' ἔστι
τὸ αἴτιον — καὶ ἰδίᾳ καλεῖν ἔφη τις τοῦτο ὀρθῶς ἔχειν διὰ
ταῦτα. Ἐπειδὰν δ' ἠρέμα αὐτοὺς ἐπανερωτῶ ἀκούσας
ταῦτα μηδὲν ἧττον· « Τί οὖν ποτ' ἔστιν, ὦ ἄριστε, δίκαιον,
εἰ τοῦτο οὕτως ἔχει » ; δοκῶ τε ἤδη μακρότερα τοῦ προσή-
κοντος ἐρωτᾶν καὶ ὑπὲρ τὰ ἐσκαμμένα ἅλλεσθαι. Ἱκανῶς
γάρ μέ φασι πεπύσθαι [ἀκηκοέναι] καὶ ἐπιχειροῦσιν, βουλό- b
μενοι ἀποπιμπλάναι με, ἄλλος ἄλλα ἤδη λέγειν, καὶ
οὐκέτι συμφωνοῦσιν. Ὁ μὲν γάρ τίς φησιν τοῦτο εἶναι
δίκαιον, τὸν ἥλιον· τοῦτον γὰρ μόνον διαϊόντα καὶ
κάοντα ἐπιτροπεύειν τὰ ὄντα. Ἐπειδὰν οὖν τῳ λέγω αὐτὸ
ἄσμενος ὥς καλόν τι ἀκηκοώς, καταγελᾷ μου οὗτος ἀκούσας
και ἐρωτᾷ εἰ οὐδὲν δίκαιον οἶμαι εἶναι ἐν τοῖς ἀνθρώποις
ἐπειδὰν ὁ ἥλιος δύῃ. Λιπαροῦντος οὖν ἐμοῦ ὅ τι αὖ ἐκεῖνος c
λέγει, αὐτό τὸ πῦρ φησιν· τοῦτο δὲ οὐ ῥᾴδιόν ἐστιν εἰδέναι.
Ὁ δὲ οὐκ αὐτὸ τὸ πῦρ φησιν, ἀλλ' αὐτὸ τὸ θερμὸν τὸ ἐν τῷ
πυρὶ ἐνόν. Ὁ δὲ τούτων μὲν πάντων καταγελᾶν φησιν,
εἶναι δὲ τὸ δίκαιον ὃ λέγει Ἀναξαγόρας, νοῦν εἶναι τοῦτο·
αὐτοκράτορα γὰρ αὐτὸν ὄντα καὶ οὐδενὶ μεμειγμένον πάντα
φησὶν αὐτὸν κοσμεῖν τὰ πράγματα διὰ πάντων ἰόντα.
Ἐνταῦθα δὴ ἐγώ, ὦ φίλε, πολὺ ἐν πλείονι ἀπορίᾳ εἰμὶ ἢ
πρὶν ἐπιχειρῆσαι μανθάνειν περὶ τοῦ δικαίου ὅ τι ποτ' d
ἔστιν. Ἀλλ' οὖν οὗπερ ἕνεκα ἐσκοποῦμεν, τό γε ὄνομα
τοῦτο φαίνεται αὐτῷ διὰ ταῦτα κεῖσθαι.

ΕΡΜ. Φαίνει μοι, ὦ Σώκρατες, ταῦτα μὲν ἀκηκοέναι
του καὶ οὐκ αὐτοσχεδιάζειν.

b 4 ⟨τι⟩ add. Stallbaum || 5 Δία Hermann pro ἰδίᾳ || 7 τὸ δίκαιον Wt || 9 ἐσκεμμένα B (corr. b) || **b** 1 πεπύσθαι τὸ δίκαιον ἀκηκοέναι W || ἀκηκοέναι secl. Schanz || 2 με ἀποπιμπλάναι W || 3 τοῦτο prim. W pro τοῦτον || 4 τὸ δίκαιον W || 5 κάοντα BT : ἀκούοντα W || ὄντα BT : ὅλα W || τῳ TWb : τῷ B || 6 ἄσμενος B ut uid. : ἄσμενος TW (sed o supra ω scrips. W) || οὗτος ακούσας B : οὗτος ὁ ἀκούσας TW || 7 ἐρωτᾷ με W || **c** 1 δύνῃ B || 2 λέγῃ T || 3 ἀλλ' — 4 φησιν om. W in marg. add. || 4 οὐ δὲ W pro ὁ δὲ || **d** 2 ἐσκοποῦμεν BT : σκοπ- W || 3 οὕτω W pro αὐτῷ || 5 του TWb : τοῦ B.

Socrate. — Et pour les autres noms ?

Hermogène. — Tu n'en avais pas du tout l'air.

Socrate. — Écoute donc : peut-être réussirai-je à t'abuser sur le reste, en te faisant croire que je ne parle point par ouï-dire. Après la justice, que nous reste-t-il ? Le courage, si je ne me trompe ; nous ne l'avons pas encore passé en revue. Il est clair que l'*injustice* (*adikia*) est essentiellement
e l'obstacle à ce qui *parcourt* (tou *diaïontos*)[1] ; d'autre part le mot *courage* indique que c'est dans la lutte que le courage reçoit son nom. Or dans le réel, si vraiment il s'écoule, la lutte n'est autre chose que le courant (*rhoê*) contraire. Si donc on ôte le d à *andréïa* (*courage*), par lui-même le nom d'*anréïa* indique cette activité[2]. Il est clair que le courage n'est pas le courant contraire à n'importe quel courant, mais à celui qui va contre le juste ; autrement on ne loue-
414 a rait pas le courage[3]. Les noms de *virilité* (*arrhén*) et d'*homme* (*anêr*) sont voisins de celui-ci : *le courant dirigé en haut* (*anô rhoê*). *Gunê* (femme) me paraît vouloir être *gonê* (*génération*). Quant au *féminin* (*thêlu*), c'est de la *mamelle* (*thêlê*) qu'il paraît avoir tiré son nom. Mais la *mamelle*, Hermogène, ne signifie-t-elle pas qu'elle est cause d'*épanouissement* (*téthêlénaï*), comme pour les plantes qu'on arrose ?

Hermogène. — Apparemment, Socrate.

Socrate. — Eh bien, le mot même *s'épanouir* (*thalléïn*) me semble figurer la croissance de la jeunesse, dans sa promptitude et sa soudaineté. C'est ce que l'auteur a, pour ainsi
b dire, reproduit à l'aide du nom, en le formant de *théïn* (*courir*) et *hallesthaï* (*bondir*). Mais tu ne t'aperçois pas que je me laisse comme emporter hors de la carrière, quand j'ai trouvé un sol uni[4]. Pourtant il nous reste encore à traiter nombre de questions, de celles qui passent pour sérieuses.

Hermogène. — Tu dis vrai.

Socrate. — L'une d'elles consiste à voir ce que peut signifier notamment *tekhnê* (*art*).

1. C'est-à-dire au principe qui a été identifié plus haut avec *le juste*.

2. 'Ανρεία est expliqué par Socrate comme formé de ἀν(ά) : *en sens contraire* (ou peut-être ἄνω : *vers le haut* ; cf. plus bas), et de ῥεῖν (*couler*).

3. Littéralement : *car on ne louerait pas le courage* (sous-ent. *s'il n'était pas le courant contraire à celui qui va contre le juste*).

4. C'est-à-dire des problèmes faciles à résoudre.

ΣΩ. Τί δὲ τἆλλα ;

ΕΡΜ. Οὐ πάνυ.

ΣΩ. Ἄκουε δή· ἴσως γὰρ ἄν σε καὶ τὰ ἐπίλοιπα ἐξαπατήσαιμι ὡς οὐκ ἀκηκοὼς λέγω. Μετὰ γὰρ δικαιοσύνην τί ἡμῖν λείπεται ; ἀνδρείαν, οἶμαι, οὔπω διήλθομεν. Ἀδικία μὲν γὰρ δῆλον ὅτι ἐστὶν ὄντως ἐμπόδισμα τοῦ διαϊόντος, e
ἀνδρεία δὲ σημαίνει ὡς ἐν μάχῃ ἐπονομαζομένης τῆς ἀνδρείας· μάχην δ᾽ εἶναι ἐν τῷ ὄντι, εἴπερ ῥεῖ, οὐκ ἄλλο τι ἢ τὴν ἐναντίαν ῥοήν· ἐὰν οὖν τις ἐξέλῃ τὸ δέλτα τοῦ ὀνόματος τῆς ἀνδρείας, αὐτὸ μηνύει τὸ ἔργον τὸ ὄνομα ἡ « ἀνρεία ». Δῆλον οὖν ὅτι οὐ πάσῃ ῥοῇ ἡ ἐναντία ῥοὴ ἀνδρεία ἐστίν, ἀλλὰ τῇ παρὰ τὸ δίκαιον ῥεούσῃ· οὐ γὰρ ἂν 414 a
ἐπῃνεῖτο ἡ ἀνδρεία. Καὶ τὸ « ἄρρεν » καὶ ὁ « ἀνὴρ » ἐπὶ παραπλησίῳ τινὶ τούτῳ ἐστί, τῇ ἄνω ῥοῇ. « Γυνὴ » δὲ γονή μοι φαίνεται βούλεσθαι εἶναι. Τὸ δὲ « θῆλυ » ἀπὸ τῆς θηλῆς τι φαίνεται ἐπωνομάσθαι· ἡ δὲ « θηλὴ » ἆρά γε, ὦ Ἑρμόγενες, ὅτι τεθηλέναι ποιεῖ ὥσπερ τὰ ἀρδόμενα ;

ΕΡΜ. Ἔοικέν γε, ὦ Σώκρατες.

ΣΩ. Καὶ μὴν αὐτό γε τὸ « θάλλειν » τὴν αὔξην μοι δοκεῖ ἀπεικάζειν τὴν τῶν νέων, ὅτι ταχεῖα καὶ ἐξαιφνιδία γίγνεται. Οἷόνπερ οὖν μεμίμηται τῷ ὀνόματι, συναρμόσας ἀπὸ b
τοῦ θεῖν καὶ ἅλλεσθαι τὸ ὄνομα. Ἀλλ᾽ οὐ γὰρ ἐπισκοπεῖς με ὥσπερ ἐκτὸς δρόμου φερόμενον, ἐπειδὰν λείου ἐπιλάβωμαι· λοιπὰ δὲ ἡμῖν ἔτι συχνά ἐστι τῶν δοκούντων σπουδαίων εἶναι.

ΕΡΜ. Ἀληθῆ λέγεις.

ΣΩ. Ὧν γ᾽ ἔστιν ἓν καὶ « τέχνην » ἰδεῖν ὅ τι ποτὲ βούλεται εἶναι.

Testim. : **414 a** 3 γύνη — 4 εἶναι Euseb., *Praep. euang.*, 11, 6.

d 6 δαὶ b pro δὲ || 7 οὐ πάνυ γε W || 10 ἀνδρίαν b || **e** 1 ὄντως W : -τος BT || 3 ἀεὶ supra ἐν τῷ ὄντι man. rec. add. in W || 5 τοὔνομα W || 6 ἀνρεία T : ἀνδρεία BW ἀνδρία b (ἀνρία in marg.) || **414 a** 2 ἐπεὶ W pro ἐπὶ || 3 τινὶ τούτων W || ἡ δὲ γυνὴ Euseb. || 5 τι B : τί TW || 9 ἐξαιφνιδία TWb (?) : -φνίδια B(?)t || **b** 2 τοὔνομα W || 4 ἔστι W : ἐπὶ BT.

Hermogène. — Parfaitement.

Socrate. — N'indique-t-il donc pas la *possession de la rai-*
c *son* (*héxis nou*), si l'on ôte le t, et si l'on insère o entre le kh et le n, le n et l'ê [1] ?

Hermogène. — C'est bien laborieux, Socrate !

Socrate. — Bienheureux Hermogène, ignores-tu que les premiers noms établis ont été comme enfouis par ceux qui voulaient leur donner de la pompe ? Ils ont ajouté et retranché des lettres pour l'euphonie ; ils ont tordu les noms dans tous les sens, par désir de les enjoliver comme par l'effet du temps. Ainsi dans *katoptron* (*miroir*) ne trouves-tu pas bizarre l'introduction du r [2] ? Mais de tels procédés, selon moi,
d sont l'œuvre des gens qui, sans aucun souci de la vérité, travaillent à façonner l'articulation ; à force d'ajouter aux noms primitifs, ils font si bien, finalement, qu'aucune créature humaine ne serait en état de comprendre ce que le mot peut bien signifier. Par exemple pour la *Sphinx*, au lieu de *phix* [3] ils disent *sphinx*, et de même pour beaucoup d'autres noms.

Hermogène. — C'est bien la vérité, Socrate.

Socrate. — Mais qu'on permette d'ajouter aux noms et d'en ôter ce qu'on veut, alors on éprouvera une grande facilité, et n'importe quel nom pourra s'ajuster à n'importe quel objet.

e Hermogène. — Tu as raison.

Socrate. — J'ai raison, à coup sûr. Mais c'est à la mesure, je crois, et à la vraisemblance qu'il te faut veiller, en sage président.

Hermogène. — Je le voudrais.

Socrate. — Et moi, je le veux avec toi, Hermogène.
415 a Mais ne sois pas trop pointilleux, mon divin ami,

pour ne pas énerver mon ardeur [4] ;

1. De manière à transformer τέχνη en ἐχονόη.

2. La forme primitive devait être, suivant Socrate, κάτοπτον. Le ρ est considéré par lui comme une addition superflue et une altération : il ne reconnaît pas ici le suffixe -τρο- qui sert, dans les noms neutres de ce genre, à marquer l'*instrument*.

3. La *Théogonie* hésiodique parle (v. 326) de « Phix la pernicieuse », fille d'Orthos et d'Echidna, dont on plaçait le séjour en Béotie sur le mont Phikion. Plus tard elle fut confondue avec la Sphinx.

4. *Iliade*, VI, 264-5. Hector dit à sa mère, qui veut lui apporter à

ΕΡΜ. Πάνυ μὲν οὖν.

ΣΩ. Οὐκοῦν τοῦτό γε ἕξιν νοῦ σημαίνει, τὸ μὲν ταῦ ἀφελόντι, ἐμβαλόντι δὲ οὖ μεταξὺ τοῦ χεῖ καὶ νοῦ νῦ καὶ c
⟨τοῦ νῦ καὶ⟩ τοῦ ἦτα ;

ΕΡΜ. Καὶ μάλα γε γλίσχρως, ὦ Σώκρατες.

ΣΩ. Ὦ μακάριε, οὐκ οἶσθ' ὅτι τὰ πρῶτα ὀνόματα τεθέντα κατακέχωσται ἤδη ὑπὸ τῶν βουλομένων τραγῳδεῖν αὐτά, περιτιθέντων γράμματα καὶ ἐξαιρούντων εὐστομίας ἕνεκα καὶ πανταχῇ στρεφόντων, καὶ ὑπὸ καλλωπισμοῦ καὶ ὑπὸ χρόνου. Ἐπεὶ ἐν τῷ « κατόπτρῳ » οὐ δοκεῖ σοι ἄτοπον εἶναι τὸ ἐμβεβλῆσθαι τὸ ῥῶ ; ἀλλὰ τοιαῦτα, οἶμαι, ποιοῦσιν οἱ τῆς μὲν ἀληθείας οὐδὲν φροντίζοντες, τὸ δὲ στόμα πλάττοντες, d
ὥστ' ἐπεμβάλλοντες πολλὰ ἐπὶ τὰ πρῶτα ὀνόματα τελευτῶντες ποιοῦσιν μηδ' ἂν ἕνα ἀνθρώπων συνεῖναι ὅ τι ποτὲ βούλεται τὸ ὄνομα· ὥσπερ καὶ τὴν Σφίγγα ἀντὶ « φικὸς » « σφίγγα » καλοῦσιν, καὶ ἄλλα πολλά.

ΕΡΜ. Ταῦτα μὲν ἔστιν οὕτως, ὦ Σώκρατες.

ΣΩ. Εἰ δ' αὖ τις ἐάσει καὶ ἐντιθέναι καὶ ἐξαιρεῖν ἅττ' ἂν βούληταί τις εἰς τὰ ὀνόματα, πολλὴ εὐπορία ἔσται καὶ πᾶν ἂν παντί τις ὄνομα πράγματι προσαρμόσειεν.

ΕΡΜ. Ἀληθῆ λέγεις. e

ΣΩ. Ἀληθῆ μέντοι. Ἀλλὰ τὸ μέτριον, οἶμαι, δεῖ φυλάττειν καὶ τὸ εἰκὸς σὲ τὸν σοφὸν ἐπιστάτην.

ΕΡΜ. Βουλοίμην ἄν.

ΣΩ. Καὶ ἐγώ σοι συμβούλομαι, ὦ Ἑρμόγενες. Ἀλλὰ μὴ λίαν, ὦ δαιμόνιε, ἀκριβολογοῦ, 415 a

« μή μ' ἀπογυιώσῃς μένεος ».

Testim. : **415 a** 2 *Il.*, 6, 265 μή μ' ἀπογυιώσῃς, μένεος δ' ἀλκῆς τε λάθωμαι.

b 10 ταῦ BW : τ̄ T || **c** 1 οὖ BW : ō T || τοῦ χεῖ καὶ τοῦ νῦ καὶ τοῦ ἦτα BW : τοῦ χ̄ καὶ τοῦ ν̄ καὶ τοῦ η̄ T || τοῦ νῦ καὶ add. Stephanus || 6 προστιθέντων Naber pro περιτιθέντων || 8 ἐπεὶ καὶ Wt || σοι om. B || 9 ῥῶ BW : ρ̄ T || **d** 3 ἀνθρώπων Tb : ἄνθρωπον BW et primit. T ut uid. || 4 φικὸς Par. 1813 (ei Hesiod., *Theog.*, u. 326) : φιγὸς T φιγγὸς W σφιγγὸς B σφιγὸς (et in marg.) b || 7 ἐξαίρειν T || 8 πολλή τις εὐπορία W || **415 a** 2 ἀπογυώσῃς prim. T.

car j'arrive au couronnement de mon exposé, quand nous aurons examiné, après l'*art* (*tekhnê*), *l'activité industrieuse* (*mêkhanê*). *Mêkhanê* me semble indiquer le fait de *parvenir à un résultat* (*anéïn*[1]) *étendu*. Car le mot *mêkos* désigne *la grande étendue*. Voilà donc les deux éléments, *mêkos* et *anéïn*, qui composent le nom de *mêkhanê*. Mais, je le répète, il faut arriver au couronnement de notre exposé : ce que signifient les noms d'*arétê* (*vertu*) et de *kakia* (*vice*), il s'agit
b de le rechercher. Dans l'un je ne vois pas encore clair, mais l'autre me semble transparent : il s'accorde en effet avec tous les précédents. Puisque les choses se meuvent, tout *ce qui va mal* (*kakôs ion*) sera *vice* (*kakia*). Et quand l'âme est le siège de ce mouvement mauvais vers les choses, c'est surtout alors qu'il porte l'appellation de vice donnée à l'ensemble. Mais ce mouvement mauvais, en quoi peut-il consister ? Il le fait voir, je crois, dans la *lâcheté* (*déïlia*), qui n'a pas encore été soumise à notre analyse, et que nous avons sautée,
c quand il eût fallu l'examiner après la bravoure[2] ; je crois, du reste, que nous avons sauté aussi beaucoup d'autres noms. Quoi qu'il en soit, *déïlia* désigne un *lien* qui enchaîne l'âme *fortement* ; car *lian* (*très*) exprime une force. La *lâcheté* (*déïlia*) sera donc un *lien* (*desmos*), le lien *fort* (*lian*) et le plus puissant de l'âme ; de même aussi que l'*embarras* (*aporia*) est un mal, et, semble-t-il, tout ce qui fait obstacle au mouvement et à la *marche* (*poreuesthaï*). *Aller mal* (*kakôs iénaï*) semble donc désigner la marche gênée et entravée ; quand l'âme en est atteinte, elle s'emplit de *vice* (*kakia*). Si c'est à ces conditions que s'applique le nom de *kakia*, le contraire sera *arétê* (*vertu*). Ce nom signifie d'abord l'aisance
d de la marche, puis le cours, toujours libre, de l'âme bonne ; bref, c'est *ce qui coule toujours* (*aéï rhéon*) sans gêne et sans obstacle qui a été, semble-t-il, qualifié de ce nom. Il est juste de l'appeler *aéïrhéïtê*, mais peut-être l'auteur veut-il dire *haïrétê* (*préférable*), pour indiquer que cette disposition est préfé-

boire après la bataille : « Ne m'offre pas de vin à la douceur de miel, mère auguste, *pour ne pas énerver ma force*, ni me faire oublier mon ardeur et ma vaillance. »

2. Ἄνειν est synonyme de ἀνύειν, ἀνύτειν. Voir *Odyssée*, III, 496, ἦνον ὁδὸν : *ils accomplirent le trajet*.

3. Le mot ἀνδρεία (*bravoure*) a été examiné plus haut 413 e, et tiré de « ἀνρεία ».

Ἔρχομαι γὰρ ἐπὶ τὴν κορυφὴν ὧν εἴρηκα, ἐπειδὰν μετὰ τέχνην μηχανὴν ἐπισκεψώμεθα.» « Μηχανὴ » γάρ μοι δοκεῖ τοῦ ἄνειν ἐπὶ πολὺ σημεῖον εἶναι· τὸ γὰρ « μῆκός » πως τὸ πολὺ σημαίνει· ἐξ ἀμφοῖν οὖν τούτοιν σύγκειται, « μήκους » τε καὶ τοῦ « ἄνειν », τὸ ὄνομα ἡ « μηχανή ». Ἀλλ', ὅπερ νῦν δὴ εἶπον, ἐπὶ τὴν κορυφὴν δεῖ τῶν εἰρημένων ἐλθεῖν· « ἀρετὴ » γὰρ καὶ « κακία » ὅ τι βούλεται τὰ ὀνόματα ζητητέα. Τὸ μὲν οὖν ἕτερον οὔπω καθορῶ, τὸ δ' b
ἕτερον δοκεῖ μοι κατάδηλον εἶναι. Συμφωνεῖ γὰρ τοῖς ἔμπροσθεν πᾶσιν. Ἅτε γὰρ ἰόντων τῶν πραγμάτων, πᾶν τὸ κακῶς ἰὸν « κακία » ἂν εἴη· τοῦτο δὲ ὅταν ἐν ψυχῇ ᾖ, τὸ κακῶς ἰέναι ἐπὶ τὰ πράγματα, μάλιστα τὴν τοῦ ὅλου ἐπωνυμίαν ἔχει τῆς κακίας. Τὸ δὲ κακῶς ἰέναι ὅ τι ποτ' ἔστιν, δοκεῖ μοι δηλοῦν καὶ ἐν τῇ « δειλίᾳ », ὃ οὔπω διήλθομεν ἀλλ' ὑπερέβημεν, δέον αὐτὸ μετὰ τὴν ἀνδρείαν σκέ- c
ψασθαι· δοκοῦμεν δέ μοι καὶ ἄλλα πολλὰ ὑπερβεβηκέναι. Ἡ δ' οὖν δειλία τῆς ψυχῆς σημαίνει δεσμὸν εἶναί ἰσχυρόν· τὸ γὰρ « λίαν » ἰσχύς τίς ἐστιν. Δεσμὸς οὖν ὁ λίαν καὶ ὁ μέγιστος τῆς ψυχῆς ἡ δειλία ἂν εἴη· ὥσπερ γε καὶ ἡ ἀπορία κακόν, καὶ πᾶν, ὡς ἔοικεν, ὅ τι ἂν ἐμποδὼν ᾖ τῷ ἰέναι καὶ πορεύεσθαι. Τοῦτ' οὖν φαίνεται τὸ κακῶς ἰέναι δηλοῦν, τὸ ἰσχομένως τε καὶ ἐμποδιζομένως πορεύεσθαι, ὃ δὴ ψυχὴ ὅταν ἔχῃ, κακίας μεστὴ γίγνεται. Εἰ δ' ἐπὶ τοιούτοις ἡ « κακία » ἐστὶν τοὔνομα, τοὐναντίον τούτου ἡ « ἀρετὴ » ἂν εἴη, σημαῖνον πρῶτον μὲν εὐπορίαν, ἔπειτα δὲ λελυμένην d
τὴν ῥοὴν τῆς ἀγαθῆς ψυχῆς εἶναι ἀεί, ὥστε τὸ ἀσχέτως καὶ τὸ ἀκωλύτως ἀεὶ ῥέον ἐπωνυμίαν εἴληφεν, ὡς ἔοικε, τοῦτο τοὔνομα. Ὀρθῶς μὲν ἔχει « ἀειρείτην »

a 5 ἄνειν B et statim : ἀνεῖν T et statim || πως Par. 1813 : πρός BT || 8 νῦν δὴ Par. 1811 : δὴ νῦν BT || **c** 1 ἀνδρίαν B || 6 κακῶν B (corr. b) || ᾖ T : εἴη B || ἰέναι b : εἶναι BT || 8 ἴσχομαι ὥστε (corr. b in marg.) || ἐκποδιζομένως BT sed μ supra κ add. T || δ' ἡ B (corr. b in marg.) || 9 κακίας Laur. 85, 6 man. rec. : -κία B -κίᾳ T || **d** 3 ἀεὶ B : δεῖ T.

rable entre toutes : la contraction a donné le mot *arétê*. Peut-être diras-tu encore [1] que j'invente ; mais moi je prétends que si celui dont j'ai parlé précédemment est juste, — le nom
e de *kakia* (*vice*), — le nom d'*arétê* (*vertu*) est juste, lui aussi.

416 a HERMOGÈNE. — Et le nom de *kakon* (*mal*) qui t'a servi à expliquer bien des précédents, que peut-il signifier ?

SOCRATE. — Il est bizarre, par Zeus ! à mon avis, et difficile à interpréter. Je lui applique donc, à lui aussi, l'expédient de tout à l'heure [2].

HERMOGÈNE. — Quelle sorte d'expédient ?

SOCRATE. — Celui qui consiste à lui attribuer encore une origine barbare.

HERMOGÈNE. — Et tu parais avoir raison. Mais, s'il te plaît, laissons ces noms pour passer à *kalon* (*beau*) et *aïskhron* (*laid*) ; tâchons de voir comment ils se justifient.

SOCRATE. — Eh bien, *aïskhron* me semble dès main-
b tenant avoir un sens parfaitement clair ; il s'accorde en effet avec les indications précédentes. Ce qui entrave et arrête les êtres dans leur cours me paraît être malmené en toute occasion par l'auteur des noms ; et ici, en particulier, *ce qui arrête toujours le cours* (*aéï iskhon* ton *rhoun*) a reçu de lui le nom de *aéïskhorrhoun* ; mais aujourd'hui, par contraction, on dit *aïskhron*.

HERMOGÈNE. — Et *kalon* (*beau*) ?

SOCRATE. — Celui-ci est plus difficile à bien saisir [3]. Cependant l'auteur ne l'appelle ainsi que pour l'harmonie, et la forme a été modifiée par la quantité de l'o [4].

HERMOGÈNE. — Comment cela ?

SOCRATE. — C'est la *pensée* (*dianoïa*) que semble qualifier ce nom-là.

HERMOGÈNE. — Que veux-tu dire ?

c SOCRATE. — Voyons. Quelle est, selon toi, la cause de l'appellation donnée à chaque chose ? N'est-ce pas ce qui fixe les noms ?

1. Voir 413 d.

2. Voir 409 d e.

3. Allusion au proverbe rappelé 384 b (*les belles choses sont difficiles*) ?

4. Le texte porte οὖ, qui est le nom de la lettre o dans l'alphabet ionien-attique. Voir plus haut la note à 411 e.

καλεῖν, ἴσως δὲ αἱρετὴν λέγει, ὡς οὔσης ταύτης τῆς ἕξεως
αἱρετωτάτης, συγκεκρότηται δὲ καὶ καλεῖται « ἀρετή ».
Καὶ ἴσως με αὖ φήσεις πλάττειν· ἐγὼ δέ φημι, εἴπερ ὃ
ἔμπροσθεν εἶπον ὀρθῶς ἔχει, ἡ « κακία », καὶ τοῦτο τὸ
ὄνομα τὴν « ἀρετὴν » ὀρθῶς ἔχειν. e

ΕΡΜ. Τὸ δὲ δὴ « κακόν », δι᾽ οὗ πολλὰ τῶν ἔμπροσθεν 416 a
εἴρηκας, τί ἂν νοοῖ τοὔνομα ;

ΣΩ. Ἄτοπόν τι νὴ Δία ἔμοιγε δοκεῖ καὶ χαλεπὸν συμβαλεῖν. Ἐπάγω οὖν καὶ τούτῳ ἐκείνην τὴν μηχανήν.

ΕΡΜ. Ποίαν ταύτην ;

ΣΩ. Τὴν τοῦ βαρβαρικόν τι καὶ τοῦτο φάναι εἶναι.

ΕΡΜ. Καὶ ἔοικάς γε ὀρθῶς λέγοντι. Ἀλλ᾽ εἰ δοκεῖ, ταῦτα μὲν ἐῶμεν, τὸ δὲ « καλὸν » καὶ τὸ « αἰσχρὸν » πειρώμεθα ἰδεῖν πῇ εὐλόγως ἔχει.

ΣΩ. Τὸ μὲν τοίνυν « αἰσχρὸν » καὶ δὴ κατάδηλόν μοι
φαίνεται ὃ νοεῖ· καὶ τοῦτο γὰρ τοῖς ἔμπροσθεν ὁμολογεῖται. b
Τὸ γὰρ ἐμποδίζον καὶ ἴσχον τῆς ῥοῆς τὰ ὄντα λοιδορεῖν
μοι φαίνεται διὰ παντὸς ὁ τὰ ὀνόματα τιθείς, καὶ νῦν
τῷ ἀεὶ ἴσχοντι τὸν ῥοῦν τοῦτο τὸ ὄνομα ἔθετο ⟨τὸ⟩
« ἀεισχορροῦν »· νῦν δὲ συγκροτήσαντες « αἰσχρὸν »
καλοῦσιν.

ΕΡΜ. Τί δὲ τὸ « καλόν » ;

ΣΩ. Τοῦτο χαλεπώτερον κατανοῆσαι. Καίτοι λέγει γε αὐτὸ ἁρμονίᾳ μόνον, καὶ μήκει τοῦ οὖ παρῆκται.

ΕΡΜ. Πῶς δή ;

ΣΩ. Τῆς διανοίας τις ἔοικεν ἐπωνυμία εἶναι τοῦτο τὸ ὄνομα.

ΕΡΜ. Πῶς λέγεις ;

ΣΩ. Φέρε, τί οἴει σὺ εἶναι τὸ αἴτιον κληθῆναι ἑκάστῳ c
τῶν ὄντων ; ἆρ᾽ οὐκ ἐκεῖνο τὸ τὰ ὀνόματα θέμενον ;

d 5 ἕξεως BW : λέξ- T || 416 a 4 τούτω T (prim. τοῦτο) || 5 ποίαν τινὰ ταύτην W || 8 καὶ BW : τε καὶ T || b 2 αἰσχρὸν W pro ἴσχον || 4 τὸ add. Heindorf || 5 ἀεισχορροῦν BW : -χορροῦν T || 7 δὲ BW : δαὶ Tb || 9 τοῦ οὖ BW : τὸ ō T τοῦ ō b || 11 ἔοικέ τις W.

HERMOGÈNE. — Sans aucun doute.

SOCRATE. — Et ce sera la pensée, soit des dieux, soit des hommes, ou les deux à la fois ?

HERMOGÈNE. — Oui.

SOCRATE. — *Ce qui a donné leur appellation* (*kalésan*) aux objets et *ce qui la leur donne* (*kaloun*), c'est donc cette même chose, la pensée ?

HERMOGÈNE. — Apparemment.

SOCRATE. — Or, tout ce que produisent l'esprit et l'intelligence, voilà ce qui est à louer, tandis que le contraire est à blâmer ?

HERMOGÈNE. — Parfaitement.

d SOCRATE. — L'art du médecin produit des médecines, et celui du constructeur des constructions ? Comment l'entends-tu ?

HERMOGÈNE. — Comme toi, pour ma part.

SOCRATE. — Et alors le beau produit de belles choses ?

HERMOGÈNE. — Nécessairement.

SOCRATE. — Et cela, disons-nous, c'est la pensée ?

HERMOGÈNE. — Parfaitement.

SOCRATE. — Cette appellation, *kalon* (*beau*), est donc justement donnée à la pensée qui exécute les ouvrages auxquels nous faisons fête en les déclarant beaux [1].

HERMOGÈNE. — Apparemment.

e SOCRATE. — Que nous reste-t-il encore en ce genre ?

HERMOGÈNE. — Les noms qui ont trait au bon et au beau :
417 a *avantageux*, *profitable*, *utile*, *lucratif*, et leurs contraires.

SOCRATE. — Pour *sumphéron* (*avantageux*), tu pourras sans doute, dès maintenant, en trouver toi-même l'explication à la lumière des précédents : c'est d'*épistêmê* (*science*) qu'il paraît être frère. Car il ne traduit pas autre chose que *le mouvement simultané* de l'âme avec les choses ; et il montre que les effets d'une telle activité tirent leurs noms — *sumphé-*

1. Le raisonnement de Socrate est le suivant : la *pensée* (διάνοια) est ce qui fixe les noms ; elle est donc ce qui *appelle*. Or tout ce que produit la pensée est bon (ἐπαινετά, *digne d'éloge*) : elle produit donc de belles choses ; il est donc juste de l'appeler τὸ καλόν (*le beau*). Les deux participes καλέσαν (aoriste) et καλοῦν (présent) s'expliquent : Socrate, parlant de l'auteur des noms, emploie, on l'a vu, tantôt le présent, et tantôt l'aoriste (ὁ τιθέμενος, ὁ θέμενος).

ΕΡΜ. Πάντως που.

ΣΩ. Οὐκοῦν διάνοια ἂν εἴη τοῦτο ἤτοι θεῶν ἢ ἀνθρώπων ἢ ἀμφότερα ;

ΕΡΜ. Ναί.

ΣΩ. Οὐκοῦν τὸ καλέσαν τὰ πράγματα καὶ τὸ καλοῦν ταὐτόν ἐστιν τοῦτο, διάνοια ;

ΕΡΜ. Φαίνεται.

ΣΩ. Οὐκοῦν καὶ ὅσα μὲν ἂν νοῦς τε καὶ διάνοια ἐργάσηται, ταῦτά ἐστι τὰ ἐπαινετά, ἃ δὲ μή, ψεκτά ;

ΕΡΜ. Πάνυ γε.

ΣΩ. Τὸ οὖν ἰατρικὸν ἰατρικὰ ἐργάζεται καὶ τὸ τεκτο- d
νικὸν τεκτονικά ; ἢ πῶς λέγεις ;

ΕΡΜ. Οὕτως ἔγωγε.

ΣΩ. Καὶ τὸ καλὸν ἄρα καλά ;

ΕΡΜ. Δεῖ γέ τοι.

ΣΩ. Ἔστι δέ γε τοῦτο, ὥς φαμεν, διάνοια ;

ΕΡΜ. Πάνυ γε.

ΣΩ. Ὀρθῶς ἄρα φρονήσεως αὕτη ἡ ἐπωνυμία ἐστὶν τὸ « καλὸν » τῆς τὰ τοιαῦτα ἀπεργαζομένης ἃ δὴ καλὰ φάσκοντες εἶναι ἀσπαζόμεθα.

ΕΡΜ. Φαίνεται.

ΣΩ. Τί οὖν ἔτι ἡμῖν λοιπὸν τῶν τοιούτων ; e

ΕΡΜ. Ταῦτα τὰ περὶ τὸ ἀγαθόν τε καὶ καλόν, ξυμ-
φέροντά τε καὶ λυσιτελοῦντα καὶ ὠφέλιμα καὶ κερδαλέα καὶ 417 a
τἀναντία τούτων.

ΣΩ. Οὐκοῦν τὸ μὲν « ξυμφέρον » ἤδη που κἂν σὺ εὕροις ἐκ τῶν πρότερον ἐπισκοπῶν· τῆς γὰρ ἐπιστήμης ἀδελφόν τι φαίνεται. Οὐδὲν γὰρ ἄλλο δηλοῖ ἢ τὴν ἅμα φορὰν τῆς ψυχῆς μετὰ τῶν πραγμάτων, καὶ τὰ ὑπὸ τοῦ τοιούτου πρατ-

c 3 πάντως δήπου W || 5 ἀμφοτέρων T || 7 καλοῦν Badham : καλὸν || 11 ἃ Heindorf : τὰ || d 1 τί οὖν prim. W || 2 ἢ BW : ἦ T et primit. B || 9 τὰ om. T || e 1 ἡμῖν ἔτι T || 417 a 1 ὠφέλιμά τε καὶ W || 3 ποῦ T || κἂν T : καὶ B κὰν W || 4 πρότερον T : προτέρων BW || ἐπισκοπῶν B : σκοπῶν TW.

ronta et *sumphora* — de ce *mouvement simultané et circulaire* (*sumpéripehéresthaï*).

Hermogène. — Il le semble.

b Socrate. — *Kerdaléon* (*lucratif*) vient de *kerdos* (*lucre*). Or *kerdos*, si l'on y substitue le n au d pour former le nom, a un sens clair : c'est le bon qu'il nomme d'une autre manière. Parce que le bon *se mélange* (*kérannutaï*) à toutes choses en les traversant, c'est cette propriété qu'on a voulu désigner par ce nom ; mais en introduisant un d au lieu du n, on a prononcé *kerdos*.

Hermogène. — Et *lusitéloun* (*profitable*), qu'est-ce donc ?

Socrate. — Apparemment, Hermogène, on ne doit pas le prendre à la façon des boutiquiers quand ils couvrent

c leurs dépenses.[1] Ce n'est pas là, je crois, ce que signifie *lusitéloun*, mais qu'étant ce qu'il y a de plus rapide dans l'être, il ne laisse pas les choses s'arrêter ni le mouvement prendre fin pour s'immobiliser et cesser ; toujours il l'affranchit de cette fin, si elle tente de se produire, pour le rendre incessant et éternel. C'est en ce sens, selon moi, qu'on a donné au bon le titre de *lusitéloun* ; c'est ce qui *affranchit de la fin* (*luon to télos*) le mouvement que l'on a nommé *lusitéloun* (*profitable*). Quant au nom d'*ôphélimon* (*utile*), il est étranger : Homère notamment s'en est servi en plusieurs endroits sous la forme *ophelléïn* (*enfler*)[2], qui est une façon de désigner l'accroissement et la création.

d Hermogène. — Et les contraires de ces noms, qu'en faisons-nous ?

Socrate. — Ceux qui ont une valeur négative, il est inutile, suivant moi, de les passer en revue.

Hermogène — De quelle sorte sont-ils ?

Socrate. — *Désavantageux, inutile, non profitable, non lucratif.*

Hermogène. — Tu as raison.

1. Λύειν τέλη signifie proprement : *acquitter la dépense faite*, c'est-à-dire *couvrir les frais engagés* — par suite, *être avantageux*, ce qui est le sens habituel de λυσιτελεῖν.

2 Homère emploie fréquemment ὀφέλλειν : *faire grossir, accroître*, mais jamais ὠφέλιμος. Si l'on garde ᾧ donné par les mss. (mais supprimé par Cornarius), il faut considérer τῷ ὀφέλλειν (apposition à ᾧ) comme une restriction, l'idée étant : Homère s'est souvent servi de ὠφέλιμος, je veux dire sous la forme ὀφέλλειν.

τόμενα « συμφέροντά » τε καὶ « σύμφορα » κεκλῆσθαι ἀπὸ τοῦ συμπεριφέρεσθαι.

ΕΡΜ. Ἔοικε.

ΣΩ. Τὸ δέ γε « κερδαλέον » ἀπὸ τοῦ κέρδους. « Κέρδος »
δὲ νῦ ἀντὶ τοῦ δέλτα ἀποδιδόντι ἐς τὸ ὄνομα δηλοῖ ὃ βού- d
λεται· τὸ γὰρ ἀγαθὸν κατ᾽ ἄλλον τρόπον ὀνομάζει. Ὅτι γὰρ κεράννυται ἐς πάντα διεξιόν, ταύτην αὐτοῦ τὴν δύναμιν ἐπονομάζων ἔθετο τοὔνομα· δέλτα ⟨δ᾽⟩ ἐνθεὶς ἀντὶ τοῦ νῦ « κέρδος » ἐφθέγξατο.

ΕΡΜ. « Λυσιτελοῦν » δὲ τί δή ;

ΣΩ. Ἔοικεν, ὦ Ἑρμόγενες, οὐχὶ καθάπερ οἱ κάπηλοι αὐτῷ χρῶνται, ἐὰν τὸ ἀνάλωμα ἀπολύῃ, οὐ ταύτῃ λέγειν
μοι δοκεῖ τὸ « λυσιτελοῦν », ἀλλ᾽ ὅτι τάχιστον ὂν τοῦ ὄντος c
ἵστασθαι οὐκ ἐᾷ τὰ πράγματα, οὐδὲ τέλος λαβοῦσαν τὴν φορὰν τοῦ φέρεσθαι στῆναί τε καὶ παύσασθαι, ἀλλ᾽ ἀεὶ λύει αὐτῆς ἄν τι ἐπιχειρῇ τέλος ἐγγίγνεσθαι, καὶ παρέχει ἄπαυστον καὶ ἀθάνατον αὐτήν, ταύτῃ μοι δοκεῖ ἐπιφημίσαι τὸ ἀγαθὸν λυσιτελοῦν· τὸ γὰρ τῆς φορᾶς λύον τὸ τέλος « λυσιτελοῦν » καλέσαι. « Ὠφέλιμον » δὲ ξενικὸν τοὔνομα, ᾧ καὶ Ὅμηρος πολλαχοῦ κέχρηται, τῷ « ὀφέλλειν »· ἔστι δὲ τοῦτο τοῦ αὔξειν καὶ ποιεῖν ἐπωνυμία.

ΕΡΜ. Τὰ δὲ δὴ τούτων ἐναντία πῶς ἔχει ἡμῖν ; d

ΣΩ. Ὅσα μὲν ἀπόφησιν αὐτῶν, ὥς γέ μοι δοκεῖ, οὐδὲν δεῖ ταῦτα διεξιέναι.

ΕΡΜ. Ποῖα ταῦτα ;

ΣΩ. « Ἀξύμφορον » καὶ « ἀνωφελὲς » καὶ « ἀλυσιτελὲς » καὶ « ἀκερδές ».

ΕΡΜ. Ἀληθῆ λέγεις.

Testim. : **417 c** 8 ὀφέλλει *Il.*, 3, 62.

a 8 συμπεριφέρεσθαι. Ἑρμ. Ἔοικε Stallbaum (συμπεριφέρεσθαι : ἔοικεν W) : συμπεριφέρεσθαι ἔοικε T συμπεριφέρεσθαι B || **b** 1 νῦ BW : ν̄ T || δέλτα BW : δ̄ T || 4 δέλτα δ᾽ Bekker : δέλτα BW δ̄ **T** || νῦ BW : ν̄ **T** || **c** 6 τἀγαθόν W || 7 τὸ ὄνομα W || 8 ὠφελεῖν T || 9 αὐξεῖν B || ποιεῖν **codd.** : πλέον ποιεῖν **Orelli** πιαίνειν **uel** πίονα ποιεῖν **Heindorf.**

SOCRATE. — Mais il faut s'arrêter sur *nuisible* et *dommageable*.

HERMOGÈNE. — Oui.

SOCRATE. — *Blabéron* (*nuisible*) désigne *ce qui nuit au*
e *cours* des choses (*blapton ton rhoun*). *Blapton* (*ce qui nuit*), de son côté, marque la *volonté d'attacher* (*bouloménon haptéïn*) ; or, *attacher* et *lier* reviennent au même et impliquent toujours un blâme. *Ce qui veut enchaîner le cours* des choses (*to bouloménon haptéïn rhoun*) serait donc très justement nommé *boulaptéroun* ; mais par enjolivement, me semble-t-il, le mot est devenu *blabéron* (*nuisible*).

HERMOGÈNE. — Ils sont bien compliqués, Socrate, les noms qui sortent de tes mains ! En ce moment tu m'as l'air d'avoir, pour ainsi dire, joué sur la flûte le prélude de l'air[1]
418 a d'Athéna, en prononçant ce nom de *boulaptéroun*.

SOCRATE. — La faute n'en est pas à moi, Hermogène, mais à ceux qui ont établi le nom.

HERMOGÈNE. — Tu dis vrai ; mais passons à *zêmiôdês* (*dommageable*). Que peut-il être ?

SOCRATE. — Que peut bien être *zêmiôdês* ? Considère, Hermogène, comme j'ai raison de dire que l'addition et la suppression de lettres altèrent profondément le sens des noms, si bien qu'avec des changements minuscules on leur
b fait parfois signifier le contraire. Ainsi, notamment, dans *déon* (*obligatoire*). J'ai pensé à lui et m'en suis souvenu tout à l'heure en songeant à ce que je voulais te dire : c'est que notre langue d'aujourd'hui, cette belle langue, a retourné les noms d'*obligatoire* et de *dommageable* au point de leur faire indiquer le contraire en en effaçant le sens, tandis que l'ancienne montre clairement ce que signifient l'un et l'autre nom.

HERMOGÈNE. — Qu'entends-tu par là ?

SOCRATE. — Je vais te le dire. Tu sais que nos ancêtres faisaient très grand usage de l'i et du d, surtout les femmes,

1. Littéral. *du nome*. On appelait ainsi le grand air de concert, exécuté particulièrement en l'honneur d'Apollon par un citharède qui chantait en s'accompagnant sur la cithare. C'était une composition musicale fort longue, comprenant sept parties, et précédée d'un *prélude*. Pollux (IV, 77 ; cf. IV, 66) mentionne le nome d'Athéna. — L'étymologie compliquée de βλαβερόν est pour Hermogène comme

ΣΩ. Ἀλλὰ « βλαβερόν » γε καὶ « ζημιῶδες ».

ΕΡΜ. Ναί.

ΣΩ. Καὶ τὸ μέν γε « βλαβερὸν » τὸ βλάπτον τὸν
ῥοῦν εἶναι λέγει· τὸ δὲ « βλάπτον » αὖ σημαίνει βουλό- e
μενον ἅπτειν· τὸ δὲ « ἅπτειν » καὶ δεῖν ταὐτόν ἐστι,
τοῦτο δὲ πανταχοῦ ψέγει. Τὸ βουλόμενον οὖν ἅπτειν ῥοῦν ὀρθότατα μὲν ἂν εἴη « βουλαπτεροῦν », καλλωπισθὲν δὲ καλεῖσθαί μοι φαίνεται « βλαβερόν ».

ΕΡΜ. Ποικίλα γέ σοι, ὦ Σώκρατες, ἐκβαίνει τὰ ὀνόματα. Καὶ γὰρ νῦν μοι ἔδοξας ὥσπερ τοῦ τῆς Ἀθηνάας νόμου προαύλιον στομαυλῆσαι, τοῦτο τὸ ὄνομα προειπὼν τὸ
« βουλαπτεροῦν ». 418 a

ΣΩ. Οὐκ ἔγωγε, ὦ Ἑρμόγενες, αἴτιος, ἀλλ' οἱ θέμενοι τὸ ὄνομα.

ΕΡΜ. Ἀληθῆ λέγεις· ἀλλὰ δὴ τὸ « ζημιῶδες » τί ἂν εἴη ;

ΣΩ. Τί δ' ἂν εἴη ποτὲ « ζημιῶδες » ; θέασαι, ὦ Ἑρμόγενες, ὡς ἐγὼ ἀληθῆ λέγω λέγων ὅτι προστιθέντες γράμματα καὶ ἐξαιροῦντες σφόδρα ἀλλοιοῦσι τὰς τῶν ὀνόματων διανοίας, οὕτως ὥστε σμικρὰ πάνυ παραστρέφοντες ἐνίοτε
τἀναντία ποιεῖν σημαίνειν. Οἷον καὶ ἐν τῷ « δέοντι »· ἐνε- b
νόησα γὰρ αὐτὸ καὶ ἀνεμνήσθην ἄρτι ἀπὸ τοῦδε ὃ ἔμελλόν σοι ἐρεῖν ὅτι ἡ μὲν νέα φωνὴ ἡμῖν ἡ καλὴ αὕτη καὶ τοὐναντίον περιέτρεψε μηνύειν τὸ « δέον » καὶ τὸ « ζημιῶδες », ἀφανίζουσα ὅ τι νοεῖ, ἡ δὲ παλαιὰ ἀμφότερον δηλοῖ ὃ βούλεται τοὔνομα.

ΕΡΜ. Πῶς λέγεις ;

ΣΩ. Ἐγώ σοι ἐρῶ. Οἶσθα ὅτι οἱ παλαιοὶ οἱ ἡμέτεροι τῷ ἰῶτα καὶ τῷ δέλτα εὖ μάλα ἐχρῶντο, καὶ οὐχ ἥκιστα

e 3 ἁπανταχοῦ W || 4 ὀρθότατον ἂν εἴη W || βουλαπτεροῦν Tb : -πτέρουν BWt || 7 ἀθηνάας B : -νᾶς TW || **418 a** 1 βουλαπτεροῦν T : πτέρουν BWt || 2 ἐγώ T || 3 τούνομα W || 7 προστιθέντες ἔνιοι W || 8 ἢ W pro καὶ || **b** 1 οἷόν τε καὶ W || 2 ἀνεμνήσθην TW : -μνῄσθην B || 5 ἀμφότερα tW (sed in W ον supra α) || 9 τῷ ἰῶτα καὶ τῷ δέλτα BW : τῷ ῑ καὶ τῷ δ̄ T || ἥκιστά γε W.

c qui conservent plus que nous l'ancien parler[1]. Aujourd'hui on remplace l'i par l'é ou l'ê ; et le d par le z, comme ayant évid...ment plus grand air.

Hermogène. — Comment cela ?

Socrate. — Par exemple, dans les temps les plus reculés on appelait le *jour himéra* ou *héméra*, tandis qu'aujourd'hui on dit *hêméra*.

Hermogène. — C'est exact.

Socrate. — Or sais-tu bien que, seul, cet ancien nom exprime la pensée de l'auteur ? C'est parce que les humains
d éprouvaient de la joie à voir la lumière sortir de l'obscurité et la *désiraient* (*himeïrousin*) qu'on a fait le mot *himéra* (*désirée*).

Hermogène. — Apparemment.

Socrate — Aujourd'hui il a reçu une forme pompeuse[2] et l'on ne peut plus comprendre ce que veut dire *hêméra* Toutefois, selon certains, c'est parce que le jour *apprivoise* (*hêméra* poiéï) qu'il a été appelé ainsi.

Hermogène. — C'est mon avis.

Socrate. — Quant au *joug* (*zugon*), tu sais que les anciens l'appelaient *duogon*[3].

Hermogène. — Parfaitement.

Socrate. — Si *zugon* n'indique rien, le nom de *duogon*
e a été justement donné aux *deux* animaux attachés pour *conduire* (*duoïn... agôgên*) ; mais aujourd'hui on dit *zugon*. Et il a une foule d'autres cas du même genre.

Hermogène. — Apparemment.

Socrate. — C'est de même, tout d'abord, que le mot *déon*, ainsi prononcé, a un sens contraire à tous les noms qui concernent le bien ; car l'*obligatoire* (*déon*), qui est une forme du bien, a l'air d'être une chaîne (*desmos*) et un obstacle au mouvement, comme s'il était frère du *nuisible* (*blabéron*).

un prélude qui en annonce une série d'autres plus compliquées encore.

1. Cf. Cicéron, *De orat.*, 12 : « Facilius mulieres incorruptam antiquitatem conseruant, quod, multorum sermonis expertes, ea tenent semper quae prima didicerunt ».

2. Cf. 414 c (τραγῳδεῖν).

3. L'*Etymologicum magnum*, s. v., explique l'étymologie de ζυγός par δυαγός.

αἱ γυναῖκες, αἵπερ μάλιστα τὴν ἀρχαίαν φωνὴν σῴζουσι. c
Νῦν δὲ ἀντὶ μὲν τοῦ ἰῶτα ἢ εἶ ἢ ἦτα μεταστρέφουσιν, ἀντὶ δὲ τοῦ δέλτα ζῆτα, ὡς δὴ μεγαλοπρεπέστερα ὄντα.

ΕΡΜ. Πῶς δή ;

ΣΩ. Οἷον οἱ μὲν ἀρχαιότατοι « ἱμέραν » τὴν ἡμέραν ἐκάλουν, οἱ δὲ « ἑμέραν », οἱ δὲ νῦν « ἡμέραν ».

ΕΡΜ. Ἔστι ταῦτα.

ΣΩ. Οἶσθα οὖν ὅτι μόνον τοῦτο δηλοῖ τὸ ἀρχαῖον ὄνομα τὴν διάνοιαν τοῦ θεμένου ; ὅτι γὰρ ἀσμένοις τοῖς ἀνθρώποις καὶ ἱμείρουσιν ἐκ τοῦ σκότους τὸ φῶς ἐγί- d
γνετο, ταύτῃ ὠνόμασαν « ἱμέραν ».

ΕΡΜ. Φαίνεται.

ΣΩ. Νῦν δέ γε τετραγῳδημένον οὐδ' ἂν κατανοήσαις ὅ τι βούλεται ἡ « ἡμέρα ». Καίτοι τινὲς οἴονται, ὡς δὴ ἡ ἡμέρα ἥμερα ποιεῖ, διὰ ταῦτα ὠνομάσθαι αὐτὴν οὕτως.

ΕΡΜ. Δοκεῖ μοι.

ΣΩ. Καὶ τό γε « ζυγὸν » οἶσθα ὅτι « δυογὸν » οἱ παλαιοὶ ἐκάλουν.

ΕΡΜ. Πάνυ γε.

ΣΩ. Καὶ τὸ μέν γε « ζυγὸν » οὐδὲν δηλοῖ, τὸ δὲ τοῖν δυοῖν ἕνεκα τῆς δέσεως ἐς τὴν ἀγωγὴν ἐπωνόμασται e
« δυογὸν » δικαίως· νῦν δὲ « ζυγόν ». Καὶ ἄλλα πάμπολλα οὕτως ἔχει.

ΕΡΜ. Φαίνεται.

ΣΩ. Κατὰ ταῦτα τοίνυν πρῶτον μὲν τὸ « δέον » οὕτω λεγόμενον τοὐναντίον σημαίνει πᾶσι τοῖς περὶ τὸ ἀγαθὸν ὀνόμασιν· ἀγαθοῦ γὰρ ἰδέα οὖσα τὸ δέον φαίνεται δεσμὸς εἶναι καὶ κώλυμα φορᾶς, ὥσπερ ἀδελφὸν ὂν τοῦ βλαβεροῦ.

c 1 σῴζουσι B : σώ- TW || 2 ἰῶτα ἢ ει ἢ ἦτα BW : ι ἢ ε ἢ η T || 3 δέλτα ζῆτα BW : δ ζ T || 6 οἱ δὲ ἐμέραν W || 8 τοῦτο BW : τούτων T || 9 ἁσμένοις B : ἀσ- TW || d 2 ἱμέραν t : ἡμέραν B et ut uid. T τὴν ἡμέραν W || 5-6 ἡ ἡμέρα ἥμερα BT : ἥμερα ἡ ἡμέρα W || 7 ἔστι ταῦτα W pro δοκεῖ μοι || 8 καὶ τόν γε W || δυαγὸν J. G. Schneider ex *Etym. Magn.* s. v. ζυγός || e 1 ἕνεκεν W (sed α supra εν) || 8 ὂν om. B.

Hermogène. — Il en a tout à fait l'air, Socrate.

Socrate. — Mais pas si tu prends l'ancien nom, qui appa-
419 a remment était beaucoup plus juste que le nom actuel : il s'accordera avec les biens déjà mentionnés[1], si tu remplaces l'é par l'i comme autrefois ; car *dion*[2] (*parcourant*), et non *déon* (*enchaînant*), désigne à son tour le bien, qui est traité avec éloge. Et ainsi l'auteur des noms n'est pas en contradiction avec lui-même : *obligatoire, utile, profitable, lucratif, bon, avantageux, facile* semblent être la même chose ; sous des noms différents ils signifient que ce qui *ordonne* et qui *va* est célébré en tous lieux ; ce qui *arrête* et *enchaîne*, blâmé au
b contraire. Voici notamment *dommageable* (*zêmiôdés*) ; remplace, suivant l'ancienne prononciation[3], le z par un d, et le nom te paraîtra s'appliquer à ce qui *entrave la marche* (*doun to ion*) sous l'appellation de *dêmiôdés*.

Hermogène. — Et *plaisir, douleur, désir,* et les noms du même genre, Socrate ?

Socrate. — Ils ne me paraissent pas très difficiles, Hermogène. Pour *hêdonê* (*plaisir*), c'est la tendance à la *jouissance* (*hê onêsis*) qui semble porter ce nom, mais le d y a été inséré, si bien qu'on dit *hêdonê* au lieu de *hêonê* ; *lupê*
c (*douleur*) paraît avoir tiré son nom de la *dissolution* (*dialusis*) physique que le corps éprouve en cet état. *Ania* (*chagrin*) est ce qui *empêche le mouvement* (*an* — *iénaï*). *Algêdôn* (*peine*) m'a l'air d'un nom étranger[4], tiré de *algéïnos* (*pénible*). *Odunê* (*souffrance*) doit son appellation, semble-t-il, à la *pénétration* (*endusis*) de la tristesse. Quant à *akhthêdôn* (*affliction*), le premier venu verra figurée dans ce nom la *pesanteur* qui alourdit le mouvement. *Khara* (*joie*) semble ainsi appelée d'après l'*effusion* (*diakhusis*) et la facilité du *cours* (*rhoé*) de l'âme[5]. *Terpsis* (*agrément*) vient de *terpnon*. Et *terpnon*

1. Qui tous marquaient le mouvement.

2. Διόν, c'est-à-dire διιόν.

3. Voir plus haut, 418 b c.

4. C'est-à-dire, suivant une façon de parler déjà vue, *étranger à l'attique*. Ἀλγηδὼν paraît être en effet un mot *ionien* et poétique, bien que Platon l'emploie lui-même en plusieurs endroits.

5. L'étymologie est particulièrement contournée. Socrate rattache la première partie du mot à χέω (*verser, répandre*), et la deuxième à ῥοή. Les anciens estimaient que l'âme est *détendue* par la joie, tandis qu'elle est *contractée* par la tristesse.

ΕΡΜ. Καὶ μάλα, ὦ Σώκρατες, οὕτω φαίνεται.

ΣΩ. Ἀλλ' οὐκ ἐὰν τῷ ἀρχαίῳ ὀνόματι χρῇ, ὃ πολὺ
μᾶλλον εἰκός ἐστιν ὀρθῶς κεῖσθαι ἢ τὸ νῦν, ἀλλ' ὁμολο- 419 a
γήσει τοῖς πρόσθεν ἀγαθοῖς, ἐὰν ἀντὶ τοῦ εἶ τὸ ἰῶτα ἀποδιδῷς, ὥσπερ τὸ παλαιόν· διὸν γὰρ αὖ σημαίνει, ἀλλ' οὐ δέον, τἀγαθόν, ὅπερ δὴ ἐπαινεῖ. Καὶ οὕτω οὐκ ἐναντιοῦται αὐτὸς αὑτῷ ὁ τὰ ὀνόματα τιθέμενος, ἀλλὰ « δέον » καὶ « ὠφέλιμον » καὶ « λυσιτελοῦν » καὶ « κερδαλέον » καὶ « ἀγαθὸν » καὶ « ξυμφέρον » καὶ « εὔπορον » τὸ αὐτὸ φαίνεται, ἑτέροις ὀνόμασι σημαῖνον τὸ διακοσμοῦν καὶ ἰὸν
πανταχοῦ ἐγκεκωμιασμένον, τὸ δὲ ἴσχον καὶ δοῦν ψεγό- b
μενον. Καὶ δὴ καὶ τὸ « ζημιῶδες », ἐὰν κατὰ τὴν ἀρχαίαν φωνὴν ἀποδῷς ἀντὶ τοῦ ζῆτα δέλτα, φανεῖταί σοι κεῖσθαι τὸ ὄνομα ἐπὶ τῷ δοῦντι τὸ ἰόν, ἐπονομασθὲν « δημιῶδες ».

ΕΡΜ. Τί δὲ δὴ « ἡδονὴ » καὶ « λύπη » καὶ « ἐπιθυμία » καὶ τὰ τοιαῦτα, ὦ Σώκρατες ;

ΣΩ. Οὐ πάνυ χαλεπά μοι φαίνεται, ὦ Ἑρμόγενες. Ἥ τε γὰρ « ἡδονή », ἡ πρὸς τὴν ὄνησιν ἔοικε τείνουσα πρᾶξις τοῦτο ἔχειν τὸ ὄνομα — τὸ δέλτα δὲ ἔγκειται, ὥστε
« ἡδονὴ » ἀντὶ « ἡονῆς » καλεῖται — ἥ τε « λύπη » ἀπὸ c
τῆς διαλύσεως τοῦ σώματος ἔοικεν ἐπωνομάσθαι ἣν ἐν τούτῳ τῷ πάθει ἴσχει τὸ σῶμα. Καὶ ἥ γε « ἀνία » τὸ ἐμποδίζον τοῦ ἰέναι. Ἡ δὲ « ἀλγηδὼν » ξενικόν τι φαίνεταί μοι, ἀπὸ τοῦ ἀλγεινοῦ ὠνομασμένον. « Ὀδύνη » δὲ ἀπὸ τῆς ἐνδύσεως τῆς λύπης κεκλημένη ἔοικεν. « Ἀχθηδών » δὲ καὶ παντὶ δῆλον ἀπῃκασμένον τὸ ὄνομα τῷ τῆς φορᾶς βάρει. « Χαρὰ » δὲ τῇ διαχύσει καὶ εὐπορίᾳ τῆς ῥοῆς

e 10 ἐάν — χρῇ B : ἐν — χρή T || 419 a 2 εἶ B : ε T έ b || ἰῶτα B : ῑ T || ἀποδιδῷς b : -δίδως BT || 3 διόν T et in marg. b : διάϊον B διαϊὸν b διϊὸν Heindorf || αὖ om. T || 4 δὴ B : ἀεὶ T || 6 κερδαλέον Tb : -δάλεον B || 8 ἰὸν Bekker : ὂν B ὄν T || b 3 ζῆτα δέλτα B : ζ̄ δ T || φαίνεται B (corr. b) || 5 δὲ B : δαὶ Tb || 9 δέλτα B : δ̄ T || c 1 ἡονῆς B : ἡόνησις T οὕτως ἡ ὄνησις in marg. b || 2 ἐπωνομᾶσθαι T : -μασθῆναι B || ἢ Stallbaum pro ἣν || 6 κεχλημένη BT et statim (primum tamen κεχλημένῃ fortasse T) : -μένῃ Heindorf.

d (*l'agréable*) tire cette appellation de ce qu'il se *glisse* (*herpsis*) à travers l'âme, assimilé à un souffle (*pnoê)* ; il serait à bon droit nommé *herpnoun,* mais avec le temps il a été déformé en *terpnon. Euphrosunê* (*gaîté*) se passe d'explication : tout le monde voit qu'elle a reçu son nom du *mouvement* de l'âme *bien accordé* (*eu sumphéresthaï*) à celui des choses. Ce nom serait *euphérosuné* en bonne justice ; pourtant nous l'appelons *euphrosunê. Épithumia* (*passion*) non plus n'est pas difficile : la force *qui tend vers le principe irascible* (*épi ton thumon ïousa*) lui a
e évidemment valu ce nom. *Thumos* (*principe irascible*) doit tirer son nom de l'*impétuosité* (*thusis*) et du bouillonnement de l'âme[1]. Voici d'autre part *himéros* (*désir*) : il a dû son nom au courant qui entraîne le plus puissamment l'âme ;
420 a comme *il coule avec impétuosité* (*hiéménos rheï*) et *à la poursuite* (*éphiéménos*) des choses, et qu'ainsi il attire fortement l'âme par *l'impétuosité de son cours,* c'est en vertu de toute cette puissance qu'il a été appelé *himéros.* Passons maintenant à *pothos* (*regret*) : son nom indique qu'il n'appartient pas au [désir et courant] présent, mais à ce qui est *quelque part* (*pou*)[2] *ailleurs* et absent, d'où la dénomination de *pothos* donnée à ce qu'on appelait *himéros* quand son objet était présent ; lui disparu, ce même sentiment a été nommé *pothos*. Quant à *érôs*
b (*amour*), c'est parce qu'il *coule en* l'âme du dehors, et que ce courant, au lieu d'appartenir en propre à celui qui l'éprouve, s'introduit de l'extérieur par les yeux[3], qu'il était anciennement appelé *esros,* de *esrhéïn* (*couler dans*), car nous employions o[4] à la place de ô ; aujourd'hui on l'appelle *érôs* par changement de o en ô. Mais que te reste-t-il à proposer à notre examen ?

Hermogène. — L'*opinion* et les noms de ce genre, que t'en semble ?

Socrate. — *Doxa* (*opinion*) a dû son nom soit à la *pour-*

1. Cf. *Timée,* 70 b sq.

2. Ou plutôt ποθί.

3. Comp. *Phèdre,* 251 b, où Socrate décrit l'effet produit par la vue d'un beau visage ou d'un beau corps sur « celui qui a été initié depuis peu, ou qui a beaucoup contemplé » dans le ciel : « Quand il a reçu par les yeux les effluves de la beauté (τοῦ κάλλους τὴν ἀπορροήν), il s'échauffe, etc. » Cf. Euripide, *Hippolyte,* 525-6 : « Éros, qui par les yeux distilles le désir... »

4. Le texte dit : nous employions οὖ. (Voir 416 b, 411 e, note). Sur cet usage de l'ancien alphabet attique, cf. 410 c et note.

τῆς ψυχῆς ἔοικε κεκλημένη. « Τέρψις » δὲ ἀπὸ τοῦ d
τερπνοῦ· τὸ δὲ « τερπνὸν » ἀπὸ τῆς διὰ τῆς ψυχῆς
ἕρψεως πνοῇ ἀπεικασθὲν κέκληται, ἐν δίκῃ μὲν ἂν
« ἕρπνουν » καλούμενον, ὑπὸ χρόνου δὲ « τερπνὸν »
παρηγμένον. « Εὐφροσύνη » δὲ οὐδὲν προσδεῖται τοῦ διότι
ῥηθῆναι· παντὶ γὰρ δῆλον ὅτι ἀπὸ τοῦ εὖ τοῖς πράγμασι
τὴν ψυχὴν συμφέρεσθαι τοῦτο ἔλαβε τὸ ὄνομα, « εὐφε-
ροσύνην » τό γε δίκαιον· ὅμως δὲ αὐτὸ καλοῦμεν « εὐφρο-
σύνην ». Οὐδ' « ἐπιθυμία » χαλεπόν· τῇ γὰρ ἐπὶ τὸν
θυμὸν ἰούσῃ δυνάμει δῆλον ὅτι τοῦτο ἐκλήθη τὸ ὄνομα. e
« Θυμὸς » δὲ ἀπὸ τῆς θύσεως καὶ ζέσεως τῆς ψυχῆς
ἔχοι ἂν τοῦτο τὸ ὄνομα. Ἀλλὰ μὴν « ἵμερός » γε τῷ μάλι-
στα ἕλκοντι τὴν ψυχὴν ῥῷ ἐπωνομάσθη· ὅτι γὰρ ἱέμενος 420 a
ῥεῖ καὶ ἐφιέμενος τῶν πραγμάτων, καὶ οὕτω δὴ ἐπισπᾷ
σφόδρα τὴν ψυχὴν διὰ τὴν ἕσιν τῆς ῥοῆς, ἀπὸ ταύτης
οὖν πάσης τῆς δυνάμεως « ἵμερος » ἐκλήθη. Καὶ μὴν
« πόθος » αὖ καλεῖται σημαίνων οὐ τοῦ παρόντος εἶναι
[ἱμέρου τε καὶ ῥεύματος], ἀλλὰ τοῦ ἄλλοθί που ὄντος
καὶ ἀπόντος, ὅθεν « πόθος » ἐπωνόμασται ὃς τότε, ὅταν
παρῇ οὗ τις ἐφίετο, « ἵμερος » ἐκαλεῖτο· ἀπογενομένου δὲ
ὁ αὐτὸς οὗτος « πόθος » ἐκλήθη. « Ἔρως » δέ, ὅτι ἐσρεῖ
ἔξωθεν καὶ οὐκ οἰκεία ἐστὶν ἡ ῥοὴ αὕτη τῷ ἔχοντι, ἀλλ' b
ἐπείσακτος διὰ τῶν ὀμμάτων, διὰ ταῦτα ἀπὸ τοῦ ἐσρεῖν
« ἔσρος » τό γε παλαιὸν ἐκαλεῖτο — τῷ γὰρ οὖ ἀντὶ τοῦ ὦ
ἐχρώμεθα — νῦν δ' « ἔρως » κέκληται διὰ τὴν τοῦ ὦ ἀντὶ
τοῦ οὖ μεταλλαγήν. Ἀλλὰ τί ἔτι σὺ λέγεις ὅ τι σκοπῶμεν ;

ΕΡΜ. « Δόξα » καὶ τὰ τοιαῦτα πῇ σοι φαίνεται ;

ΣΩ. « Δόξα » δὴ ἤτοι τῇ διώξει ἐπωνόμασται, ἣν ἡ

d 3 ἕρψεως B et man. rec. W : τερ- T et primit. W || πνοῇ man. rec. W : -ιῇ || 4 ἕρπνουν B : ἔρπνουν T ἕρπνον W || 7 εὐφεροσύνην Bekker : εὐφροσύνην B εὐφεροσύνη W ἐφερωσύνη T εὐφερωσύνη bt || **420 a** 6 ἱμέρου τε καὶ ῥεύματος secl. Ast || 7 ὀνόματος supra καὶ b || 9 ἐσρεῖ BW : είσ- T || **b** 3 ἔσρους primit. b || οὖ B : ō TWb || 5 οὖ B : ō TWb || σὺ (uel αὖ) Heindorf : οὐ || 7 ᾗ Ast pro ἣν.

suite (*diôxis*) que mène l'âme, cherchant à savoir la nature des choses, soit au coup parti de l'*arc* (*toxon*). C'est plutôt, sem-
c ble-t-il, cette explication[1]. En tout cas, la *croyance* (*oïêsis*) s'accorde avec elle. C'est en effet l'*élan* (*oïsis*[2]) de l'âme vers l'objet, pour connaître la qualité de chaque être, que le nom paraît indiquer, de même que la *volonté* (*boulê*) désigne le *jet* (*bolê*) et que *boulesthaï* (*vouloir*) signifie *éphiesthaï* (*tendre vers*) comme aussi *bouleuesthaï* (*délibérer*). Tous ces mots, à la suite de *doxa*, semblent figurer le *jet* (*bolê*), de même qu'inversement l'*irréflexion* (*aboulia*) paraît être le *fait de manquer le but* (*atukhia*), en tant que l'on *ne frappe* (*ou balôn*) ni *n'atteint* (*ou tukhôn*) ce qu'on cherchait à frapper, ce qu'on voulait, l'objet d'une délibération et d'une aspiration.

d Hermogène. — Tu te mets là, Socrate, il me semble, à accumuler les explications !

Socrate. — C'est que l'inspiration de la divinité touche à sa fin[3]. En tout cas, je veux encore expliquer le nom d'*ananké* (*nécessité*) — car il fait suite à ceux-là — et celui d'*hékousion* (*volontaire*). Pour *hékousion*, c'est ce qui *cède* et ne résiste pas, mais, je le répète, *cède au mouvement* (*éïkon tô ionti*), — j'entends : le mouvement volontaire —[4] qui doit avoir été désigné par ce nom. Le *nécessaire* (*anankaïon*) et le résistant, étant contraire à la volonté, concernera l'erreur et l'ignorance ; il est assimilé au trajet par
e les *ravins* (*anké*), où des endroits difficiles, raboteux et touffus arrêtent la marche[5]. C'est de là, sans doute, qu'il a tiré son appellation d'*anankaïon*, ayant été comparé à un trajet par le ravin. Mais, tant que nous avons la force, ne la laissons pas relâcher. Toi-même, tiens bon et questionne.

1. C'est-à-dire la seconde, comme le montre la suite.

2. Platon forge le mot d'après οἰστός (*trait*), en le tirant de φέρω (οἴσω).

3. Cette phrase a été entendue de diverses façons par les commentateurs, et l'on a proposé des corrections. Malgré la concision de la formule, le sens paraît clair. Socrate veut dire qu'il sent arriver à son terme l'inspiration divine » que lui a communiquée Euthyphron.

4. Or Socrate a expliqué un peu plus haut βουλή (*volonté*) par βολή (*jet*), rattachant ainsi cette notion à celle du mouvement.

5. Ἀνάγκη, c'est la *nécessité*, qui contrarie l'élan de la *volonté*, donc le mouvement. Socrate l'explique par ἀνά (*le long de*) et ἄγκη (*ravins*).

ψυχὴ διώκουσα τὸ εἰδέναι ὅπῃ ἔχει τὰ πράγματα πορεύεται, ἢ τῇ ἀπὸ τοῦ τόξου βολῇ. Ἔοικε δὲ τούτῳ μᾶλλον. Ἡ γοῦν « οἴησις » τούτῳ συμφωνεῖ. « Οἶσιν » γὰρ τῆς ψυχῆς c
ἐπὶ τὸ πρᾶγμα, οἷόν ἐστιν ἕκαστον τῶν ὄντων, δηλούσῃ προσέοικεν, ὥσπερ γε καὶ ἡ « βουλή » πως τὴν βολήν, καὶ τὸ « βούλεσθαι » τὸ ἐφίεσθαι σημαίνει καὶ ⟨τὸ⟩ « βουλεύεσθαι »· πάντα ταῦτα δόξῃ ἑπόμεν᾽ ἄττα φαίνεται τῆς βολῆς ἀπεικάσματα, ὥσπερ αὖ καὶ τοὐναντίον ἡ « ἀβουλία » ἀτυχία δοκεῖ εἶναι, ὡς οὐ βαλόντος οὐδὲ τυχόντος οὗ ἔβαλλέ τε καὶ ὃ ἐβούλετο καὶ περὶ οὗ ἐβουλεύετο καὶ οὗ ἐφίετο.

ΕΡΜ. Ταῦτα ἤδη μοι δοκεῖς, ὦ Σώκρατες, πυκνότερα d
ἐπάγειν.

ΣΩ. Τέλος γὰρ ἤδη θεῷ. « Ἀνάγκην » δ᾽ οὖν ἔτι βούλομαι διαπερᾶναι, ὅτι τούτοις ἑξῆς ἐστι, καὶ τὸ « ἑκούσιον ». Τὸ μὲν οὖν « ἑκούσιον », τὸ εἶκον καὶ μὴ ἀντιτυποῦν, ἀλλ᾽, ὥσπερ λέγω, εἶκον τῷ ἰόντι δεδηλωμένον ἂν εἴη τούτῳ τῷ ὀνόματι, τῷ κατὰ τὴν βούλησιν γιγνομένῳ· τὸ δὲ « ἀναγκαῖον » καὶ ἀντίτυπον, παρὰ τὴν βούλησιν ὄν, τὸ περὶ τὴν ἁμαρτίαν ἂν εἴη καὶ ἀμαθίαν, ἀπῄκασται δὲ τῇ κατὰ τὰ ἄγκη πορείᾳ, ὅτι δύσπορα καὶ τραχέα καὶ λάσια ὄντα e
ἴσχει τοῦ ἰέναι. Ἐντεῦθεν οὖν ἴσως ἐκλήθη « ἀναγκαῖον », τῇ διὰ τοῦ ἄγκους ἀπεικασθὲν πορείᾳ. Ἕως δὲ πάρεστιν ἡ ῥώμη, μὴ ἀνιῶμεν αὐτήν· ἀλλὰ καὶ σὺ μὴ ἀνίει, ἀλλὰ ἐρώτα.

b 8 τὸ BW : τοῦ T || 9 τούτῳ T : τοῦτο BW || **c** 1 οἶσιν γὰρ in marg. t : οἴσειν· ἴσως γὰρ B εἶσιν γὰρ T οἶσιν· ἴσως γὰρ W οἴσειν ἴσως γὰρ (interpunct. deleta) in marg. b || 2 τὸ BW : πᾶν T || 3 πως Hermann : πρός || 4 τὸ add. Heindorf || 5 τῇ δόξῃ W || 6 βολῆς T : βου- BW || 7 βαλόντος B et sine accentu T : βάλλον- W || οὐδὲ τυγχάνοντος W || οὗ T : οὔτ᾽ B οὔτ᾽ b ᾧ W || 8 ἔβαλλέ τε Bekker : ἐβάλλετο BT ἐπεβάλλετο W || ὃ BW : οὗ T || **d** 3 θεῷ TW : θεῶ B (punctis in marg. uitium indicare uoluit b) || 8 ἀντίτυπον T : ἀντιτυποῦν BW || 9 ἀπῄκασται T : ἀπεί- BW || κατὰ τὰ ἄγκη b et γρ. in marg. W : κατὰ ἀνάγκην BT κατανάγκην W || **e** 4 ἀνιῶμεν BW : -ίωμεν T || ἀνίει TW : -ιῇ B -ίῃ b.

421 a HERMOGÈNE. — Ma question va donc porter sur les noms les plus importants et les plus beaux, sur la *vérité* et le *mensonge,* sur l'*être,* enfin sur l'objet même de notre entretien, le *nom*. Pourquoi est-il ainsi nommé ?

SOCRATE. — Voyons, est-il une chose que tu appelles *maïesthaï* ?

HERMOGÈNE. — Oui, *rechercher*.

SOCRATE. — Eh bien, ce nom semble forgé d'après une proposition disant que le *nom* (*onoma*) est l'*être* sur lequel porte la recherche. Tu le reconnaîtras encore mieux dans ce que nous appelons *onomaston* (*ce qui est à nommer*). Car ici l'expression est claire : il s'agit de *l'être qui est objet d'enquête* (*on*
b *hou mâsma*). *Alêtheïa* (*vérité*), à son tour, ressemble aux autres noms, et paraît être un composé ; c'est le mouvement divin de l'être qui semble désigné par cette locution, *alêthéïa,* entendue comme une *course divine* (*alê théïa*). *Pseudos* (*mensonge*) est l'opposé du mouvement ; nous voyons encore revenir les injures adressées à ce qui est arrêté et contraint de rester en repos ; il a été formé par comparaison avec *les gens endormis* ([*kath*]*eudousi*), mais l'addition du ps cache le sens du nom. *On* (*être*) et *ousia* (*essence*) disent la même chose que *alêthés* (le *vrai*), en prenant l'i ; *être*, en effet,
c signifie *allant* (*ion*), et *non-être* (*ouk on*), à son tour, comme l'indique le nom que certains lui donnent, veut dire *n'allant pas* (*ouk ion*)[1].

Les noms primitifs.

HERMOGÈNE. — Ces analyses, Socrate, tu me sembles les avoir poursuivies avec la plus grande vaillance. Mais si l'on demandait, à propos de *ion* (*ce qui va*), *rhéon* (*ce qui coule*), *doun* (*ce qui enchaîne*), quelle est la justesse de ces noms ?

SOCRATE. — Que répondrions-nous, veux-tu dire ? N'est-ce pas ?

HERMOGÈNE. — Parfaitement.

SOCRATE. — Eh bien, un expédient[2] que nous avons fourni tout à l'heure peut donner quelque apparence à notre réponse.

1. Pour l'oreille, οὐκ ἰόν se confond avec οὐχὶ (forme ionienne de la négation) ὄν.

2. Sur cet « expédient », voir 409 b.

ΕΡΜ. Ἐρωτῶ δὴ τὰ μέγιστα καὶ τὰ κάλλιστα, τήν τε 421 a
« ἀλήθειαν » καὶ τὸ « ψεῦδος » καὶ τὸ « ὂν » καὶ αὐτὸ τοῦτο περὶ δ νῦν ὁ λόγος ἡμῖν ἐστιν, « ὄνομα », δι' ὅ τι τὸ ὄνομα ἔχει.

ΣΩ. Μαίεσθαι οὖν καλεῖς τι ;

ΕΡΜ. Ἔγωγε, τό γε ζητεῖν.

ΣΩ. Ἔοικε τοίνυν ἐκ λόγου ὀνόματι συγκεκροτημένῳ,
λέγοντος ὅτι τοῦτ' ἔστιν ὄν, οὗ τυγχάνει ζήτημα, τὸ
« ὄνομα ». Μᾶλλον δὲ ἂν αὐτὸ γνοίης ἐν ᾧ λέγομεν τὸ
« ὀνομαστόν »· ἐνταῦθα γὰρ σαφῶς λέγει τοῦτο εἶναι ὂ ν ο ὗ
μάσμα ἐστίν. Ἡ δ' « ἀλήθεια », καὶ τοῦτο τοῖς ἄλλοις b
ἔοικε συγκεκροτῆσθαι· ἡ γὰρ θεία τοῦ ὄντος φορὰ ἔοικε
προσειρῆσθαι τούτῳ τῷ ῥήματι, τῇ « ἀληθείᾳ », ὡς θεία
οὖσα ἄλη. Τὸ δὲ « ψεῦδος » τοὐναντίον τῇ φορᾷ· πάλιν
γὰρ αὖ λοιδορούμενον ἥκει τὸ ἰσχόμενον καὶ τὸ ἀναγκαζόμενον ἡσυχάζειν, ἀπῄκασται δὲ τοῖς καθεύδουσι· τὸ ψεῖ
δὲ προσγενόμενον ἐπικρύπτει τὴν βούλησιν τοῦ ὀνόματος.
Τὸ δὲ « ὂν » καὶ ἡ « οὐσία » ὁμολογεῖ τῷ ἀληθεῖ, τὸ ἰῶτα
ἀπολαβόν· ἰὸν γὰρ σημαίνει, καὶ τὸ « οὐκ ὂν » αὖ, ὥς τινες c
καὶ ὀνομάζουσιν αὐτό, « οὐκ ἰόν ».

ΕΡΜ. Ταῦτα μέν μοι δοκεῖς, ὦ Σώκρατες, ἀνδρείως πάνυ διακεκροτηκέναι· εἰ δέ τις ἔροιτο τοῦτο τὸ « ἰὸν » καὶ τὸ « ῥέον » καὶ τὸ « δοῦν », τίνα ἔχει ὀρθότητα ταῦτα τὰ ὀνόματα —

ΣΩ. Τί ἂν αὐτῷ ἀποκριναίμεθα, λέγεις ; ἦ γάρ ;

ΕΡΜ. Πάνυ μὲν οὖν.

ΣΩ. Ἓν μὲν τοίνυν ἄρτι που ἐπορισάμεθα, ὥστε δοκεῖν τι λέγειν ἀποκρινόμενοι.

421 a 2 καὶ τὸ ὂν om. B add. b || 3 ὂ man. rec. Laur. 85, 6 : ὧν || 5 τί W || 6 γε om. T || 10 ὂν οὗ μάσμα ἐστίν Buttmann : ὀνόμασμά ἐστιν || **b** 1 τούτω W (sed o supra ω) || 2 συγκεκροτῆσθαι secl. Hermann || 3 προειρῆσθαι W || 4 ἄλη B || δὲ Wt : om. BT || ἄλην W pro πάλιν || 6 ἀπῄκασται scripsi (cf. supra) : -είκασται || ψεῖ BW : ψ T || 8 ἰῶτα BW : ι T || **c** 2 οὐκ ἰὸν BT : οὐκϊόν W || 4 ἔροιτο BW : σε ἔροιτο T || αὖ τοῦτο W || 10 τι T : τί BW.

Hermogène. — Quel expédient ?

Socrate. — Celui qui consiste à attribuer un caractère
d barbare à ce que nous ne connaissons pas. Peut-être y a-t-il vraiment en eux un caractère de ce genre ; peut-être aussi l'ancienneté[1] des noms primitifs les rend-elle impossibles à découvrir. Comme les noms ont été retournés en tous sens[2], rien d'étonnant si l'ancien parler, comparé à celui de nos jours, ne diffère aucunement d'une langue barbare.

Hermogène. — Ton idée n'a rien de déplacé[3].

Socrate. — C'est qu'elle est naturelle. Cependant les excuses ne me paraissent pas recevables en la cause[4], et il faut s'efforcer d'examiner les choses à fond. Réfléchissons donc : suppose que les locutions qui servent à former le nom
e fassent chaque fois l'objet d'une question, et qu'à leur tour les parties dont les locutions sont formées suscitent une enquête, et ainsi de suite sans répit. Celui qui répond ne doit-il pas nécessairement finir par quitter la place ?

Hermogène. — C'est mon avis.

Socrate. — A quel moment celui qui quitte la place
422 a aura-t-il le droit de s'arrêter ? N'est-ce pas quand il en sera à ces noms qui sont, pour ainsi dire, les éléments du reste, phrases et noms ? Car ceux-là ne doivent plus apparaître comme composés d'autres noms, s'il en est ainsi. Voilà par exemple *agathon* (*bien*) : nous le disions tout à l'heure composé de *agaston* et de *thoon*[5] ; le mot *thoon,* nous pourrions sans doute le tirer de noms différents, et ceux-là, d'autres encore. Mais si nous venons à prendre ce qui n'est plus
b composé de noms différents, nous aurons le droit de dire que nous sommes arrivés à un élément, et que nous ne devons plus le rapporter à d'autres noms.

Hermogène. — Ton idée me semble juste.

Socrate. — Les noms sur lesquels porte en ce moment ta

1. On a vu que ce genre d'explication a souvent été mis en avant par Socrate.

2. Voir plus haut, 414 c.

3. Pour le sens de ἀπὸ τρόπου, comparer *Phèdre,* 278 d, etc.

4. Allusion aux *excuses* (σκήψεις) qu'alléguait un témoin cité en justice pour ne pas se présenter devant le tribunal. L'expression paraît être proverbiale. Cf. Aristophane, *Acharniens,* 392 : « Ce débat n'admettra pas d'excuse » (σκῆψιν ἀγὼν οὗτος οὐκ εἰσδέξεται).

5. Voir 412 c.

ΕΡΜ. Τὸ ποῖον τοῦτο ;

ΣΩ. Φάναι, ὃ ἂν μὴ γιγνώσκωμεν, βαρβαρικόν τι τοῦτ'
εἶναι. Εἴη μὲν οὖν ἴσως ἄν τι τῇ ἀληθείᾳ καὶ τοιοῦτον d
αὐτῶν, εἴη δὲ κἂν ὑπὸ παλαιότητος τὰ πρῶτα τῶν ὀνομάτων
ἀνεύρετα εἶναι· διὰ γὰρ τὸ πανταχῇ στρέφεσθαι τὰ ὀνόματα,
οὐδὲν θαυμαστὸν ἂν εἴη εἰ ἡ παλαιὰ φωνὴ πρὸς τὴν νυνὶ
βαρβαρικῆς μηδὲν διαφέρει.

ΕΡΜ. Καὶ οὐδέν γε ἀπὸ τρόπου λέγεις.

ΣΩ. Λέγω γὰρ οὖν εἰκότα. Οὐ μέντοι μοι δοκεῖ προφάσεις ἀγὼν δέχεσθαι, ἀλλὰ προθυμητέον ταῦτα διασκέψασθαι. Ἐνθυμηθῶμεν δέ, εἴ τις ἀεί, δι' ὧν ἂν λέγηται τὸ
ὄνομα, ἐκεῖνα ἐρήσεται τὰ ῥήματα, καὶ αὖθις αὖ δι' ὧν e
ἂν τὰ ῥήματα λεχθῇ, ἐκεῖνα πεύσεται, καὶ τοῦτο μὴ παύσεται ποιῶν, ἆρ' οὐκ ἀνάγκη τελευτῶντα ἀπειπεῖν τὸν ἀποκρινόμενον ;

ΕΡΜ. Ἔμοιγε δοκεῖ.

ΣΩ. Πότε οὖν ἀπειπὼν ὁ ἀπαγορεύων δικαίως παύοιτο 422 a
ἄν ; ἆρ' οὐκ ἐπειδὰν ἐπ' ἐκείνοις γένηται τοῖς ὀνόμασιν, ἃ ὡσπερεὶ στοιχεῖα τῶν ἄλλων ἐστὶ καὶ λόγων καὶ ὀνομάτων ; ταῦτα γάρ που οὐκέτι δίκαιον φανῆναι ἐξ ἄλλων ὀνομάτων ξυγκείμενα, ἂν οὕτως ἔχῃ. Οἷον νῦν δὴ τὸ « ἀγαθὸν » ἔφαμεν ἐκ τοῦ ἀγαστοῦ καὶ ἐκ τοῦ θοοῦ ξυγκεῖσθαι, τὸ δὲ « θοὸν » ἴσως φαῖμεν ἂν ἐξ ἑτέρων, ἐκεῖνα δὲ ἐξ ἄλλων·
ἀλλ' ἐάν ποτέ γε λάβωμεν ὃ οὐκέτι ἔκ τινων ἑτέρων b
ξύγκειται ὀνομάτων, δικαίως ἂν φαῖμεν ἐπὶ στοιχείῳ τε ἤδη εἶναι καὶ οὐκέτι τοῦτο ἡμᾶς δεῖν εἰς ἄλλα ὀνόματα ἀναφέρειν.

ΕΡΜ. Ἔμοιγε δοκεῖς ὀρθῶς λέγειν.

ΣΩ. Ἆρ' οὖν καὶ νῦν ἃ ἐρωτᾷς τὰ ὀνόματα στοιχεῖα

c 12 ἂν TW : ἐὰν B || γινώσκοιμεν W || τι om. T || d 1 οὖν om. W || 3 ἀνερεύνητα W || 4 εἴη εἰ b et man. recentiss. t : εἴη BT ἢ ἦ W || 6 γε om. W || λέγεις TW : φέρ- B || 7 δοκεῖν W || 8 ταῦτα B : αὐτὰ TW || e 1 ἐρήσεται BW : ἂν ἐρήσεται T || 3 τὸ B pro τὸν (corr. b) || 422 a 1 ἂν παύοιτο W || b 1 ποτέ γε B : ποτε TW || 6 ἃ ἐρωτᾷς T : ἀγρόταις BW γρ. ἀγρώταις t.

question sont-ils donc élémentaires, et faut-il par suite un autre procédé pour examiner quelle en est la justesse ?

HERMOGÈNE. — C'est probable.

SOCRATE. — Oui, c'est probable, Hermogène. En tout cas,
c tous les noms précédents semblent se ramener à ceux-là. S'il en est ainsi, comme je le crois, çà, voyons ; examine encore la chose avec moi, pour m'empêcher de radoter[1] sur ce que doit être la justesse des noms primitifs.

HERMOGÈNE. — Tu n'as qu'à parler. Dans la mesure de mes forces[2] je l'examinerai avec toi.

SOCRATE. — Eh bien, qu'il y ait une seule façon d'être juste pour n'importe quel nom, du premier au dernier, et qu'aucun d'eux ne se distingue des autres[3] en tant que nom, tu en es d'accord, j'imagine.

HERMOGÈNE. — Parfaitement.

d SOCRATE. — Mais dans les noms que nous venons de passer en revue la justesse consistait à faire voir la nature de chaque être.

HERMOGÈNE. — Bien entendu.

SOCRATE. — Ce caractère doit donc se trouver au même degré dans les noms primitifs et dans les dérivés, du moment qu'ils seront des noms.

HERMOGÈNE. — Parfaitement.

SOCRATE. — Mais les dérivés, c'est, semble-t-il, au moyen des premiers qu'ils pouvaient produire ce résultat.

HERMOGÈNE. — Apparemment.

SOCRATE. — Bien. Et les noms primitifs, qui ne reposent point sur d'autres, comment nous feront-ils voir la réalité
e avec la plus grande clarté possible, pour être vraiment des noms ? Réponds-moi : si, à défaut de voix et de langue, nous voulions nous représenter les choses les uns aux autres, n'es-

1. Comparer l'avertissement donné par Socrate à Hermogène, 393 c ; voir aussi 414 e.

2. La modestie de la formule et la restriction qu'elle implique sont justifiées. Hermogène ne fait guère qu'acquiescer aux propositions de Socrate ; en réalité, c'est Socrate seul qui depuis le début a mené la recherche, bien qu'il associe courtoisement l'interlocuteur à l'élaboration de ses hypothèses (v. par ex. 428 a).

3. Ou : *ne l'emporte sur les autres*. Voir un peu plus bas : « Ce caractère doit donc se trouver *au même degré*, etc... » A cet égard tous les noms — primitifs ou dérivés — sont sur le même plan.

ὄντα τυγχάνει, καὶ δεῖ αὐτῶν ἄλλῳ τινὶ τρόπῳ ἤδη τὴν
ὀρθότητα ἐπισκέψασθαι ἥτις ἐστίν ;

ΕΡΜ. Εἰκός γε.

ΣΩ. Εἰκὸς δῆτα, ὦ Ἑρμόγενες· πάντα γοῦν φαίνεται τὰ
ἔμπροσθεν εἰς ταῦτα ἀνεληλυθέναι. Εἰ δὲ τοῦτο οὕτως c
ἔχει, ὥς μοι δοκεῖ ἔχειν, δεῦρο αὖ συνεπίσκεψαι μετ' ἐμοῦ
μή τι παραληρήσω λέγων οἵαν δεῖ τὴν τῶν πρώτων ὀνομά-
των ὀρθότητα εἶναι.

ΕΡΜ. Λέγε μόνον, ὡς ὅσον γε δυνάμεως παρ' ἐμοί ἐστιν
συνεπισκέψομαι.

ΣΩ. Ὅτι μὲν τοίνυν μία γέ τις ἡ ὀρθότης παντὸς
ὀνόματος καὶ πρώτου καὶ ὑστάτου, καὶ οὐδὲν διαφέρει τῷ
ὄνομα εἶναι οὐδὲν αὐτῶν, οἶμαι καὶ σοὶ συνδοκεῖ.

ΕΡΜ. Πάνυ γε.

ΣΩ. Ἀλλὰ μὴν ὧν γε νῦν διεληλύθαμεν τῶν ὀνομάτων d
ἡ ὀρθότης τοιαύτη τις ἐβούλετο εἶναι, οἵα δηλοῦν οἷον
ἕκαστόν ἐστι τῶν ὄντων.

ΕΡΜ. Πῶς γὰρ οὔ ;

ΣΩ. Τοῦτο μὲν ἄρα οὐδὲν ἧττον καὶ τὰ πρῶτα δεῖ ἔχειν
καὶ τὰ ὕστερα, εἴπερ ὀνόματα ἔσται.

ΕΡΜ. Πάνυ γε.

ΣΩ. Ἀλλὰ τὰ μὲν ὕστερα, ὡς ἔοικε, διὰ τῶν προτέρων
οἷά τε ἦν τοῦτο ἀπεργάζεσθαι.

ΕΡΜ. Φαίνεται.

ΣΩ. Εἶεν· τὰ δὲ δὴ πρῶτα, οἷς οὔπω ἕτερα ὑπόκειται,
τίνι τρόπῳ κατὰ τὸ δυνατὸν ὅ τι μάλιστα φανερὰ ἡμῖν
ποιήσει τὰ ὄντα, εἴπερ μέλλει ὀνόματα εἶναι ; ἀπόκριναι δέ e
μοι τόδε· εἰ φωνὴν μὴ εἴχομεν μηδὲ γλῶτταν, ἐβουλόμεθα
δὲ δηλοῦν ἀλλήλοις τὰ πράγματα, ἆρ' οὐκ ἄν, ὥσπερ νῦν

c 8 τῷ B (sed τω in marg. b) τω W ⟨primit. τὸ ut uidet.⟩ || d 1 νυνδὴ Heindorf || 2 τίς BW || οἷα TW || 6 εἴπερ ὅ κε διὰ τῶν προτέρων νόματα ἔσται T (sed t punctis uerba male inserta not. || ἔστι (αι supra ι) καὶ τὰ ὕστερα W.

saierions-nous pas, comme le font en réalité les muets, de les indiquer avec les mains, la tête, et le reste du corps ?

HERMOGÈNE. — Le moyen autrement, Socrate ?

423 a SOCRATE. — Si nous voulions, je suppose, représenter le haut et le léger, nous lèverions la main vers le ciel, pour mimer la nature même de la chose ; si c'était le bas et le lourd, nous l'abaisserions vers le sol[1]. Et pour représenter en train de courir un cheval ou quelque autre animal, nous rendrions, tu le sais, notre corps et nos attitudes aussi semblables que possible aux leurs.

HERMOGÈNE. — Il ne peut, je crois, en être autrement.

SOCRATE. — C'est ainsi, je pense, que le corps serait un
b moyen de représentation[2], en mimant, semble-t-il, ce qu'il voudrait représenter.

HERMOGÈNE. — Oui.

SOCRATE. — Mais puisque c'est de la voix, de la langue et de la bouche que nous voulons nous servir pour représenter, n'obtiendrons-nous pas la représentation de chaque chose, celle qui s'acquiert par ces moyens, quand nous les appliquerons à mimer n'importe quoi ?

HERMOGÈNE. — Nécessairement, à mon avis.

Première définition du nom.

SOCRATE. — Ainsi, le nom est, semble-t-il, une façon de mimer par la voix ce que l'on mime et nomme, quand on se sert de la voix pour mimer ce qu'on mime.

HERMOGÈNE. — C'est mon avis.

c SOCRATE. — Ce n'est pas le mien, par Zeus ! La définition, mon camarade, ne me semble pas encore bonne[3].

HERMOGÈNE. — Pourquoi donc ?

SOCRATE. — Ces gens qui imitent les brebis, les coqs et les autres animaux, nous serions forcés de convenir qu'ils nomment ce qu'ils miment.

1. Πρὸς τὴν γῆν dépend d'un irréel sous entendu : καθίεμεν ἄν, qui répondrait à ἤρομεν ἄν. Il y a ici un *zeugma*.

2. Τῷ σώματι est un datif instrumental dépendant directement de δήλωμα. La construction, qui n'est pas rare en grec, s'explique par la notion *verbale* impliquée dans δήλωμα. Stallbaum compare *Rép.*, III, 397 b, μιμήσεως φωναῖς τε καὶ σχήμασιν : *imitation qui se fait au moyen de sons et de gestes.*

3. Suivant un procédé caractéristique de sa manière, Socrate

οἱ ἔνεοι, ἐπεχειροῦμεν ἂν σημαίνειν ταῖς χερσὶ καὶ τῇ κεφαλῇ καὶ τῷ ἄλλῳ σώματι ;

ΕΡΜ. Πῶς γὰρ ἂν ἄλλως, ὦ Σώκρατες ;

ΣΩ. Εἰ μέν γ', οἶμαι, τὸ ἄνω καὶ τὸ κοῦφον ἐβουλόμεθα 423 a
δηλοῦν, ᾔρομεν ἂν πρὸς τὸν οὐρανὸν τὴν χεῖρα, μιμούμενοι αὐτὴν τὴν φύσιν τοῦ πράγματος· εἰ δὲ τὰ κάτω καὶ τὰ βαρέα, πρὸς τὴν γῆν. Καὶ εἰ ἵππον θέοντα ἤ τι ἄλλο τῶν ζῴων ἐβουλόμεθα δηλοῦν, οἶσθα ὅτι ὡς ὁμοιότατ' ἂν τὰ ἡμέτερα αὐτῶν σώματα καὶ σχήματα ἐποιοῦμεν ἐκείνοις.

ΕΡΜ. Ἀνάγκη μοι δοκεῖ ὡς λέγεις ἔχειν.

ΣΩ. Οὕτω γὰρ ἄν, οἶμαι, δήλωμά του τῷ σώματι ἐγίγνετο, μιμησαμένου, ὡς ἔοικε, τοῦ σώματος ἐκεῖνο ὃ ἐβού- b
λετο δηλῶσαι.

ΕΡΜ. Ναί.

ΣΩ. Ἐπειδὴ δὲ φωνῇ τε καὶ γλώττῃ καὶ στόματι βουλόμεθα δηλοῦν, ἆρ' οὐ τότε ἑκάστου δήλωμα ἡμῖν ἔσται τὸ ἀπὸ τούτων γιγνόμενον, ὅταν μίμημα γένηται διὰ τούτων περὶ ὁτιοῦν ;

ΕΡΜ. Ἀνάγκη μοι δοκεῖ.

ΣΩ. Ὄνομ' ἄρ' ἐστίν, ὡς ἔοικε, μίμημα φωνῇ ἐκείνου ὃ μιμεῖται καὶ ὀνομάζει ὁ μιμούμενος τῇ φωνῇ ὅταν μιμῆται.

ΕΡΜ. Δοκεῖ μοι.

ΣΩ. Μὰ Δί' ἀλλ' οὐκ ἐμοί πω δοκεῖ καλῶς λέγεσθαι, c
ὦ ἑταῖρε.

ΕΡΜ. Τί δή ;

ΣΩ. Τοὺς τὰ πρόβατα μιμουμένους τούτους καὶ τοὺς ἀλεκτρυόνας καὶ τὰ ἄλλα ζῷα ἀναγκαζοίμεθ' ἂν ὁμολογεῖν ὀνομάζειν ταῦτα ἅπερ μιμοῦνται.

e 4 τῇ om. BT || **423 a** 1 γὰρ W pro γ' || 3 τὰ κάτω Wt : κάτω BT || 5 οὖν W pro ὅτι || 8 του τῷ σώματι Heindorf : τούτου τῷ σώματι W et γρ. t : τοῦ σώματος BT του scrips. et σώματος secl. Schanz || ἐγένετο W || **b** 1 μιμησαμένου TWb : -νους B || 9 φωνῇ ἐκείνου B : φώνης ἐκείνου Wb φωνης (sic) ἐκεῖνο T || 10 ὅταν Heindorf : ὃ ἂν BT ἂν W || **c** 1 ἀλλ' οὐκ W γρ. T : οὐκ ἄλλ' B οὐκ ἀλλ' T || οὔπω T pro πω || 5 τἆλλα T.

Hermogène. — Tu dis vrai.

Socrate. — Et tu approuves cette conclusion ?

Hermogène. — Non pas. Mais, Socrate, quelle sorte d'imitation sera donc le nom ?

Socrate. — Tout d'abord, à mon avis, il n'y en aura pas, si,
d pour imiter les choses, nous employons un moyen analogue à la musique — et dans ce cas-là pourtant c'est aussi la voix qui nous sert à imiter — ; ensuite, si ce sont les objets imités par la musique que nous imitons à notre tour, notre opération, à mon avis, ne sera pas celle de nommer. Voici ce que je veux dire : les choses ont chacune un son et une forme, et même beaucoup d'entre elles, une couleur ?

Hermogène. — Parfaitement.

Socrate. — Si l'on imite ces propriétés, ce n'est donc pas non plus dans ces formes d'imitation, semble-t-il, que l'art est celui de nommer. Car l'une, c'est la musique, et l'autre, la peinture. N'est-ce pas ?

Hermogène. — Oui.

e Socrate. — Et ceci, qu'en penses-tu ? chaque chose, à ton avis, n'a-t-elle pas son essence de même que sa couleur et les autres propriétés dont nous parlions à l'instant [1] ? Et d'abord, la couleur elle-même et le son n'ont-ils pas chacun son essence, comme tout ce qui a mérité l'appellation d'être ?

Hermogène. — C'est mon avis.

Seconde définition du nom.

Socrate. — Eh bien, si cela même, je veux dire l'essence de chaque objet, on pouvait l'imiter par des lettres et des syllabes, ferait-on voir chaque chose dans sa réalité, oui ou non ?

424 a Hermogène. — Parfaitement.

Socrate. — Et comment appellerais-tu l'homme doué de ce pouvoir ? Les précédents, tu les appelais l'un, musicien, l'autre, peintre. Et celui-là, comment ?

rejette comme imparfaite, pour lui en substituer une autre plus exacte, la définition qu'il vient lui-même de proposer, et qui a été acceptée de confiance par Hermogène.

1. Voir plus haut, 423 d, où Socrate a nommé, avant la couleur, le son et la forme.

ΕΡΜ. Ἀληθῆ λέγεις.

ΣΩ. Καλῶς οὖν ἔχειν δοκεῖ σοι ;

ΕΡΜ. Οὐκ ἔμοιγε. Ἀλλὰ τίς ἄν, ὦ Σώκρατες, μίμησις εἴη τὸ ὄνομα ;

ΣΩ. Πρῶτον μέν, ὡς ἐμοὶ δοκεῖ, οὐκ ἐάν, καθάπερ τῇ
μουσικῇ μιμούμεθα τὰ πράγματα, οὕτω μιμώμεθα, καίτοι d
φωνῇ γε καὶ τότε μιμούμεθα· ἔπειτα οὐκ ἐάν, ἅπερ ἡ μουσική μιμεῖται, καὶ ἡμεῖς μιμώμεθα, οὔ μοι δοκοῦμεν ὀνομάσειν. Λέγω δέ τοι τοῦτο· ἔστι τοῖς πράγμασι φωνὴ καὶ σχῆμα ἑκάστῳ, καὶ χρῶμά γε πολλοῖς ;

ΕΡΜ. Πάνυ γε.

ΣΩ. Ἔοικε τοίνυν οὐκ, ἐάν τις ταῦτα μιμῆται, οὐδὲ περὶ ταύτας τὰς μιμήσεις ἡ τέχνη ὀνομαστικὴ εἶναι. Αὗται μὲν γάρ εἰσιν ἡ μὲν μουσική, ἡ δὲ γραφική· ἦ γάρ ;

ΕΡΜ. Ναί.

ΣΩ. Τί δὲ δὴ τόδε ; οὐ καὶ οὐσία δοκεῖ σοι εἶναι ἑκάστῳ, e
ὥσπερ καὶ χρῶμα καὶ ἃ νῦν δὴ ἐλέγομεν ; πρῶτον αὐτῷ τῷ χρώματι καὶ τῇ φωνῇ οὐκ ἔστιν οὐσία τις ἑκατέρῳ αὐτῶν καὶ τοῖς ἄλλοις πᾶσιν ὅσα ἠξίωται ταύτης τῆς προσρήσεως, τοῦ εἶναι ;

ΕΡΜ. Ἔμοιγε δοκεῖ.

ΣΩ. Τί οὖν ; εἴ τις αὐτὸ τοῦτο μιμεῖσθαι δύναιτο ἑκάστου, τὴν οὐσίαν, γράμμασί τε καὶ συλλαβαῖς, ἆρ᾽ οὐκ ἂν δηλοῖ ἕκαστον ὃ ἔστιν ; ἢ οὔ ;

ΕΡΜ. Πάνυ μὲν οὖν. 424 a

ΣΩ. Καὶ τί ἂν φαίης τὸν τοῦτο δυνάμενον, ὥσπερ τοὺς προτέρους τὸν μὲν μουσικὸν ἔφησθα, τὸν δὲ γραφικόν. Τοῦτον δὲ τίνα ;

d 1 μιμούμεθα Tb : -μώμεθα BW || 2 τῇ φωνῇ W || 3 μιμεῖται Ven. 8 man. rec. : -μῆται || 4 δέ τοι Ven. 8 : δέ τι BT δὲ τί Wt || τοῦτο ὅτι ἔστι W || 8 ὀνομαστικὴ B : ἡ ὀνομαστικὴ TW || 9 μουσικὴ BW : -κὴ (sic) T || **e** 1 δὲ BT : δαὶ Wb || τότε B pro τόδε || 3 τίς B || αὐτῶν BT : τούτων W (sed αυ supra ου) || 9 ἢ Wb : ἦ BT || **424 a** 2 τοῦτο fecit T ex τοῦ || 3 ἔφησθα Wb : ἐφησ- T ἐφῆσ- B || τὸν δὲ BW τὸν δε τινα T τὸν δε γραφικόν. τοῦτον δὲ τίνα t || 4 τούτων W.

HERMOGÈNE. — Voilà, je crois, Socrate, ce que nous cherchons depuis longtemps : ce sera l'homme capable de dénommer.

SOCRATE. — Si c'est vrai, il faut désormais, semble-t-il, examiner ces noms dont tu demandais l'explication : *rhoé* (*courant*), *iénaï* (*aller*) et *skhésis* (*empêchement*), pour voir si, oui ou non, au moyen de leurs lettres et de leurs syllabes,
b l'auteur se saisit de leur être, de manière à en imiter l'essence ?

HERMOGÈNE. — Parfaitement.

SOCRATE. — Eh bien, voyons si ce sont là les seuls noms primitifs, ou s'il en existe encore beaucoup d'autres.

HERMOGÈNE. — Je crois qu'il y en a encore d'autres.

La méthode à suivre.

SOCRATE. — C'est probable. Mais comment distinguer ce qui sert de point de départ à l'imitation de l'imitateur ? Puisque c'est avec des syllabes et des lettres que se fait l'imitation de l'essence, le procédé le plus juste n'est-il pas de distinguer d'abord les éléments ? Ainsi font ceux qui s'atta-
c quent aux rythmes ; ils commencent par distinguer la valeur des éléments, puis celle des syllabes, et c'est alors, mais alors seulement, qu'ils abordent l'étude des rythmes.

HERMOGÈNE. — Oui.

SOCRATE. — Ne devons-nous donc pas, nous aussi, distinguer d'abord les voyelles ; puis, dans le reste, classer par espèces les éléments qui ne comportent ni son ni bruit (les muettes[1]) — c'est ainsi que disent les connaisseurs en ces matières — ; puis passer aux éléments qui, sans être des voyelles, ne sont pourtant pas des muettes, et, dans les voyelles elles-mêmes, discerner les différentes espèces ? Quand nous
d aurons fait ces distinctions, il nous faut, à leur tour, distinguer correctement tous les êtres qui doivent recevoir des noms, en cherchant s'il est des catégories auxquelles ils se ramènent tous, comme les éléments, et d'après lesquelles on peut à la fois les voir eux-mêmes et reconnaître

1. Cf. *Philèbe*, 18 b c, où Platon distingue 1° *les voyelles* (τὰ φωνήεντα) ; 2° ce qui participe non du son, mais du bruit (τὰ φωνῆς μὲν οὔ, φθόγγου δὲ μετέχοντά τινος), *les demi-voyelles*, appelées plus loin τὰ μέσα ; 3° τὰ ἄφωνα, ou τὰ ἄφωνα καὶ ἄφθογγα : ce qui n'a ni

ΕΡΜ. Τοῦτο ἔμοιγε δοκεῖ, ὦ Σώκρατες, ὅπερ πάλαι ζητοῦμεν, οὗτος ἂν εἶναι ὁ ὀνομαστικός.

ΣΩ. Εἰ ἄρα τοῦτο ἀληθές, ἤδη ἔοικεν ἐπισκεπτέον περὶ
ἐκείνων τῶν ὀνομάτων ὧν σὺ ἤρου, περὶ « ῥοῆς » τε καὶ τοῦ
« ἰέναι » καὶ « σχέσεως », εἰ τοῖς γράμμασι καὶ ταῖς συλλα-
βαῖς τοῦ ὄντος ἐπιλαμβάνεται αὐτῶν ὥστε ἀπομιμεῖσθαι τὴν b
οὐσίαν, εἴτε καὶ οὔ ;

ΕΡΜ. Πάνυ μὲν οὖν.

ΣΩ. Φέρε δὴ ἴδωμεν πότερον ἄρα ταῦτα μόνα ἐστὶ τῶν πρώτων ὀνομάτων ἢ καὶ ἄλλα πολλά.

ΕΡΜ. Οἶμαι ἔγωγε καὶ ἄλλα.

ΣΩ. Εἰκὸς γάρ. Ἀλλὰ τίς ἂν εἴη ὁ τρόπος τῆς διαιρέσεως
ὅθεν ἄρχεται μιμεῖσθαι ὁ μιμούμενος ; ἆρα οὐκ ἐπείπερ
συλλαβαῖς τε καὶ γράμμασιν ἡ μίμησις τυγχάνει οὖσα τῆς
οὐσίας, ὀρθότατόν ἐστι διελέσθαι τὰ στοιχεῖα πρῶτον, ὥσπερ
οἱ ἐπιχειροῦντες τοῖς ῥυθμοῖς τῶν στοιχείων πρῶτον τὰς c
δυνάμεις διείλοντο, ἔπειτα τῶν συλλαβῶν, καὶ οὕτως ἤδη
ἔρχονται ἐπὶ τοὺς ῥυθμοὺς σκεψόμενοι, πρότερον δ' οὔ ;

ΕΡΜ. Ναί.

ΣΩ. Ἆρ' οὖν καὶ ἡμᾶς οὕτω δεῖ πρῶτον μὲν τὰ φωνήεντα
διελέσθαι, ἔπειτα τῶν ἑτέρων κατὰ εἴδη τά τε ἄφωνα καὶ
ἄφθογγα — οὑτωσὶ γάρ που λέγουσιν οἱ δεινοὶ περὶ τούτων
— καὶ τὰ αὖ φωνήεντα μὲν οὔ, οὐ μέντοι γε ἄφθογγα ; καὶ
αὐτῶν τῶν φωνηέντων ὅσα διάφορα εἴδη ἔχει ἀλλήλων ; καὶ
ἐπειδὰν ταῦτα διελώμεθα, τὰ ὄν τα εὖ πάντα αὖ οἷς δεῖ ὀνό- d
ματα ἐπιθεῖναι, εἰ ἔστιν εἰς ἃ ἀναφέρεται πάντα ὥσπερ τὰ
στοιχεῖα, ἐξ ὧν ἔστιν ἰδεῖν αὐτά τε καὶ εἰ ἐν αὐτοῖς ἔνεστιν
εἴδη κατὰ τὸν αὐτὸν τρόπον ὥσπερ ἐν τοῖς στοιχείοις·
ταῦτα πάντα καλῶς διαθεασαμένους ἐπίστασθαι ἐπιφέρειν

a 6 ζητοῦμεν Vind. 31 : ἐζη- || 7 ἔοικεν B : ὡς ἔοικεν TW || 8 τε om. W || b 1 ὄντος εἴτε W || ὥστε om. B || 4 ἴδωμεν Tb et W (sed ει supra ι) : εἰδῶμεν B || 5 ἦ T pro ἢ || 6 γε W pro ἔγωγε || 7 γε W pro γὰρ || 8 εἴπερ W pro ἐπείπερ || c 8 οὔ om. T || 9 τῶν om. B || d 1 ταῦτα TW : πάντα B || αὖ οἷς Badham : αὖθις || 5 πάντα ταῦτα W.

s'il existe en eux des espèces comme dans les éléments. Tous ces problèmes une fois bien examinés à fond, nous saurons attribuer chaque élément d'après sa ressemblance, qu'il faille en attribuer un seul à un seul objet, ou en mélanger plusieurs pour un objet unique. Les peintres, pour obtenir la ressemblance, posent tantôt une simple teinte de pourpre, et tantôt
e quelque autre couleur ; parfois aussi ils en mêlent plusieurs, comme quand ils préparent un ton de chair ou tel autre du même genre, suivant, j'imagine, que chaque portrait semble demander une couleur particulière. De même nous appliquerons, nous aussi, les éléments aux choses, à une seule l'élément unique qui paraîtra nécessaire, ou plusieurs à la fois en formant ce qu'on nomme des syllabes ; nous assem-
425 a blerons à leur tour les syllabes, qui servent à composer les noms et les verbes ; et de nouveau, avec les noms et les verbes nous nous mettrons à constituer un grand et bel ensemble, comme tout à l'heure l'être vivant reproduit par la peinture ; ici, c'est le discours que nous constituerons, par l'art des noms ou par la rhétorique, bref, par l'art approprié. Ou plutôt ce n'est pas nous — la parole m'a entraîné —, car cette composition, telle qu'elle existe, a été l'œuvre des anciens. Notre rôle à nous, si nous savons examiner tous ces problèmes suivant les règles de l'art, c'est, après avoir fait
b ces distinctions, de voir de la même manière si les noms primitifs et les dérivés ont été ou non établis comme il faut. Adopter un autre enchaînement risquerait d'être défectueux et contraire à la méthode, mon cher Hermogène.

Hermogène. — Par Zeus ! Socrate, c'est bien possible.

Socrate. — Eh bien, te crois-tu capable, toi, le cas échéant, de faire ces distinctions ? Moi non.

Hermogène. — Alors, j'en suis bien éloigné pour mon compte !

Socrate. — Y renoncerons-nous donc, ou veux-tu que nous essayions selon nos moyens, si peu que nous soyons
c capables d'y voir clair ? Un peu plus haut, nous avons prévenu les dieux que, dans notre ignorance de la vérité, nous

son ni bruit (*les muettes*). Il en résulte qu'ici τὰ ἄφωνα καὶ ἄφθογγα désigne une seule et même catégorie ; la particule τε rattache ce premier groupe au second (καὶ τὰ αὖ φωνήεντα μὲν οὔ, etc.). Cf. Bergk, *Zeitschrift f. Altertumswissenschaft*, 1843, p. 24, et *Théét.*, 203 ab.

ἕκαστον κατὰ τὴν ὁμοιότητα, ἐάντε ἓν ἑνὶ δέῃ ἐπιφέρειν,
ἐάντε συγκεραννύντα πολλὰ ἑνί, ὥσπερ οἱ ζωγράφοι βουλό-
μενοι ἀφομοιοῦν ἐνίοτε μὲν ὄστρεον μόνον ἐπήνεγκαν, ἐνίοτε
δὲ ὁτιοῦν ἄλλο τῶν φαρμάκων, ἔστι δὲ ὅτε πολλὰ συγκερά- e
σαντες, οἷον ὅταν ἀνδρείκελον σκευάζωσιν ἢ ἄλλο τι τῶν
τοιούτων — ὡς ἄν, οἶμαι, δοκῇ ἑκάστη ἡ εἰκὼν δεῖσθαι
ἑκάστου φαρμάκου — οὕτω δὴ καὶ ἡμεῖς τὰ στοιχεῖα ἐπὶ
τὰ πράγματα ἐποίσομεν, καὶ ἓν ἐπὶ ἕν, οὗ ἂν δοκῇ δεῖν, καὶ
σύμπολλα, ποιοῦντες ὃ δὴ συλλαβὰς καλοῦσιν, καὶ συλλαβὰς
αὖ συντιθέντες, ἐξ ὧν τά τε ὀνόματα καὶ τὰ ῥήματα συν- 425 a
τίθενται· καὶ πάλιν ἐκ τῶν ὀνομάτων καὶ ῥημάτων μέγα
ἤδη τι καὶ καλὸν καὶ ὅλον συστήσομεν, ὥσπερ ἐκεῖ τὸ ζῷον
τῇ γραφικῇ, ἐνταῦθα τὸν λόγον τῇ ὀνομαστικῇ ἢ ῥητορικῇ
ἢ ἥτις ἐστὶν ἡ τέχνη. Μᾶλλον δὲ οὐχ ἡμεῖς, ἀλλὰ λέγων
ἐξηνέχθην. Συνέθεσαν μὲν γὰρ οὕτως ᾗπερ σύγκειται οἱ
παλαιοί· ἡμᾶς δὲ δεῖ, εἴπερ τεχνικῶς ἐπιστησόμεθα σκο-
πεῖσθαι αὐτὰ πάντα, οὕτω διελομένους, εἴτε κατὰ τρόπον b
τά τε πρῶτα ὀνόματα κεῖται καὶ τὰ ὕστερα εἴτε μή, οὕτω
θεᾶσθαι· ἄλλως δὲ συνείρειν μὴ φαῦλον ᾖ καὶ οὐ καθ᾽ ὁδόν,
ὦ φίλε Ἑρμόγενες.

ΕΡΜ. Ἴσως νὴ Δί᾽, ὦ Σώκρατες.

ΣΩ. Τί οὖν; σὺ πιστεύεις σαυτῷ οἷός τ᾽ ἂν εἶναι ταῦτα
οὕτω διελέσθαι; ἐγὼ μὲν γὰρ οὔ.

ΕΡΜ. Πολλοῦ ἄρα δέω ἔγωγε.

ΣΩ. Ἐάσομεν οὖν, ἢ βούλει οὕτως ὅπως ἂν δυνώμεθα,
καὶ ἂν σμικρόν τι αὐτῶν οἷοί τ᾽ ὦμεν κατιδεῖν, ἐπιχειρῶμεν,
προειπόντες, ὥσπερ ὀλίγον πρότερον τοῖς θεοῖς, ὅτι οὐδὲν c

d 6 καθ᾽ἕκαστον T (sed καθ᾽ punctis not. t) || ἐν B pro ἓν || 7 ἑνὶ om. T || **e** 1 ἄλλο τι W pro ἄλλο || τῶν χρωμάτων W (in marg. γρ. καὶ τῶν φαρμάκων) || 5 ἂν δοκῇ δεῖν T : ἂν δοκῇ ἰδεῖν B ἐὰν δοκῇ ἰδεῖν W || 6 σύμπολλα BW : -βολα T || **425 a** 1 συντίθεται Vatic. 896 || 2 τῶν ῥημάτων W || 3 συστησόμενον W || 4 ῥητικῇ W pro ῥητορικῇ || 6 ᾗπερ Par. 1813, ut uidetur : εἴπερ || σύγκεινται W || **b** 1 τρόπον τινὰ τὰ W || 2 καὶ supra εἴτε add. T || 9 ἢ B : ῇ in ras. T ῇ W || 10 κἂν W || τῶν μὲν T (corr. t).

expliquions par conjecture les opinions des hommes à leur endroit[1]. Faut-il nous mettre à l'œuvre en nous disant cette fois à nous-mêmes que, si ces distinctions devaient être faites, soit par tout autre, soit par nous, c'est ainsi qu'il faudrait les faire, mais qu'en l'état présent, c'est « suivant nos forces », comme dit le proverbe[2], que nous devrons nous en occuper ? Est-ce ton avis, ou quelle est ton idée ?

HERMOGÈNE. — C'est absolument mon avis.

d SOCRATE. — Il paraîtra, je crois, risible, Hermogène, d'expliquer les choses par les lettres et les syllabes qui les imitent. Cependant c'est une nécessité. Car nous n'avons rien de mieux à quoi nous référer pour la vérité des noms primitifs, à moins, si tu préfères, d'imiter les auteurs tragiques qui, lorsqu'ils sont dans l'embarras recourent, aux machines en élevant des dieux dans les airs[3]. Devons-nous de même nous tirer d'affaire en disant que les noms primitifs ont été établis par les dieux, et sont justes pour cette rai-
e son ? Pour nous aussi est-ce là la meilleure réponse ? Ou faut-il dire que nous les avons reçus de certains Barbares et que les Barbares sont plus anciens que nous ? Ou encore que leur ancienneté en rend l'examen impossible, comme pour
426 a les noms barbares ? Autant d'échappatoires qui seraient fort ingénieuses si l'on se refusait à rendre compte de la justesse des noms primitifs. Mais de quelque façon que l'on ignore en quoi consiste la justesse de ces noms primitifs, il est bien impossible de connaître celle des dérivés, qui s'expliquent nécessairement par les premiers, dont on ne sait rien. Qui se dit compétent sur les derniers doit évidemment pouvoir fournir l'explication la plus complète et la plus nette des
b noms primitifs, ou bien se persuader que sur les dérivés il ne dira dès lors que des sornettes. Es-tu d'un autre avis ?

HERMOGÈNE. — Pas le moins du monde, Socrate.

1. Cf. 401 a.

2. Ces mots paraissent faire allusion au proverbe : « Faisons, non comme nous voulons, mais comme nous pouvons. » Cf. *Hipp. maj*. 301 c.

3. Le procédé du *deus ex machina* était assurément commode pour l'auteur dramatique. Euripide, comme on sait, en a usé jusqu'à l'excès, bien qu'il s'en serve non seulement pour dénouer des situations difficiles, mais aussi pour annoncer l'avenir. Aristote dit dans la *Poétique*, 1454 a b : « Il est clair que le dénouement de l'action

εἰδότες τῆς ἀληθείας τὰ τῶν ἀνθρώπων δόγματα περὶ αὐτῶν εἰκάζομεν, οὕτω δὲ καὶ νῦν αὖ εἰπόντες ἡμῖν αὐτοῖς ἴωμεν, ὅτι εἰ μέν τι χρῆν [ἔδει] αὐτὰ διελέσθαι εἴτε ἄλλον ὀντινοῦν εἴτε ἡμᾶς, οὕτως ἔδει αὐτὰ διαιρεῖσθαι, νῦν δὲ τὸ λεγόμενον κατὰ δύναμιν δεήσει ἡμᾶς περὶ αὐτῶν πραγματεύεσθαι ; δοκεῖ ταῦτα, ἢ πῶς λέγεις ;

ΕΡΜ. Πάνυ μὲν οὖν σφόδρα ἔμοιγε δοκεῖ.

ΣΩ. Γελοῖα μὲν οἶμαι φανεῖσθαι, ὦ Ἑρμόγενες, γράμμασι d
καὶ συλλαβαῖς τὰ πράγματα μεμιμημένα κατάδηλα γιγνόμενα· ὅμως δὲ ἀνάγκη. Οὐ γὰρ ἔχομεν τούτου βέλτιον εἰς ὅ τι ἐπανενέγκωμεν περὶ ἀληθείας τῶν πρώτων ὀνομάτων, εἰ μὴ ἄρα βούλει, ὥσπερ οἱ τραγῳδοποιοί, ἐπειδάν τι ἀπορῶσιν, ἐπὶ τὰς μηχανὰς καταφεύγουσι θεοὺς αἴροντες, καὶ ἡμεῖς οὕτως εἰπόντες ἀπαλλαγῶμεν, ὅτι τὰ πρῶτα ὀνόματα οἱ θεοὶ ἔθεσαν καὶ διὰ ταῦτα ὀρθῶς ἔχει. Ἆρα
καὶ ἡμῖν κράτιστος οὗτος τῶν λόγων ; ἢ ἐκεῖνος, ὅτι παρὰ e
βαρβάρων τινῶν αὐτὰ παρειλήφαμεν, εἰσὶ δὲ ἡμῶν ἀρχαιότεροι βάρβαροι ; ἢ ὅτι ὑπὸ παλαιότητος ἀδύνατον αὐτὰ
ἐπισκέψασθαι, ὥσπερ καὶ τὰ βαρβαρικά ; αὗται γὰρ ἂν 426 a
πᾶσαι ἐκδύσεις εἶεν καὶ μάλα κομψαὶ τῷ μὴ ἐθέλοντι λόγον διδόναι περὶ τῶν πρώτων ὀνομάτων ὡς ὀρθῶς κεῖται. Καίτοι ὅτῳ τις τρόπῳ τῶν πρώτων ὀνομάτων τὴν ὀρθότητα μὴ οἶδεν, ἀδύνατόν που τῶν γε ὑστέρων εἰδέναι, ἃ ἐξ ἐκείνων ἀνάγκη δηλοῦσθαι ὧν τις πέρι μηδὲν οἶδεν· ἀλλὰ δῆλον ὅτι τὸν φάσκοντα περὶ αὐτῶν τεχνικὸν εἶναι περὶ τῶν πρώτων
ὀνομάτων μάλιστά τε καὶ καθαρώτατα δεῖ ἔχειν ἀποδεῖξαι, b
ἢ εὖ εἰδέναι ὅτι τά γε ὕστερα ἤδη φλυαρήσει. Ἢ σοὶ ἄλλως δοκεῖ ;

ΕΡΜ. Οὐδ' ὁπωστιοῦν, ὦ Σώκρατες, ἄλλως.

c 3 αὑτοῖς W : αυ- B αὐ- T || 4 χρῆν Ast : χρηστὸν || ἔδει del. Ast || ὅτιν' οὖν W || 7 ἤ W : ἢ BT || **d** 5 βούλει Hermann δεῖ BT δὴ W || τραγῳδιοποιοὶ b || **e** 3 ἤ Wb : ἢ T et ut uidet. B || **426 a** 2 ἐκδύσεις Tb : εἴσ- B et in marg.t ἐκ-W (sed εἴσ supra ἐκ) || θέλοντι (id est 'θέλοντι) W || 6 οὐδὲν W pro μηδὲν || **b** 2 ἤ B : ἢ TW et primit. B.

Socrate. — Mes impressions personnelles sur les noms primitifs me semblent être au plus haut point téméraires et risibles. Je t'en ferai part, si tu veux ; mais si tu peux tirer de quelque endroit une explication meilleure, tâche à ton tour de m'en faire part.

Hermogène. — Je n'y manquerai pas. Parle donc hardiment.

c

Valeur des divers éléments.

Socrate. — Eh bien, pour commencer, le r m'a l'air d'être comme l'instrument propre à rendre toutes les sortes de mouvement. Nous n'avons pas même dit pourquoi le *mouvement* (*kinêsis*) porte ce nom ; mais il est clair qu'il veut dire l'*action d'aller* (*iésis*) : car ce n'est pas ê, mais é que nous employions jadis [1]. Le début vient de *kiéïn*, mot étranger [2] qui signifie *aller* (*iénaï*). Si donc on voulait trouver son ancien nom en accord avec notre langue, *iésis* serait le mot juste ; aujourd'hui on en a fait *kinêsis*, avec le mot étranger *kiéïn*, le changement en ê et l'insertion du n [mais c'est
d *kiéïnêsis* qu'il fallait dire ou *éïsis*]. *Stasis* (*repos*) veut exprimer la négation du mouvement, mais pour l'enjoliver on en a fait *stasis* [3]. Quoi qu'il en soit, revenons à la lettre r. Je le répète, c'est un instrument fort propre à rendre le mouvement que l'auteur des noms a cru y trouver pour leur faire reproduire la mobilité. En tout cas, il s'en est mainte fois servi pour la rendre : d'abord, dans le mot même de *rhéïn* (*couler*) et dans celui de *rhoé* (*courant*), c'est au moyen de cette lettre qu'il imite la mobilité ; ensuite dans *tromos*
e (*tremblement*), puis dans *trakhus* [4] (*raboteux*) ; en outre, dans des verbes tels que *krouéïn* (*heurter*), *thrauéïn* (*broyer*), *éreïkéïn* (*déchirer*), *thruptéïn* (*briser*), *kermatizéïn* (*déchiqueter*), *rhumbéïn* [5] (*faire tournoyer*). Tous ces mots-là, en général, il les rend expressifs au moyen du r : il voyait,

doit venir de l'action elle-même, et ne pas être amené par une machine comme dans *Médée* ».

1. Dans l'ancien alphabet attique, qui employait l'H pour marquer l'aspiration, l'E servait à désigner en outre l'η et la fausse diphtongue ει.

2. Le mot κίειν est, en effet, exclusivement épique.

3. Socrate veut dire que la vraie forme serait ἀ-ίεσις.

4. Pour τραχύς, voir l'apparat critique.

5. Le mot ῥυμβεῖν (cf. ῥυμβός, *toupie*) est un *hapax eiréménon*.

ΣΩ. Ἃ μὲν τοίνυν ἐγὼ ᾔσθημαι περὶ τῶν πρώτων ὀνομάτων πάνυ μοι δοκεῖ ὑβριστικὰ εἶναι καὶ γελοῖα. Τούτων οὖν σοι μεταδώσω, ἂν βούλῃ· σὺ δ' ἄν τι ἔχῃς βέλτιόν ποθεν λαβεῖν, πειρᾶσθαι καὶ ἐμοὶ μεταδιδόναι.

ΕΡΜ. Ποιήσω ταῦτα. Ἀλλὰ θαρρῶν λέγε.

ΣΩ. Πρῶτον μὲν τοίνυν τὸ ῥῶ ἔμοιγε φαίνεται ὥσπερ c
ὄργανον εἶναι πάσης τῆς κινήσεως, ἣν οὐδ' εἴπομεν δι' ὅ τι
ἔχει τοῦτο τοὔνομα· ἀλλὰ γὰρ δῆλον ὅτι ἴεσις βούλεται
εἶναι· οὐ γὰρ ἦτα ἐχρώμεθα, ἀλλὰ εἶ τὸ παλαιόν. Ἡ δὲ
ἀρχὴ ἀπὸ τοῦ « κίειν » — ξενικὸν δὲ τοὔνομα — τοῦτο δ'
ἐστὶν ἰέναι. Εἰ οὖν τις τὸ παλαιὸν αὐτῆς εὕροι ὄνομα εἰς
τὴν ἡμετέραν φωνὴν συμβαῖνον, « ἴεσις » ἂν ὀρθῶς καλοῖτο·
νῦν δὲ ἀπό τε τοῦ ξενικοῦ τοῦ κίειν καὶ ἀπὸ τῆς τοῦ ἦτα
μεταβολῆς καὶ τῆς τοῦ νῦ ἐνθέσεως « κίνησις » κέκληται,
[ἔδει δὲ « κιείνησιν » καλεῖσθαι ἢ εἶσιν]. Ἡ δὲ στάσις ἀπό- d
φασις τοῦ ἰέναι βούλεται εἶναι, διὰ δὲ τὸν καλλωπισμὸν
« στάσις » ὠνόμασται. Τὸ δὲ οὖν ῥῶ τὸ στοιχεῖον, ὥσπερ
λέγω, καλὸν ἔδοξεν ὄργανον εἶναι τῆς κινήσεως τῷ τὰ ὀνό-
ματα τιθεμένῳ πρὸς τὸ ἀφομοιοῦν τῇ φορᾷ· πολλαχοῦ γοῦν
χρῆται αὐτῷ εἰς αὐτήν· πρῶτον μὲν ἐν αὐτῷ τῷ « ῥεῖν »
καὶ « ῥοῇ » διὰ τούτου τοῦ γράμματος τὴν φορὰν μιμεῖται,
εἶτα ἐν τῷ « τρόμῳ », εἶτα ἐν τῷ « τραχεῖ », ἔτι δὲ ἐν τοῖς e
τοιοῖσδε ῥήμασιν οἷον « κρούειν », « θραύειν », « ἐρείκειν »,
« θρύπτειν », « κερματίζειν «, « ῥυμβεῖν », πάντα ταῦτα τὸ
πολὺ ἀπε ικάζει διὰ τοῦ ῥῶ. Ἑώρα γάρ, οἶμαι, τὴν γλῶτταν ἐν

c 1 ῥῶ BW : ρ̄ T || 3 ἴεσις T ἴεσις B ἴεσσις W et statim || 4 ἦτα BW : η̄ T || εἶ BW : ε̄ Tb || 6 ἰέναι T : ἰέ- BW || 8 ἦτα BW : η̄ T || 9 νῦ B : ν̄ T || d 1 ἔδει — d 3 ὠνόμασται secl. Heindorf || κεκλῆσθαι W pro καλεῖσθαι || εἶσιν BT : ἴεσιν W || 2 ἰέναι T : ἰέ- BW || 3 τὸ δὲ οὖν BV : τὸ δὴ οὖν b τὸ δὲ αὖ W in marg. t || ῥῶ W : ῥω̄ B ρ̄ T || 6 ἐν om. T || e 1 τρέχειν Par. 1813 Hirschig, Schanz, Burnet pro τραχεῖ (sed cf. 434 c τὸ ῥῶ τῇ φορᾷ καὶ κινήσει καὶ σκληρότητι (= τῷ τραχεῖ) προσέοικεν) || δὲ καὶ W pro δὲ || 3 ῥυμβεῖν BW : ῥύμβειν T || ταῦτα BT : τὰ τοιαῦτα W || 4 ρω̄ BW : ρ̄ T || ἑώρα Heindorf : ἑῶ.

je suppose, que c'est sur cette lettre que la langue s'arrête le moins et vibre le plus; aussi me semble-t-il en avoir tiré parti pour les former. L'i, à son tour, lui a servi pour tout ce qui est léger et particulièrement capable de traverser toutes choses. Voilà pourquoi l'action d'*aller* (*iénaï*) et celle
427 a de *s'élancer* (*hiesthaï*), c'est au moyen de l'i qu'il les reproduit, comme au moyen du ph, du ps, du s et du z, lettres qui comportent une aspiration, il a imité, en le nommant par elles, tout ce qui a ce caractère, par exemple *psukhron* (*froid*), *zéon* (*bouillant*), *séïesthaï* (*s'agiter*) et, en général, l'*agitation* (*séïsmos*). Et quand son imitation vient à porter sur ce qui est *plein de vent* (*phusôdés*), partout, en général, ce sont les lettres de ce genre que semble y employer l'auteur des noms. D'un autre côté, l'effet du d et du t, qui est de com-
b primer la langue et d'appuyer sur elle [1], semble lui avoir paru utile pour imiter l'*enchaînement* (*desmos*) et l'*arrêt* (*stasis*). Voyant que la langue glisse particulièrement sur le l, il a désigné par des noms faits à cette ressemblance ce qui est *lisse* (*léïon*), l'action même de *glisser* (*olisthanéïn*), l'*onctueux* (*liparon*), le *collant* (*kollôdés*) et toutes les autres notions du même genre. Et comme la langue, dans son glissement, est arrêtée par l'effet du g, il s'en est servi pour imiter le *visqueux* (*gliskhron*), le *poisseux* (*gluku*), le *gluant*
c (*gloïôdés*). Remarquant, d'autre part, le caractère interne du n [2], il a donné leur nom au *dedans* (*endon*) et à l'*intérieur* (*entos*), avec le sentiment de reproduire les faits par les lettres. A *méga* (*grand*) il a attribué l'a, et à *mêkos* (*longueur*) l'ê, parce que ces lettres sont longues [3]. Ayant besoin de l'o pour désigner le *rond* (*gonggulon*), c'est cette lettre qu'il a fait dominer dans le mélange dont il formait le nom [4]. Et de même pour les autres notions: le législateur semble les ramener à des lettres et à des syllabes, en créant pour chacun des êtres un signe et un nom, et partir de

1. Pour articuler les dentales (δ, τ), on appuie en effet l'extrémité antérieure de la langue contre la barrière des dents, qui la comprime.

2. Le ν est une nasale, c'est-à-dire se prononce tandis que le voile du palais est abaissé, de telle sorte que l'air expiré vibre dans la cavité des narines (ἔνδον).

3. Sur le sens de ce passage discuté, et sur la valeur de μεγάλα voir la *Notice*, p. 25.

4. Voir la *Notice*, p. 26.

τούτῳ ἥκιστα μένουσαν, μάλιστα δὲ σειομένην· διὸ φαίνεταί
μοι τούτῳ πρὸς ταῦτα κατακεχρῆσθαι. Τῷ δὲ αὖ ἰῶτα πρὸς
τὰ λεπτὰ πάντα, ἃ δὴ μάλιστα διὰ πάντων ἴοι ἄν. Διὰ ταῦτα
τὸ « ἰέναι » καὶ τὸ « ἵεσθαι » διὰ τοῦ ἰῶτα ἀπομιμεῖται, ὥσπερ 427 a
γε διὰ τοῦ φεῖ καὶ τοῦ ψεῖ καὶ τοῦ σῖγμα καὶ τοῦ ζῆτα, ὅτι
πνευματώδη τὰ γράμματα, πάντα τὰ τοιαῦτα μεμίμηται
αὐτοῖς ὀνομάζων, οἷον τὸ « ψυχρὸν » καὶ τὸ « ζέον » καὶ
τὸ « σείεσθαι » καὶ ὅλως σεισμόν. Καὶ ὅταν που τὸ φυσῶδες
μιμῆται, πανταχοῦ ἐνταῦθα ὡς τὸ πολὺ τὰ τοιαῦτα γράμ-
ματα ἐπιφέρειν φαίνεται ὁ τὰ ὀνόματα τιθέμενος. Τῆς δ'
αὖ τοῦ δέλτα συμπιέσεως καὶ τοῦ ταῦ καὶ ἀπερείσεως τῆς
γλώττης τὴν δύναμιν χρήσιμον φαίνεται ἡγήσασθαι πρὸς b
τὴν μίμησιν τοῦ « δεσμοῦ » καὶ τῆς « στάσεως ». Ὅτι δὲ
ὀλισθάνει μάλιστα ἐν τῷ λάβδα ἡ γλῶττα κατιδών, ἀφομοιῶν
ὠνόμασε τά τε « λεῖα » καὶ αὐτὸ τὸ « ὀλισθάνειν » καὶ τὸ
« λιπαρὸν » καὶ τὸ « κολλῶδες » καὶ τἆλλα πάντα τὰ τοιαῦτα.
Ἧι δὲ ὀλισθανούσης τῆς γλώττης ἀντιλαμβάνεται ἡ τοῦ
γάμμα δύναμις, τὸ « γλίσχρον » ἀπεμιμήσατο καὶ « γλυκὺ »
καὶ « γλοιῶδες ». Τοῦ δ' αὖ νῦ τὸ εἴσω αἰσθόμενος τῆς c
φωνῆς, τὸ « ἔνδον » καὶ τὰ « ἐντὸς » ὠνόμασεν, ὡς ἀφο-
μοιῶν τοῖς γράμμασι τὰ ἔργα. Τὸ δ' αὖ ἄλφα τῷ « μεγάλῳ »
ἀπέδωκε, καὶ τῷ « μήκει » τὸ ἦτα, ὅτι μεγάλα τὰ γράμματα.
Εἰς δὲ τὸ « γογγύλον » τοῦ οὖ δεόμενος σημείου, τοῦτο
πλεῖστον αὐτῷ εἰς τὸ ὄνομα ἐνεκέρασεν. Καὶ τἆλλα οὕτω
φαίνεται προσβιβάζειν καὶ κατὰ γράμματα καὶ κατὰ συλλα-

e 6 τούτῳ καὶ πρὸς T || **427 a** 1 ἵεσθαι Schanz : ἵεσ- TWb ἰενέσ- B || ἰῶτα B : ῑ T ϊ W || ἀπομιμεῖται BT : -μεῖσθαι W || 2 φῖ BW : φ̄ T || ψῖ BW : ψ̄ T || σίγμα BW : σ̄ T || ζῆτα BW : ζ̄ T || 3 γράμματα W pro τὰ γράμματα || 5 σισμόν Heindorf || 6 ὡς πολύ W || 7 ὅτ' ἂν ὀνόματα W || τιθέμενος B : θέ- TW || 8 δέλτα BW : δ̄ T || **b** 2 δὲ om. T || 3 ὀλισθαίνει b || λάβδα BW : λ̄ T || 6 ἧ T : ἣ B ἡ W || 7 γάμμα BW : γ̄ T || **c** 1 γλυῶδες ex γλοιῶδες fecit W || νῦ BW : ν̄ T || 2 τὰ ἔνδον W || 3 ἄλφα BW : ᾱ T || 4 τὸ ἦτα W : τὸ η̄ B τῷ η̄ T || 5 γόγγυλον T || οὖ W : οῡ B ο̄ Tb || 6 ἐνεκέρασεν b : ὃν ἐκέρασεν B ἐνεκέρασε TW.

là pour composer le reste, par imitation, avec ces mêmes éléments. Voilà, Hermogène, en quoi me paraît consister
d la justesse des noms, à moins que Cratyle ici présent ne soit d'un autre avis.

Hermogène. — Ma foi, Socrate, Cratyle me met souvent dans un bien grand embarras, comme je le disais au début [1]. Il affirme qu'il existe une justesse des noms, mais en quoi consiste-t-elle? il ne le dit pas clairement, de sorte que je ne puis savoir si c'est exprès ou sans le vouloir qu'il en parle chaque fois avec cette obscurité. Eh bien, maintenant, Cra-
e tyle, dis-moi en présence de Socrate : approuves-tu les vues de Socrate au sujet des noms, ou as-tu quelque chose de mieux à dire? En ce cas parle, soit pour t'instruire auprès de Socrate, soit pour nous instruire l'un et l'autre.

Entretien de Cratyle et de Socrate. Préambule.

Cratyle. — Hé quoi, Hermogène? Crois-tu facile de recevoir et de donner si vite un enseignement quelconque, à plus forte raison sur un sujet qui paraît être des plus importants?

428 a Hermogène. — Non, par Zeus! moi je ne le crois pas. Mais le mot d'Hésiode me semble juste : « amasser, fût-ce petit à petit, est profitable » [2]. Si donc tu es capable de réaliser un gain, si petit soit-il, ne te rebute pas : rends service à Socrate que voici, et comme tu le dois, à moi-même [3].

Socrate. — A la vérité, je suis le premier à dire, Cratyle, que je ne puis rien garantir des propos que j'ai tenus ; j'ai examiné la question de mon point de vue avec Hermogène.
b En conséquence, parle hardiment, si tu as un avis meilleur, en te disant que je l'accueillerai. Que tu aies de plus belles choses à nous dire, je n'en serais pas surpris. Tu me parais avoir étudié personnellement ce genre de problèmes et t'en être instruit chez d'autres. Si donc tu as un avis meilleur, moi-

1. Voir 383 b sq.

2. Hésiode, *Travaux,* 361-2 : « Si tu amasses peu sur peu et fais cela souvent, ce peu-là pourra devenir beaucoup » (trad. Paul Mazon).

3. Hermogène s'est clairement expliqué au début du dialogue sur la thèse qui était la sienne (la justesse des noms est affaire de convention). Cratyle a le devoir d'y répondre par une explication aussi nette de sa propre thèse, d'autant plus qu'il a prétendu refuser à son interlocuteur le nom d'Hermogène, sans consentir à en donner les raisons.

βὰς ἑκάστῳ τῶν ὄντων σημεῖόν τε καὶ ὄνομα ποιῶν ὁ νομο-
θέτης, ἐκ δὲ τούτων τὰ λοιπὰ ἤδη αὐτοῖς τούτοις συντι-
θέναι ἀπομιμούμενος. Αὕτη μοι φαίνεται, ὦ Ἑρμόγενες,
βούλεσθαι εἶναι ἡ τῶν ὀνομάτων ὀρθότης, εἰ μή τι ἄλλο d
Κρατύλος ὅδε λέγει.

ΕΡΜ. Καὶ μήν, ὦ Σώκρατες, πολλά γέ μοι πολλάκις
πράγματα παρέχει Κρατύλος, ὥσπερ κατ᾽ ἀρχὰς ἔλεγον,
φάσκων μὲν εἶναι ὀρθότητα ὀνομάτων, ἥτις δ᾽ ἐστὶν οὐδὲν
σαφὲς λέγων, ὥστε με μὴ δύνασθαι εἰδέναι πότερον ἑκὼν ἢ
ἄκων οὕτως ἀσαφῶς ἑκάστοτε περὶ αὐτῶν λέγει. Νῦν οὖν
μοι, ὦ Κρατύλε, ἐναντίον Σωκράτους εἰπὲ πότερον ἀρέσκει e
σοι ᾗ λέγει Σωκράτης περὶ ὀνομάτων, ἢ ἔχεις πῃ ἄλλῃ
κάλλιον λέγειν· καὶ εἰ ἔχεις, λέγε, ἵνα ἤτοι μάθῃς παρὰ
Σωκράτους ἢ διδάξῃς ἡμᾶς ἀμφοτέρους.

ΚΡ. Τί δαί, ὦ Ἑρμόγενες; δοκεῖ σοι ῥᾴδιον εἶναι οὕτω
ταχὺ μαθεῖν τε καὶ διδάξαι ὁτιοῦν πρᾶγμα, μὴ ὅτι τοσοῦτον,
ὃ δὴ δοκεῖ ἐν τοῖς μέγιστον εἶναι;

ΕΡΜ. Μὰ Δί᾽, οὐκ ἔμοιγε. Ἀλλὰ τὸ τοῦ Ἡσιόδου 428 a
καλῶς μοι φαίνεται ἔχειν, τὸ εἰ καί τις σμικρὸν ἐπὶ σμικρῷ
καταθείη, προὔργου εἶναι. Εἰ οὖν καὶ σμικρόν τι οἷός τ᾽ εἶ
πλέον ποιῆσαι, μὴ ἀπόκαμνε, ἀλλ᾽ εὐεργέτει καὶ Σωκράτη
τόνδε, δίκαιος δ᾽ εἶ καὶ ἐμέ.

ΣΩ. Καὶ μὲν δὴ ἔγωγε καὶ αὐτός, ὦ Κρατύλε, οὐδὲν ἂν
ἰσχυρισαίμην ὧν εἴρηκα, ᾗ δέ μοι ἐφαίνετο μεθ᾽ Ἑρμογέ-
νους ἐπεσκεψάμην, ὥστε τούτου γε ἕνεκα θαρρῶν λέγε, εἴ
τι ἔχεις βέλτιον, ὡς ἐμοῦ ἐνδεξομένου. Εἰ μέντοι ἔχεις τι b
σὺ κάλλιον τούτων λέγειν, οὐκ ἂν θαυμάζοιμι· δοκεῖς γάρ
μοι αὐτός τε ἐσκέφθαι τὰ τοιαῦτα καὶ παρ᾽ ἄλλων μεμαθη-

c 8 σημεῖόν τι καὶ W || 9 ἤδη W : εἴδη BT || **d** 6 πότερον TW : ἃ πρότερον B || **e** 2 post ὀνομάτων uerbum quoddam erasum (fortasse ὀρθότητος) T || 5 δαὶ Wb : δὲ BT || 6 μὴ TWb : ἢ B || 7 μέγιστον Ven. 184 : μεγίστοις μέγιστον BTW et altera man. Ven. 184 || **428 a** 2 σμικρῷ TW : -κροῦ B et primit. W ut uidetur || **b** 1 μέν τι primit. T pro μέντοι || τί BW.

même inscris-moi comme un de tes disciples en ce qui concerne la justesse des noms.

Cratyle. — Il est vrai, Socrate, comme tu le dis, que je
c m'en suis occupé, et peut-être te prendrai-je pour disciple. Je crains pourtant qu'il m'arrive tout le contraire, car il me vient je ne sais quelle envie de t'adresser la réponse d'Achille, celle qu'il fait à Ajax dans les *Prières*[1]. Il dit :

Divin Ajax, fils de Télamon, chef d'armée,
Tout ton discours me semble être selon mon cœur.

Moi aussi, Socrate, je trouve tes oracles tout à fait à mon gré, que tu doives ton inspiration à Euthyphron, ou que depuis longtemps quelque autre Muse t'habitât à ton insu.

Reprise de la question.

d Socrate. — Mon bon Cratyle, voici longtemps que je m'étonne moi-même de ma propre sagesse, et que je n'y puis croire. Il me paraît donc nécessaire de soumettre ce que je dis à un nouvel examen. Car s'abuser soi-même est un sort fâcheux entre tous : quand le personnage prêt à vous tromper ne s'éloigne pas un instant, et se tient toujours à vos côtés, n'est-ce pas une situation terrible ? Il faut donc, je crois, se retourner fréquemment vers les propos déjà tenus et s'efforcer, selon le mot du poète, de regarder « à la fois en avant et en arrière »[2]. C'est le cas en ce moment : voyons ce que
e nous avons déjà dit. La justesse d'un nom, suivant nous, consiste à faire voir la nature de la chose. Trouvons-nous cette définition suffisante ?

Cratyle. — A mon avis, elle l'est parfaitement, Socrate.

Socrane. — Ainsi, c'est pour instruire que sont faits les noms ?

Cratyle. — Absolument.

Socrate. — Devons-nous affirmer que c'est là un art et qu'il a ses artisans ?

1. *Iliade*, IX, 644-5. Pour ce titre, cf. *Hippias mineur*, 364 e. La division actuelle de l'*Iliade* et de l'*Odyssée* en vingt-quatre chants ne semble pas antérieure à l'époque alexandrine. Platon et Aristote désignent les diverses parties des poèmes homériques par le nom des épisodes qu'elles renferment, *la Colère* (ou *la Querelle*), *les Serments*, etc.

2. *Iliade*, I, 343 : « Son esprit, dit Achille d'Agamemnon, ne sait

κέναι. Ἐὰν οὖν λέγῃς τι κάλλιον, ἕνα τῶν μαθητῶν περὶ ὀρθότητος ὀνομάτων καὶ ἐμὲ γράφου.

ΚΡ. Ἀλλὰ μὲν δή, ὦ Σώκρατες, ὥσπερ σὺ λέγεις, μεμέληκέν τέ μοι περὶ αὐτῶν καὶ ἴσως ἂν σε ποιησαίμην μαθητήν. Φοβοῦμαι μέντοι μὴ τούτου πᾶν τοὐναντίον ᾖ, c
ὅτι μοί πως ἐπέρχεται λέγειν πρὸς σὲ τὸ τοῦ Ἀχιλλέως, ὃ ἐκεῖνος ἐν Λιταῖς πρὸς τὸν Αἴαντα λέγει. Φησὶ δὲ

Αἶαν Διογενὲς Τελαμώνιε, κοίρανε λαῶν,
πάντα τί μοι κατὰ θυμὸν ἐείσω μυθήσασθαι.

Καὶ ἐμοὶ σύ, ὦ Σώκρατες, ἐπιεικῶς φαίνει κατὰ νοῦν χρησμῳδεῖν, εἴτε παρ' Εὐθύφρονος ἐπίπνους γενόμενος, εἴτε καὶ ἄλλη τις Μοῦσα πάλαι σε ἐνοῦσα ἐλελήθει.

ΣΩ. Ὠγαθὲ Κρατύλε, θαυμάζω καὶ αὐτὸς πάλαι τὴν d
ἐμαυτοῦ σοφίαν καὶ ἀπιστῶ. Δοκεῖ οὖν μοι χρῆναι ἐπανασκέψασθαι τί καὶ λέγω. Τὸ γὰρ ἐξαπατᾶσθαι αὐτὸν ὑφ' αὑτοῦ πάντων χαλεπώτατον· ὅταν γὰρ μηδὲ σμικρὸν ἀποστατῇ, ἀλλ' ἀεὶ παρῇ ὁ ἐξαπατήσων, πῶς οὐ δεινόν; δεῖ δή, ὡς ἔοικε, θαμὰ μεταστρέφεσθαι ἐπὶ τὰ προειρημένα, καὶ πειρᾶσθαι, τὸ ἐκείνου τοῦ ποιητοῦ, βλέπειν « ἅμα πρόσσω καὶ ὀπίσσω ». Καὶ δὴ καὶ νυνὶ ἡμεῖς ἴδωμεν τί ἡμῖν εἴρηται. Ὀνόματος, φαμέν, ὀρθότης ἐστὶν αὕτη, ἥτις e
ἐνδείξεται οἷόν ἐστι τὸ πρᾶγμα· τοῦτο φῶμεν ἱκανῶς εἰρῆσθαι ;

ΚΡ. Ἐμοὶ μὲν δοκεῖ πάνυ σφόδρα, ὦ Σώκρατες.

ΣΩ. Διδασκαλίας ἄρα ἕνεκα τὰ ὀνόματα λέγεται ;

ΚΡ. Πάνυ γε.

ΣΩ. Οὐκοῦν φῶμεν καὶ ταύτην τέχνην εἶναι καὶ δημιουργοὺς αὐτῆς ;

Testim. : **428 c** 4 Αἶαν — 5 μυθήσασθαι *Il.*, 9, 644 || **d** 3 τὸ γὰρ — 5 δεινὸν Stob., *Flor.*, 23, 17 || 7 ἅμα — 8 ὀπίσσω *Il.*, 1, 343 ; 3, 109.

b 4 τι T : τὶ B ὅτι W || 7 ἐμοί τε W pro τέ μοι || **c** 5 ἐείσαο Cobet || 7 ἐπιγνοὺς B (corr. b) || 8 τις T : τίς BW || **d** 3 αὐτὸν B || 7-8 πρόσω καὶ ὀπίσω W || 8 νῦν T || ἴδωμεν T : εἰδῶμεν BW (sed ἰ supra ει scrips. W || **e** 2 τοῦτο T : καὶ τοῦτο BW || 6 πάνυ μὲν οὖν W.

CRATYLE. — Absolument.

SOCRATE. — Lesquels ?

429 a CRATYLE. — Ceux dont tu parlais au début, les législateurs.

SOCRATE. — Affirmerons-nous que cet art existe chez les humains dans les mêmes conditions que les autres, oui ou non ? Voici ce que je veux dire. Les peintres sont les uns inférieurs, les autres supérieurs ?

CRATYLE. — Parfaitement.

SOCRATE. — Les œuvres que produisent les peintres supérieurs — leurs peintures — sont plus belles, et celles des autres, plus médiocres ? Et de même pour les constructeurs, les maisons exécutées par les uns sont plus belles, et celles des autres plus laides ?

CRATYLE. — Oui.

b SOCRATE. — Et les législateurs ? Les œuvres produites par les uns sont-elles plus belles, et celles des autres plus laides ?

CRATYLE. — Je ne ne suis plus de cet avis.

SOCRATE. — Alors les lois ne te semblent pas les unes meilleures, les autres plus médiocres ?

CRATYLE. — Non certes.

Suivant Cratyle tous les noms sont justes.

SOCRATE. — Et le nom, probablement, ne te semble pas non plus avoir été établi tantôt moins bien, et tantôt mieux ?

CRATYLE. — Non certes.

SOCRATE. — A ce compte, tous les noms sont justes ?

CRATYLE. — Tous ceux du moins qui sont des noms.

SOCRATE. — Eh bien, pour reprendre ce qu'on disait tout à l'heure, devons-nous prétendre qu'Hermogène ici présent
c n'a pas même reçu ce nom, s'il n'a rien de commun avec la race d'Hermès ? ou qu'il l'a reçu sans doute, mais inexactement ?

CRATYLE. — Il ne l'a pas même reçu, à mon avis, Socrate : il paraît l'avoir reçu, mais en fait ce nom appartient à un autre, à celui dont c'est aussi la nature.

pas voir à la fois en avant et en arrière » (considérer à la fois le passé et l'avenir). Cf. III, 109-110.

ΚΡ. Πάνυ γε.

ΣΩ. Τίνας ;

ΚΡ. Οὕσπερ σὺ κατ' ἀρχὰς ἔλεγες, τοὺς νομοθέτας. 429 a

ΣΩ. Πότερον οὖν καὶ ταύτην φῶμεν τὴν τέχνην ἐν τοῖς ἀνθρώποις ἐγγίγνεσθαι, ὥσπερ καὶ τὰς ἄλλας, ἢ μή ; βούλομαι δὲ λέγειν τὸ τοιόνδε. Ζωγράφοι εἰσίν που οἱ μὲν χείρους, οἱ δὲ ἀμείνους ;

ΚΡ. Πάνυ γε.

ΣΩ. Οὐκοῦν οἱ μὲν ἀμείνους τὰ αὑτῶν ἔργα καλλίω παρέχονται, τὰ ζῷα, οἱ δὲ φαυλότερα ; καὶ οἰκοδόμοι ὡσαύτως οἱ μὲν καλλίους τὰς οἰκίας ἐργάζονται, οἱ δὲ αἰσχίους ;

ΚΡ. Ναί.

ΣΩ. Ἆρ' οὖν καὶ νομοθέται οἱ μὲν καλλίω τὰ αὑτῶν b
ἔργα παρέχονται, οἱ δὲ αἰσχίω ;

ΚΡ. Οὔ μοι δοκεῖ τοῦτο ἔτι.

ΣΩ. Οὐκ ἄρα δοκοῦσί σοι νόμοι οἱ μὲν βελτίους, οἱ δὲ φαυλότεροι εἶναι ;

ΚΡ. Οὐ δῆτα.

ΣΩ. Οὐδὲ δὴ ὄνομα, ὡς ἔοικε, δοκεῖ σοι κεῖσθαι τὸ μὲν χεῖρον, τὸ δὲ ἄμεινον ;

ΚΡ. Οὐ δῆτα.

ΣΩ. Πάντα ἄρα τὰ ὀνόματα ὀρθῶς κεῖται ;

ΚΡ. Ὅσα γε ὀνόματά ἐστιν.

ΣΩ. Τί οὖν ; ὃ καὶ ἄρτι ἐλέγετο, Ἑρμογένει τῷδε πότερον
μηδὲ ὄνομα τοῦτο κεῖσθαι φῶμεν, εἰ μή τι αὐτῷ Ἑρμοῦ c
γενέσεως προσήκει, ἢ κεῖσθαι μέν, οὐ μέντοι ὀρθῶς γε ;

ΚΡ. Οὐδὲ κεῖσθαι ἔμοιγε δοκεῖ, ὦ Σώκρατες, ἀλλὰ δοκεῖν κεῖσθαι, εἶναι δὲ ἑτέρου τοῦτο τοὔνομα, οὗπερ καὶ ἡ φύσις [ἡ τὸ ὄνομα δηλοῦσα].

429 a 4 ζωγράφοι T || 7 τὰ αὑτῶν ἔργα καλλίω BT : καλλίω αὑτῶν τὰ ἔργα W || **b** 1 τὰ αὑτῶν ἔργα Baiter : τὰ ἔργα αὑτῶν B τὰ ἔργα αὐτῶν TW || 4 οἱ μὲν βελτίους οἱ δὲ φαυλότεροι BT : οἱ μὲν χείρους οἱ δὲ βελτίους W || 7 οὐδὲ δὴ — b 9 οὐ δῆτα om. W in marg. add. || 12 ὃ ἄρτι W || **c** 1 τι BT : τι ἄρα W || 5 ἡ — δηλοῦσα secl. Schanz.

Socrate. — Faut-il croire qu'on ne ment pas non plus en l'appelant Hermogène ? Car il n'est pas possible non plus de l'appeler Hermogène, s'il ne l'est pas [1] ?

Cratyle. — Comment l'entends-tu ?

d Socrate. — Qu'il soit absolument impossible de parler faux, est-ce là ce que tu veux dire ? C'est une thèse souvent soutenue, mon cher Cratyle, de nos jours comme autrefois.

Cratyle. — En effet, Socrate, en disant ce qu'on dit, comment ne pas dire ce qui est [2] ? Parler faux ne consiste-t-il pas à ne pas dire ce qui est ?

Socrate. — Le raisonnement est trop subtil pour moi et pour mon âge, mon camarade. Cependant, une question encore : s'il est impossible de parler faux, n'est-il pas possible, e à ton avis, d'affirmer des faussetés ?

Cratyle. — Pas davantage d'en affirmer.

Socrate. — Ni d'en énoncer, ni d'en adresser ? Suppose, par exemple, que quelqu'un, te rencontrant à l'étranger, te prenne la main en disant : « Salut ! étranger athénien, Hermogène, fils de Smicrion » ; ces mots, les dira-t-il, ou les affirmera-t-il, ou les énoncera-t-il ? S'adressera-t-il ainsi, non pas à toi, mais à Hermogène ici présent ? ou à personne ?

Cratyle. — A mon avis, Socrate, il n'émettra que de vains sons.

430 a Socrate. — Contentons-nous de cette réponse. Sont-ils vrais ou faux, ces sons qu'il émettra ? Ou vrais en partie, et en partie faux ? La réponse encore suffira.

Cratyle. — Il ne fait que du bruit, voilà ce que je dirai, moi, de cet homme ; il s'agite inutilement, comme s'il agitait un vase d'airain en le frappant.

Le nom est une imitation qui peut être inexacte.

Socrate. — Voyons, Cratyle, s'il y a moyen de nous entendre. N'admettras-tu pas que le nom est une chose, et que l'objet auquel appartient le nom en est une autre ?

1. L'existence du discours faux avait été admise sans discussion par Hermogène comme une chose évidente (385 b). — Sur le sophisme déjà ancien et fort répandu dont parle Socrate, voir la *Notice*, p. 45.

2. Affirmation présentée sous forme interrogative. Μὴ (et non οὐ)

ΣΩ. Πότερον οὐδὲ ψεύδεται ὅταν τις φῇ Ἑρμογένη αὐτὸν εἶναι ; μὴ γὰρ οὐδὲ τοῦτο αὖ ᾖ, τὸ τοῦτον φάναι Ἑρμογένη εἶναι, εἰ μὴ ἔστιν ;

ΚΡ. Πῶς λέγεις ;

ΣΩ. Ἆρα ὅτι ψευδῆ λέγειν τὸ παράπαν οὐκ ἔστιν, ἆρα d
τοῦτό σοι δύναται ὁ λόγος ; συχνοὶ γάρ τινες οἱ λέγοντες, ὦ φίλε Κρατύλε, καὶ νῦν καὶ πάλαι.

ΚΡ. Πῶς γὰρ ἄν, ὦ Σώκρατες, λέγων γέ τις τοῦτο ὃ λέγει, μὴ τὸ ὂν λέγοι ; ἢ οὐ τοῦτό ἐστιν τὸ ψευδῆ λέγειν, τὸ μὴ τὰ ὄντα λέγειν ;

ΣΩ. Κομψότερος μὲν ὁ λόγος ἢ κατ᾽ ἐμὲ καὶ κατὰ τὴν ἐμὴν ἡλικίαν, ὦ ἑταῖρε. Ὅμως μέντοι εἰπέ μοι τοσόνδε· πότερον λέγειν μὲν οὐ δοκεῖ σοι εἶναι ψευδῆ, φάναι δέ ; e

ΚΡ. Οὔ μοι δοκεῖ οὐδὲ φάναι

ΣΩ. Οὐδὲ εἰπεῖν οὐδὲ προσειπεῖν ; οἷον εἴ τις ἀπαντήσας σοι ἐπὶ ξενίας, λαβόμενος τῆς χειρὸς εἴποι· « Χαῖρε, ὦ ξένε Ἀθηναῖε, ὑὲ Σμικρίωνος Ἑρμόγενες », οὗτος λέξειεν ἂν ταῦτα ἢ φαίη ἂν ταῦτα ἢ εἴποι ἂν ταῦτα ἢ προσείποι ἂν οὕτω σὲ μὲν οὔ, Ἑρμογένη δὲ τόνδε ; ἢ οὐδένα ;

ΚΡ. Ἐμοὶ μὲν δοκεῖ, ὦ Σώκρατες, ἄλλως ἂν οὗτος ταῦτα φθέγξασθαι.

ΣΩ. Ἀλλ᾽ ἀγαπητὸν καὶ τοῦτο. Πότερον γὰρ ἀληθῆ ἂν 430 a
φθέγξαιτο ταῦτα ὁ φθεγξάμενος ἢ ψευδῆ ; ἢ τὸ μέν τι αὐτῶν ἀληθές, τὸ δὲ ψεῦδος ; καὶ γὰρ ἂν καὶ τοῦτο ἐξαρκοῖ.

ΚΡ. Ψοφεῖν ἔγωγ᾽ ἂν φαίην τὸν τοιοῦτον, μάτην αὑτὸν ἑαυτὸν κινοῦντα, ὥσπερ ἂν εἴ τι χαλκίον κινήσειε κρούσας.

ΣΩ. Φέρε δή, ἐάν πῃ διαλλαχθῶμεν, ὦ Κρατύλε· ἆρ᾽ οὐκ ἄλλο μὲν ἂν φαίης τὸ ὄνομα εἶναι, ἄλλο δὲ ἐκεῖνο οὗ τὸ ὄνομά ἐστιν ;

c 7 τὸ τοῦτο φάναι W || d 5 ἢ W : ἦ B ᾖ T || e 3 σοι ἀπαντήσας W || 4 ξένης Cobet pro ξενίας || ὦ om. W || 430 a 2 ταῦτα om. T || 3 τοῦτο W pro καὶ τοῦτο || ἐξαρκοῖ BW : -κοίη Tb || 5 τι B : τις TW || χαλκίον BW : χάλκιον T χάλκεον et χαλκειον b || 6 διαλλαγῶμεν Hirschig || ὦ om. W || 7 τούνομα W.

Cratyle. — Oui.

Socrate. — Tu conviens aussi que le nom est une imita-
b tion de la chose ?

Cratyle. — Absolument.

Socrate. — Et les peintures, tu les considères comme une autre façon d'imiter certaines choses ?

Cratyle. — Oui.

Socrate. — Voyons. Il se peut que je n'entende pas bien ta pensée[1], et qu'elle soit pourtant juste. Est-il ou non possible de répartir ces deux sortes d'imitations — les peintures et les noms dont nous parlions — et de les appliquer aux choses qu'elles imitent ?

Cratyle. — C'est possible.

Socrate. — Commence donc par examiner ceci. Peut-on rapporter[2] l'image de l'homme à l'homme, et celle de la
c femme à la femme, et ainsi du reste ?

Cratyle. — Parfaitement.

Socrate. — Et inversement, celle de l'homme à la femme, et celle de la femme à l'homme ?

Cratyle. — C'est encore possible.

Socrate. — Ces deux sortes d'attributions sont-elles justes, ou seulement l'une des deux ?

Cratyle. — L'une des deux.

Socrate. — Celle, je suppose, qui rapporte à chaque objet ce qui lui convient et lui ressemble.

Cratyle. — C'est mon avis.

d Socrate. — Pour nous épargner une bataille de mots, puisque nous sommes amis, toi et moi, accepte donc ma définition. C'est cette sorte d'attribution, mon camarade, que pour les deux genres d'imitation, les peintures[3] et les noms, j'appelle juste, et pour les noms, non seulement juste, mais

s'explique comme se rapportant, non à l'ensemble de la phrase, mais à τὸ ὄν (cf. plus loin τὰ μὴ ὄντα).

1. Il s'agit, bien entendu, de l'affirmation énoncée plus haut par Cratyle, que tous les noms sont justes s'ils sont vraiment des noms. Socrate, qui s'apprête à la réfuter, admet courtoisement qu'il a pu se méprendre sur l'idée de l'adversaire.

2. Ἂν... ἀποδοίη a un sens très net de *potentiel* : *peut-il arriver que* ? Cratyle le fait ressortir en répondant Ἔστι καὶ ταῦτα.

3. Le mot ζῷον équivaut ici à ζωγράφημα (*peinture*), comme plus haut 429 a.

ΚΡ. Ἔγωγε.

ΣΩ. Οὐκοῦν καὶ τὸ ὄνομα ὁμολογεῖς μίμημά τι εἶναι τοῦ
πράγματος ; b

ΚΡ. Πάντων μάλιστα.

ΣΩ. Οὐκοῦν καὶ τὰ ζωγραφήματα τρόπον τινὰ ἄλλον λέγεις μιμήματα εἶναι πραγμάτων τινῶν ;

ΚΡ. Ναί.

ΣΩ. Φέρε δή — ἴσως γὰρ ἐγὼ οὐ μανθάνω ἅττα ποτ' ἔστιν ἃ λέγεις, σὺ δὲ τάχ' ἂν ὀρθῶς λέγοις — ἔστι διανεῖμαι καὶ προσενεγκεῖν ταῦτα ἀμφότερα τὰ μιμήματα, τά τε ζωγραφήματα κἀκεῖνα τὰ ὀνόματα, τοῖς πράγμασιν ὧν μιμήματά ἐστιν, ἢ οὔ ;

ΚΡ. Ἔστιν. c

ΣΩ. Πρῶτον μὲν δὴ σκόπει τόδε. Ἆρ' ἄν τις τὴν μὲν τοῦ ἀνδρὸς εἰκόνα τῷ ἀνδρὶ ἀποδοίη, τὴν δὲ τῆς γυναικὸς τῇ γυναικί, καὶ τἆλλα οὕτως ;

ΚΡ. Πάνυ μὲν οὖν.

ΣΩ. Οὐκοῦν καὶ τοὐναντίον τὴν μὲν τοῦ ἀνδρὸς τῇ γυναικί, τὴν δὲ τῆς γυναικὸς τῷ ἀνδρί ;

ΚΡ. Ἔστι καὶ ταῦτα.

ΣΩ. Ἆρ' οὖν αὗται αἱ διανομαὶ ἀμφότεραι ὀρθαί, ἢ ἡ ἑτέρα ;

ΚΡ. Ἡ ἑτέρα.

ΣΩ. Ἣ ἂν ἑκάστῳ, οἶμαι, τὸ προσῆκόν τε καὶ τὸ ὅμοιον ἀποδιδῷ.

ΚΡ. Ἔμοιγε δοκεῖ.

ΣΩ. Ἵνα τοίνυν μὴ μαχώμεθα ἐν τοῖς λόγοις ἐγώ τε καὶ d
σύ, φίλοι ὄντες, ἀπόδεξαί μου ὃ λέγω. Τὴν τοιαύτην γάρ, ὦ ἑταῖρε, καλῶ ἔγωγε διανομὴν ἐπ' ἀμφοτέροις μὲν τοῖς μιμήμασιν, τοῖς τε ζῴοις καὶ τοῖς ὀνόμασιν, ὀρθήν, ἐπὶ δὲ

b 7 λέγεις etiam T, sed λ in ras. || 8 τὰ post μιμήματα om. B (add. b) || 10 ἤ Wb : ἦ BT || **c** 1 ἔστι μέντοι W || 3 ἀποδοίη etiam T sed ω supra οι scrips. || 9 ἤ Wb : ἦ BT || **d** 3 καλῶ ἔγωγε B : ἐγὼ καλῶ γε T ἔγωγε καλῶ W.

vraie ; l'autre, celle qui consiste dans l'attribution et l'application du dissemblable, je l'appelle inexacte, et en outre fausse, quand elle porte sur les noms.

Cratyle. — Prends garde, Socrate, que l'attribution
e inexacte, possible dans les peintures, ne l'est pas dans les noms, et que l'exactitude y règne nécessairement toujours.

Socrate. — Que veux-tu dire ? Quelle différence y a-t-il entre les deux cas ? Ne peut-on aller trouver un individu quelconque et lui dire : « Voici ton portrait[1] », en lui montrant, au hasard des circonstances, sa propre image ou celle d'une femme ? Par *montrer*, j'entends : faire tomber sous le sens de la vue[2].

Cratyle. — Parfaitement.

Socrate. — Eh bien, ne peut-on encore aller trouver le même individu pour lui dire : « Voici ton nom » ? Le nom, n'est-ce pas ? est lui aussi une imitation, comme la peinture.
431 a Je m'explique : ne peut-on lui dire : « Voici ton nom », et ensuite offrir à son sens de l'ouïe, suivant le hasard des circonstances, ce qui est son imitation, le nom d'*homme*, ou ce qui imite la partie féminine du genre humain, le nom de *femme* ? Ne crois-tu pas que la chose soit possible et se produise quelquefois ?

Cratyle. — Je veux bien te le concéder, Socrate[3]. Admettons-le.

Socrate. — Tu as raison, mon cher, s'il en est vraiment ainsi : ce n'est point le moment de batailler avec obstina-
b tion là-dessus. Quoi qu'il en soit, s'il existe, sur ce point encore, une répartition de ce genre, nous voulons appeler l'un des deux cas *dire vrai*, et l'autre *dire faux*. Or, s'il en va ainsi, et s'il est possible de répartir inexactement les noms en n'attribuant pas à chaque objet ceux qui lui conviennent, mais en lui donnant parfois ceux qui ne lui conviennent pas, on peut en faire autant des verbes. Et s'il est possible d'appliquer ainsi les noms et les verbes, il en va

1. Γράμμα est synonyme de ζωγράφημα : *portrait exécuté en peinture*. Cf. 431 c.

2. Socrate éprouve le besoin de définir le sens de δεῖξαι, parce que le mot peut signifier aussi *démontrer* (par le raisonnement, et non par un appel aux sens).

3. Sur l'obstination de Cratyle et la mauvaise grâce qu'il montre à accepter les conclusions de Socrate, voir la *Notice*, p. 37.

τοῖς ὀνόμασιν πρὸς τῷ ὀρθὴν καὶ ἀληθῆ· τὴν δ' ἑτέραν, τὴν τοῦ ἀνομοίου δόσιν τε καὶ ἐπιφοράν, οὐκ ὀρθήν, καὶ ψευδῆ ὅταν ἐπ' ὀνόμασιν ᾖ.

ΚΡ. Ἀλλ' ὅπως μή, ὦ Σώκρατες, ἐν μὲν τοῖς ζωγραφή-
μασιν ᾖ τοῦτο, τὸ μὴ ὀρθῶς διανέμειν, ἐπὶ δὲ τοῖς ὀνόμασιν e
οὔ, ἀλλ' ἀναγκαῖον ᾖ ἀεὶ ὀρθῶς.

ΣΩ. Πῶς λέγεις ; τί τοῦτο ἐκείνου διαφέρει ; ἆρ' οὐκ ἔστι προσελθόντα ἀνδρί τῳ εἰπεῖν ὅτι « Τουτί ἐστι σὸν γράμμα », καὶ δεῖξαι αὐτῷ, ἂν μὲν τύχῃ, ἐκείνου εἰκόνα, ἂν δὲ τύχῃ, γυναικός ; τὸ δὲ δεῖξαι λέγω εἰς τὴν τῶν ὀφθαλμῶν αἴσθησιν καταστῆσαι.

ΚΡ. Πάνυ γε.

ΣΩ. Τί δέ ; πάλιν αὐτῷ τούτῳ προσελθόντα εἰπεῖν ὅτι
«Τουτί ἐστιν σὸν ὄνομα » ; ἔστι δέ που καὶ τὸ ὄνομα
μίμημα, ὥσπερ τὸ ζωγράφημα. Τοῦτο δὴ λέγω· ἆρ' οὐκ ἂν
εἴη αὐτῷ εἰπεῖν ὅτι « Τουτί ἐστι σὸν ὄνομα », καὶ μετὰ 431 a
τοῦτο εἰς τὴν τῆς ἀκοῆς αὖ αἴσθησιν καταστῆσαι, ἂν μὲν
τύχῃ, τὸ ἐκείνου μίμημα, εἰπόντα ὅτι ἀνήρ, ἂν δὲ τύχῃ, τὸ
τοῦ θήλεος τοῦ ἀνθρωπίνου γένους, εἰπόντα ὅτι γυνή ; οὐ
δοκεῖ σοι τοῦτο οἷόν τ' εἶναι καὶ γίγνεσθαι ἐνίοτε ;

ΚΡ. Ἐθέλω σοι, ὦ Σώκρατες, ξυγχωρῆσαι καὶ ἔστω οὕτως.

ΣΩ. Καλῶς γε σὺ ποιῶν, ὦ φίλε, εἰ ἔστι τοῦτο οὕτως·
οὐδὲν γὰρ δεῖ νῦν πάνυ διαμάχεσθαι περὶ αὐτοῦ. Εἰ δ' οὖν
ἔστι τοιαύτη τις διανομὴ καὶ ἐνταῦθα, τὸ μὲν ἕτερον τούτων b
ἀληθεύειν βουλόμεθα καλεῖν, τὸ δ' ἕτερον ψεύδεσθαι. Εἰ δὲ
τοῦτο οὕτως ἔχει, καὶ ἔστι μὴ ὀρθῶς διανέμειν τὰ ὀνόματα
μηδὲ ἀποδιδόναι τὰ προσήκοντα ἑκάστῳ, ἀλλ' ἐνίοτε τὰ μὴ
προσήκοντα, εἴη ἂν καὶ ῥήματα ταὐτὸν τοῦτο ποιεῖν. Εἰ δὲ

d 5 τὸ B pro τῷ (sed corr. b) || 8 ὅπως, ὦ Σώκρατες, μὴ W || ζωγραφήμασί T || **e** 2 οὐχ ᾖ W pro οὔ || ἀεὶ primit. omis. W || 4 τω Wb : τῷ BT || 9 δαὶ b pro δὲ || 10 δὲ om. B || **431 a** 4 εἰπόνθ' ὅτι W || 8 καὶ add. t pro εἰ || οὕτως BT : οὕτως ἔχον Wt || 9 οὐδὲν T : -δὲ BW.

nécessairement de même pour les phrases. Car les phrases, à
c mon avis, sont l'assemblage de ces éléments[1]. Comment l'entends-tu, Cratyle ?

Cratyle. — Comme toi ; tu me parais avoir raison.

Socrate. — Si, d'autre part, nous comparons à des peintures les noms primitifs, il en est d'eux comme[2] des tableaux, où l'on peut donner toutes les couleurs et formes appropriées, et inversement ne pas les donner toutes, mais en négliger quelques-unes, comme en ajouter d'autres, plus nombreuses et plus grandes. N'est-ce pas ?

Cratyle. — Oui.

Socrate. — En les donnant toutes, on produit de belles peintures et de belles images ; quand on y ajoute ou y ôte, on exécute sans doute aussi des peintures et des images, mais mauvaises ?

d Cratyle. — Oui.

Socrate. — Et celui qui se sert des syllabes et des lettres pour reproduire l'essence des choses ? N'est-il pas vrai, d'après le même principe, que, s'il attribue aux objets tout ce qui leur convient, l'image sera belle, — c'est-à-dire le nom, — tandis que, s'il néglige de menus détails ou parfois en ajoute, il y aura bien une image, mais qu'elle ne sera pas belle ; bref, que les noms seront les uns bien exécutés et les autres mal ?

Cratyle. — Peut-être.

e Socrate. — Peut-être, à ce compte, l'artisan de noms sera-t-il tantôt bon, et tantôt mauvais ?

Cratyle. — Oui.

Socrate. — Or c'est lui que l'on nommait le législateur[3].

Cratyle. — Oui.

Socrate. — Peut-être en sera-t-il donc ici, par Zeus !

1. Platon ramène la phrase à deux éléments : le *nom* (ὄνομα), et le *verbe* ou *prédicat* (ῥῆμα). Le sens du mot ῥῆμα, qui ailleurs chez Platon paraît signifier *locution*, est ici très net. Cf. 425 a.

2. Ὥσπερ fait attendre une proposition introduite par οὕτω et signifiant à peu près : *de même aussi dans les noms, il est possible de leur attribuer tous les caractères appropriés*. La phrase reste en l'air et ne sera complétée que plus loin, 431 d (ἆρα οὐ κατὰ τὸν αὐτὸν λόγον, etc.).

3. Voir 388 e sq.

ῥήματα καὶ ὀνόματα ἔστιν οὕτω τιθέναι, ἀνάγκη καὶ λόγους· λόγοι γάρ που, ὡς ἐγῷμαι, ἡ τούτων ξύνθεσίς ἐστιν· ἢ πῶς c λέγεις, ὦ Κρατύλε ;

ΚΡ. Οὕτω· καλῶς γάρ μοι δοκεῖς λέγειν.

ΣΩ. Οὐκοῦν εἰ γράμμασιν αὖ τὰ πρῶτα ὀνόματα ἀπεικάζομεν, ἔστιν ὥσπερ ἐν τοῖς ζωγραφήμασιν καὶ πάντα τὰ προσήκοντα χρώματά τε καὶ σχήματα ἀποδοῦναι, καὶ μὴ πάντα αὖ, ἀλλ' ἔνια ἐλλείπειν, ἔνια δὲ καὶ προστιθέναι, καὶ πλείω καὶ μείζω· ἢ οὐκ ἔστιν ;

ΚΡ. Ἔστιν.

ΣΩ. Οὐκοῦν ὁ μὲν ἀποδιδοὺς πάντα καλὰ τὰ γράμματά τε καὶ τὰς εἰκόνας ἀποδίδωσιν, ὁ δὲ ἢ προστιθεὶς ἢ ἀφαιρῶν γράμματα μὲν καὶ εἰκόνας ἐργάζεται καὶ οὗτος, ἀλλὰ πονηράς ;

ΚΡ. Ναί. d

ΣΩ. Τί δὲ ὁ διὰ τῶν συλλαβῶν τε καὶ γραμμάτων τὴν οὐσίαν τῶν πραγμάτων ἀπομιμούμενος ; ἆρα οὐ κατὰ τὸν αὐτὸν λόγον, ἂν μὲν πάντα ἀποδῷ τὰ προσήκοντα, καλὴ ἡ εἰκὼν ἔσται — τοῦτο δ' ἐστὶν ὄνομα — ἐὰν δὲ σμικρὰ ἐλλείπῃ ἢ προστιθῇ ἐνίοτε, εἰκὼν μὲν γενήσεται, καλὴ δὲ οὔ ; ὥστε τὰ μὲν καλῶς εἰργασμένα ἔσται τῶν ὀνομάτων, τὰ δὲ κακῶς ;

ΚΡ. Ἴσως.

ΣΩ. Ἴσως ἄρα ἔσται ὁ μὲν ἀγαθὸς δημιουργὸς ὀνομάτων, e ὁ δὲ κακός ;

ΚΡ. Ναί.

ΣΩ. Οὐκοῦν τούτῳ ὁ « νομοθέτης » ἦν ὄνομα.

ΚΡ. Ναί.

ΣΩ. Ἴσως ἄρα νὴ Δί' ἔσται, ὥσπερ ἐν ταῖς ἄλλαις

b 6 καὶ οὐκ ὀνόματα T sed οὐκ punctis not. t || c 1 ἤ Wb : η BT || 3 ἀλλ' οὕτως W pro οὕτω || 8 ἤ Wb : ἦ BT || d 2 δὲ BW : δαὶ Tb et suprascr. W || 4 ἀποδιδῷ W || e 4 ἦν — e 7 νομοθέτης om. W in marg. add.

comme dans les autres arts : le législateur sera tantôt bon, tantôt mauvais, si nous sommes tombés d'accord sur les points précédents.

CRATYLE. — C'est exact. Mais tu le vois, Socrate : quand les lettres, comme l'a, le b et chacun des éléments, sont par nous attribuées aux noms suivant les règles de la grammaire,
432 a si nous faisons une suppression, une addition ou un changement, le nom se trouve écrit sans doute, mais non correctement, et même il ne se trouve pas écrit du tout ; il est autre, dès qu'il subit un de ces traitements [1].

SOCRATE. — J'ai peur, Cratyle, que cette manière de voir ne soit pas la bonne.

CRATYLE. — Comment cela ?

L'image n'est pas identique à l'objet.

SOCRATE. — Peut-être l'accident dont tu parles arriverait-il à ce qui doit tenir son existence d'un nombre, sous peine de ne pas exister. Prenons, par exemple, le nombre
b dix lui-même, ou tel autre à ton gré : une suppression ou une addition en fait aussitôt un autre nombre. Mais pour la qualité et pour l'image en général, je crains que la justesse ne soit autre chose, et qu'il ne faille même, au contraire, éviter absolument de rendre en tous ses détails le caractère de l'objet représenté, si l'on veut obtenir une image. Examine si j'ai raison. N'y aurait-il pas deux objets, tels que Cratyle et l'image de Cratyle, si un dieu, non content de reproduire ta couleur et ta forme, comme les peintres, figurait en outre, tel qu'il est, tout l'intérieur de ta personne, en rendait
c exactement les caractères de mollesse et de chaleur, et y mettait le mouvement, l'âme et la pensée, tels qu'ils sont en toi ; bref, si tous les traits de ta personne, il en plaçait auprès de toi la copie fidèle ? Y aurait-il alors là Cratyle et une image de Cratyle, ou bien deux Cratyles [2] ?

1. Ici encore Cratyle se contredit. Il a accepté en bloc toutes les étymologies proposées par Socrate dans la première partie de l'entretien ; or elles reposaient précisément sur des suppressions, additions, ou déplacements de ce genre.

2. Comme veut bien me le signaler M. Diès, il y a ici, en quelque sorte, une réponse anticipée à cette critique d'Aristote que la théorie des Idées double inutilement les choses ; suivant Platon, les choses, images des Idées, n'en sont pas les doubles.

τέχναις, καὶ νομοθέτης ὁ μὲν ἀγαθός, ὁ δὲ κακός, ἐάνπερ τὰ ἔμπροσθεν ἐκεῖνα ὁμολογηθῇ ἡμῖν.

ΚΡ. Ἔστι ταῦτα. Ἀλλ' ὁρᾷς, ὦ Σώκρατες, ὅταν ταῦτα τὰ γράμματα, τό τε ἄλφα καὶ τὸ βῆτα καὶ ἕκαστον τῶν στοιχείων, τοῖς ὀνόμασιν ἀποδιδῶμεν τῇ γραμματικῇ τέχνῃ, ἐάν τι ἀφέλωμεν ἢ προσθῶμεν ἢ μεταθῶμέν τι, γέγραπται 432 a
μὲν ἡμῖν τὸ ὄνομα, οὐ μέντοι ὀρθῶς, ἀλλὰ τὸ παράπαν οὐδὲ γέγραπται, ἀλλ' εὐθὺς ἕτερόν ἐστιν, ἐάν τι τούτων πάθῃ.

ΣΩ. Μὴ γὰρ οὐ καλῶς σκοπῶμεν οὕτω σκοποῦντες, ὦ Κρατύλε.

ΚΡ. Πῶς δή ;

ΣΩ. Ἴσως ὅσα ἔκ τινος ἀριθμοῦ ἀναγκαῖον εἶναι ἢ μὴ εἶναι πάσχοι ἂν τοῦτο ὃ σὺ λέγεις, ὥσπερ καὶ αὐτὰ τὰ δέκα ἢ ὅστις βούλει ἄλλος ἀριθμός, ἐὰν ἀφέλῃς τι ἢ προσθῇς, ἕτερος εὐθὺς γέγονε· τοῦ δὲ ποιοῦ τινος καὶ b
ξυμπάσης εἰκόνος μὴ οὐχ αὕτη ᾖ ὀρθότης, ἀλλὰ τὸ ἐναντίον οὐδὲ τὸ παράπαν δέῃ πάντα ἀποδοῦναι οἷόν ἐστιν ὃ εἰκάζει, εἰ μέλλει εἰκὼν εἶναι. Σκόπει δὲ εἴ τι λέγω. Ἆρ' ἂν δύο πράγματα εἴη τοιάδε, οἷον Κρατύλος καὶ Κρατύλου εἰκών, εἴ τις θεῶν μὴ μόνον τὸ σὸν χρῶμα καὶ σχῆμα ἀπεικάσειεν ὥσπερ οἱ ζωγράφοι, ἀλλὰ καὶ τὰ ἐντὸς πάντα τοιαῦτα ποιήσειεν οἷάπερ τὰ σά, καὶ μαλακότητας καὶ θερμότητας τὰς αὐτὰς ἀποδοίη, καὶ κίνησιν καὶ ψυχὴν c
καὶ φρόνησιν οἵαπερ ἡ παρὰ σοὶ ἐνθείη αὐτοῖς, καὶ ἑνὶ λόγῳ πάντα ἅπερ σὺ ἔχεις, τοιαῦτα ἕτερα καταστήσειεν πλησίον σου ; πότερον Κρατύλος ἂν καὶ εἰκὼν Κρατύλου τότ' εἴη τὸ τοιοῦτον, ἢ δύο Κρατύλοι ;

e 7 ὁ νομοθέτης T || 8 ἔμπροσθε W || 10 ἄλφα καὶ τὸ βῆτα BW : ᾱ καὶ τὸ β̄ T || ἕκαστον B : ἓν ἕκαστον TW || 11 ἀποδιδομεν (sic) T || **432 a** 1 ⟨οὐ⟩ γέγραπται Bekker || 2 τὰ ὀνόματα W pro τὸ ὄνομα || οὐ μέντοι γ' W || 5 σκοποῦμεν οὕτως W || 9 αὐτίκα coni. Ast pro αὐτὰ || 10 τι B : τί TW || **b** 2 ᾖ Stallbaum : η BT ἡ W ⟨ᾖ⟩ ἡ Heindorf || 3 ἐν αὐτῷ ὂν ut uidet., T ἐν αὐτίον (sic) t pro ἐναντίον || 4 σκόπει δὲ BT : καὶ σκόπει δὴ W σκόπει δὴ t || 5 τὰ τοιάδε W || **c** 2 σοι BT : σοί ἐστιν W.

Cratyle. — Deux Cratyles, Socrate, il me semble.

Socrate. — Tu vois donc, mon ami, qu'il faut chercher un autre genre de justesse pour l'image et pour ce dont nous parlions tout à l'heure[1], sans vouloir à toute force[2] que l'ab-
d sence ou l'addition d'un détail fasse disparaître l'image ? Ne sens-tu pas combien les images sont loin de renfermer le même contenu que les objets dont elles sont les images ?

Cratyle. — Si.

Socrate. — Il serait risible en tout cas, Cratyle, le traitement que les noms infligeraient aux objets qu'ils désignent, s'ils étaient faits de tout point à leur ressemblance. Tout serait double, sans qu'on pût y distinguer où est l'objet lui-même et où est le nom.

Cratyle. — Tu dis vrai.

Conditions d'un nom bien établi.

Socrate. — Admets donc hardiment, mon brave, que le nom lui-même est tantôt bien et tantôt mal établi ; n'exige
e pas qu'il ait toutes ses lettres pour être exactement semblable à l'objet qu'il désigne, et laisses-y même ajouter la lettre qui ne convient pas. Si tu le fais pour une lettre, fais-le aussi pour un nom dans la phrase ; si tu le fais pour un nom, laisse aussi s'introduire dans le discours une phrase sans rapport avec les choses, et admets néanmoins que le nom et la phrase énoncent l'objet, tant qu'on y trouve le caractère distinctif de l'objet dont on parle, comme on le trouvait dans
433 a les noms des lettres, si tu te souviens de ce que nous disions tout à l'heure[3], Hermogène et moi.

Cratyle. — Je m'en souviens.

Socrate. — A la bonne heure. Quand ce caractère y est, même à défaut de tous les traits appropriés, l'objet se trouvera énoncé, bien, s'il y sont tous, mal, s'ils n'y sont qu'en petit nombre. Que l'objet est énoncé, admettons-le en tout cas, bienheureux Cratyle, pour ne pas payer l'amende, comme les gens d'Égine quand ils circulent tard dans la nuit[4]

1. Le nom.
2. 'Αναγκάζειν signifie ici : *juger nécessaire que*.
3. 426 c sq.
4. On ne sait à quoi ces lignes font allusion. Il est possible d'ailleurs que le passage soit altéré et incomplet.

ΚΡ. Δύο ἔμοιγε δοκοῦσιν, ὦ Σώκρατες, Κρατύλοι.

ΣΩ. Ὁρᾷς οὖν, ὦ φίλε, ὅτι ἄλλην χρὴ εἰκόνος ὀρθότητα ζητεῖν καὶ ὧν νῦν δὴ ἐλέγομεν, καὶ οὐκ ἀναγκάζειν, ἐάν τι ἀπῇ ἢ προσῇ, μηκέτι αὐτὴν εἰκόνα εἶναι ; ἢ οὐκ αἰσθάνει d
ὅσου ἐνδέουσιν αἱ εἰκόνες τὰ αὐτὰ ἔχειν ἐκείνοις ὧν εἰκόνες εἰσίν ;

ΚΡ. Ἔγωγε.

ΣΩ. Γελοῖα γοῦν, ὦ Κρατύλε, ὑπὸ τῶν ὀνομάτων πάθοι ἂν ἐκεῖνα ὧν ὀνόματά ἐστιν τὰ ὀνόματα, εἰ πάντα πανταχῇ αὐτοῖς ὁμοιωθείη. Διττὰ γὰρ ἄν που πάντα γένοιτο, καὶ οὐκ ἂν ἔχοις αὐτῶν εἰπεῖν οὐδέτερον ὁπότερόν ἐστι τὸ μὲν αὐτό, τὸ δὲ ὄνομα.

ΚΡ. Ἀληθῆ λέγεις.

ΣΩ. Θαρρῶν τοίνυν, ὦ γενναῖε, ἔα καὶ ὄνομα τὸ μὲν εὖ κεῖσθαι, τὸ δὲ μή, καὶ μὴ ἀνάγκαζε πάντ᾽ ἔχειν τὰ γράμ- e
ματα, ἵνα κομιδῇ ᾖ τοιοῦτον οἷόνπερ οὗ ὄνομά ἐστιν, ἀλλ᾽ ἔα καὶ τὸ μὴ προσῆκον γράμμα ἐπιφέρειν. Εἰ δὲ γράμμα, καὶ ὄνομα ἐν λόγῳ· εἰ δὲ ὄνομα, καὶ λόγον ἐν λόγῳ μὴ προσήκοντα τοῖς πράγμασιν ἐπιφέρεσθαι, καὶ μηδὲν ἧττον ὀνομάζεσθαι τὸ πρᾶγμα καὶ λέγεσθαι, ἕως ἂν ὁ τύπος ἐνῇ τοῦ πράγματος περὶ οὗ ἂν ὁ λόγος ᾖ, ὥσπερ ἐν τοῖς τῶν στοιχείων ὀνόμασιν, εἰ μέμνησαι ἃ νῦν δὴ ἐγὼ καὶ 433 a
Ἑρμογένης ἐλέγομεν.

ΚΡ. Ἀλλὰ μέμνημαι.

ΣΩ. Καλῶς τοίνυν. Ὅταν γὰρ τοῦτο ἐνῇ, κἂν μὴ πάντα τὰ προσήκοντα ἔχῃ, λελέξεταί γε τὸ πρᾶγμα, καλῶς ὅταν πάντα, κακῶς δὲ ὅταν ὀλίγα· λέγεσθαι δ᾽ οὖν, ὦ μακάριε, ἐῶμεν, ἵνα μὴ ὄφλωμεν ὥσπερ οἱ ἐν Αἰγίνῃ νύκτωρ περιιόντες ὀψὲ ὁδοῦ, καὶ ἡμεῖς ἐπὶ τὰ πράγματα δόξωμεν αὖ

c 8 τι BW : τις T || d 2 ταὔτ᾽ W pro τὰ αὐτὰ || 6 ἂν om. W || 8 ἔχοις Heindorf : -χοι || 11 ὀνόματα W pro ὄνομα || e 1 δὲ μή etiam T (sed η in ras.) || 6 τε τὸ πρᾶγμα W || ὡς B pro ἕως || 433 a 5 λελέξεται Ven. 184 : λέξ- || 7 ἃ T pro ἵνα (sed ἵνα in marg. t) || ὄφλωμεν TWb : -λῶμεν B ὄφλωμεν δίκην Heindorf γέλωτα ὄφλωμεν Ast lacunam post ὄφλωμεν indic. Schanz || 8 αὖ τῇ Heindorf : αὐτῇ τῇ.

b sur la route, et ne pas avoir l'air, nous aussi, d'être vraiment de la sorte arrivés trop tard jusqu'aux choses. Sinon, cherche une autre définition pour la justesse du nom, et garde-toi de reconnaître dans le nom une représentation de l'objet à l'aide de syllabes et de lettres[1]. Car si tu soutiens ces deux propositions à la fois[2], tu ne pourras être d'accord avec toi-même.

CRATYLE. — Ce que tu dis là, Socrate, me semble raison nable et je l'admets.

SOCRATE. — Puisque nous voilà d'accord là-dessus, passons à une autre question. Pour être bien fait, disons-nous, le nom doit avoir les lettres appropriées ?

CRATYLE. — Oui.

c SOCRATE. — Et les lettres appropriées sont celles qui ressemblent aux objets ?

CRATYLE. — Parfaitement.

SOCRATE. — Voilà donc pour les noms bien faits. Pour celui qui a été mal établi, la plus grande partie en sera sans doute constituée par des lettres appropriées et semblables à l'objet, s'il doit être une image, mais il en contiendra quelque autre mal appropriée, qui empêchera le nom d'être beau et bien exécuté. Sommes-nous de cet avis ou d'un autre ?

CRATYLE. — Je pense, Socrate, qu'il ne faut point éterniser la bataille. Mais je ne suis pas content de voir affirmer l'existence d'un nom mal fait.

d SOCRATE. — N'es-tu pas content que le nom soit défini comme une représentation de l'objet ?

CRATYLE. — Si.

SOCRATE. — Que, parmi les noms, les uns ont été composés à l'aide de noms plus anciens, et que les autres sont primitifs, ne te paraît-on pas avoir raison de le dire ?

CRATYLE. — Si.

SOCRATE. — Mais si les noms primitifs doivent être des représentations, as-tu un meilleur moyen d'en faire des représentations que de les rendre aussi semblables que possi-

1. Συλλαβαῖς et γράμμασι dépendent de δήλωμα. Cf. 423 a, et note.

2. A savoir que le nom est une représentation de l'objet à l'aide de lettres et de syllabes, et que, d'autre part, il n'y a pas de nom si l'on n'y retrouve pas tous les traits appropriés à l'objet.

τῇ ἀληθείᾳ οὕτω πως ἐληλυθέναι ὀψιαίτερον τοῦ δέοντος, b
ἢ ζήτει τινὰ ἄλλην ὀνόματος ὀρθότητα, καὶ μὴ ὁμολόγει δήλωμα συλλαβαῖς καὶ γράμμασι πράγματος ὄνομα εἶναι. Εἰ γὰρ ταῦτα ἀμφότερα ἐρεῖς, οὐχ οἷός τ' ἔσει συμφωνεῖν σαυτῷ.

ΚΡ. Ἀλλά μοι δοκεῖς γε, ὦ Σώκρατες, μετρίως λέγειν, καὶ οὕτω τίθεμαι.

ΣΩ. Ἐπειδὴ τοίνυν ταῦτα ἡμῖν ξυνδοκεῖ, μετὰ ταῦτα τάδε σκοπῶμεν· εἰ μέλλει, φαμέν, καλῶς κεῖσθαι τὸ ὄνομα, τὰ προσήκοντα δεῖ αὐτὸ γράμματα ἔχειν ;

ΚΡ. Ναί.

ΣΩ. Προσήκει δὲ τὰ ὅμοια τοῖς πράγμασιν ; c

ΚΡ. Πάνυ γε.

ΣΩ. Τὰ μὲν ἄρα καλῶς κείμενα οὕτω κεῖται· εἰ δέ μή τι καλῶς ἐτέθη, τὸ μὲν ἂν πολὺ ἴσως ἐκ προσηκόντων εἴη γραμμάτων καὶ ὁμοίων, εἴπερ ἔσται εἰκών, ἔχοι δ' ἄν τι καὶ οὐ προσῆκον, δι' ὃ οὐκ ἂν καλὸν εἴη οὐδὲ καλῶς εἰργασμένον τὸ ὄνομα. Οὕτω φαμὲν ἢ ἄλλως ;

ΚΡ. Οὐδὲν δεῖ, οἶμαι, διαμάχεσθαι, ὦ Σώκρατες· ἐπεὶ οὐκ ἀρέσκει γέ με τὸ φάναι ὄνομα μὲν εἶναι, μὴ μέντοι καλῶς γε κεῖσθαι.

ΣΩ. Πότερον τοῦτο οὐκ ἀρέσκει σε, τὸ εἶναι τὸ ὄνομα d
δήλωμα τοῦ πράγματος ;

ΚΡ. Ἐμέ γε.

ΣΩ. Ἀλλὰ τὸ εἶναι τῶν ὀνομάτων τὰ μὲν ἐκ προτέρων ξυγκείμενα, τὰ δὲ πρῶτα, οὐ καλῶς σοι δοκεῖ λέγεσθαι ;

ΚΡ. Ἔμοιγε.

ΣΩ. Ἀλλὰ τὰ πρῶτα εἰ μέλλει δηλώματά τινων γίγνεσθαι, ἔχεις τινὰ καλλίω τρόπον τοῦ δηλώματα αὐτὰ γενέσθαι

b 1 πως Tb : πῶς BW || 9 δέ T pro τάδε || 10 αὐτὸ B : αὐτῷ T αὐτὸ δεῖ W || **c** 7 φῶμεν W pro φάμεν || ἤ Wb : ἦ BT || 8 μάχεσθαι T || 9 γέ μοι W pro γέ με || **d** 1 σε BT : σοι Wt || 3 ἐμέ γε Bekker : ἔμοιγε BW : ἐμοί T || γε — d 6 ἐμοὶ om. T add. t || 5 οὐ καλῶς Wt : οὐχ ἄλλως B || 7 τινων — d 8 δηλώματα om. W in marg. add. || τινων B : τινῶν TW.

e ble aux objets qu'ils doivent représenter ? ou es-tu plus content de cette explication, donnée par Hermogène[1] et beaucoup d'autres, que les noms sont des conventions et qu'ils représentent les objets pour ceux qui en sont convenus et connaissaient les objets par avance ? Admets-tu que la justesse d'un nom consiste dans cette convention, et que cette convention, il est indifférent de l'établir comme nous la voyons établie, ou, tout au contraire, d'appeler grand ce que nous appelons aujourd'hui petit, et petit ce que nous appelons grand ? Lequel de ces deux modes préfères-tu ?

434 a CRATYLE. — En tout et pour tout, Socrate, une imitation ressemblante est préférable au premier moyen venu, pour représenter ce qu'on représente.

SOCRATE. — Tu as raison. Donc, pour que le nom soit semblable à l'objet, les éléments dont on constituera les noms primitifs doivent, de toute nécessité, être naturellement semblables aux objets ? Je m'explique : aurait-on jamais composé le tableau dont nous parlions tout à l'heure[2] à la ressem-
b blance de la réalité, si la nature ne fournissait, pour composer les tableaux, des couleurs[3] semblables aux objets qu'imite la peinture ? Ne serait-ce pas impossible ?

CRATYLE. — Impossible.

SOCRATE. — De même aussi les noms pourraient-ils jamais ressembler à aucun objet, si ces éléments dont se composent les noms ne se trouvaient à l'origine offrir quelque ressemblance avec les objets dont les noms sont les imitations ? Or ces éléments qui doivent servir à la composition, ce sont les lettres ?

CRATYLE. — Oui.

c *Il y a dans l'établissement des noms une part de convention.*

SOCRATE. — Suis-moi donc, à ton tour, dans la question que j'examinais tout à l'heure avec Hermogène. Voyons : avons-nous, selon toi, raison de dire, oui ou non, que le r a de la ressemblance avec l'élan, le mouvement et la dureté[4] ?

1. 384 d sq.
2. 430 b sq.
3. Propr. *drogues*.
4. Cf. 426 c.

ἄλλον ἢ αὐτὰ ποιῆσαι ὅ τι μάλιστα τοιαῦτα οἷα ἐκεῖνα ἃ δεῖ e
δηλοῦν αὐτά ; ἢ ὅδε μᾶλλόν σε ἀρέσκει ὁ τρόπος ὃν Ἑρμογένης λέγει καὶ ἄλλοι πολλοί, τὸ ξυνθήματα εἶναι τὰ ὀνόματα καὶ δηλοῦν τοῖς ξυνθεμένοις, προειδόσι δὲ τὰ πράγματα, καὶ εἶναι ταύτην ὀρθότητα ὀνόματος, ξυνθήκην, διαφέρειν δὲ οὐδὲν ἐάντε τις ξυνθῆται ὥσπερ νῦν ξύγκειται, ἐάντε καὶ τοὐναντίον ἐπὶ μὲν ᾧ νῦν σμικρόν, μέγα καλεῖν, ἐπὶ δὲ ᾧ μέγα, σμικρόν ; πότερός σε ὁ τρόπος ἀρέσκει ;

ΚΡ. Ὅλῳ καὶ παντὶ διαφέρει, ὦ Σώκρατες, τὸ ὁμοιώματι 434 a
δηλοῦν ὅ τι ἄν τις δηλοῖ, ἀλλὰ μὴ τῷ ἐπιτυχόντι.

ΣΩ. Καλῶς λέγεις. Οὐκοῦν εἴπερ ἔσται τὸ ὄνομα ὅμοιον τῷ πράγματι, ἀναγκαῖον πεφυκέναι τὰ στοιχεῖα ὅμοια τοῖς πράγμασιν, ἐξ ὧν τὰ πρῶτα ὀνόματά τις ξυνθήσει ; ὧδε δὲ λέγω· ἆρά ποτ' ἂν τις ξυνέθηκεν ὃ νῦν δὴ ἐλέγομεν ζωγράφημα ὅμοιόν τῳ τῶν ὄντων, εἰ μὴ φύσει ὑπῆρχε
φαρμακεῖα ὅμοια ὄντα, ἐξ ὧν ξυντίθεται τὰ ζωγραφούμενα, b
ἐκείνοις ἃ μιμεῖται ἡ γραφική ; ἢ ἀδύνατον ;

ΚΡ. Ἀδύνατον.

ΣΩ. Οὐκοῦν ὡσαύτως καὶ ὀνόματα οὐκ ἄν ποτε ὅμοια γένοιτο οὐδενί, εἰ μὴ ὑπάρξει ἐκεῖνα πρῶτον ὁμοιότητά τινα ἔχοντα, ἐξ ὧν ξυντίθεται τὰ ὀνόματα, ἐκείνοις ὧν ἐστι τὰ ὀνόματα μιμήματα ; ἔστι δέ, ἐξ ὧν συνθετέον, στοιχεῖα ;

ΚΡ. Ναί.

ΣΩ. Ἤδη τοίνυν καὶ σὺ κοινώνει τοῦ λόγου οὗπερ ἄρτι
Ἑρμογένης. Φέρε, καλῶς σοι δοκοῦμεν λέγειν ὅτι τὸ ῥῶ τῇ c
φορᾷ καὶ κινήσει καὶ σκληρότητι προσέοικεν, ἢ οὐ καλῶς ;

e 1 αὐτὰ edd. : αὐτὸν BTW τὸ b || ἃ om. T || 2 ἤ W : ἦ T καὶ ἦ B καὶ ἤ b || σοι W pro σε || 7 ᾧ W : ō BT (sed ex emend. B) || 8 καλεῖ W pro καλεῖν || ᾧ BW : ῶ T || σοι W pro σε || **434 a** 3 τοὔνομα W || 4 ἀναγκαῖόν ἐστι W || τοῖς ex emend. B || 6 ἆρα ποτ' ἂν W : ὁπότ' ἂν uel ὁπόταν BT et corr. W || ὃ δὴ W pro ὃ νῦν δὴ || 7 ζῳγράφημα T || ὅμοιον τῷ B corr. b || **b** 1 φαρμακεια (sic) T : φαρμακείᾳ B φαρμακεια b φάρμακα W || ζῳγραφούμενα T || **c** 1 ῥῶ W : ῥῶ B ρ̄ T || 2 ἤ b : ἦ.

Cratyle. — Oui, à mon avis.

Socrate. — Et le l, avec le lisse, le doux et les autres propriétés dont nous parlions à l'instant[1] ?

Cratyle. — Oui.

Socrate. — Or sais-tu que pour la même notion nous disons, nous, *sklêrotês* (*dureté*), et les gens d'Érétrie *sklêrotêr*[2] ?

Cratyle. — Parfaitement.

Socrate. — Le r et le s ressemblent-ils donc l'un et l'autre à la même chose ? La même notion est-elle représentée par ces gens-là avec le r final et par nous avec le s, ou ne l'est-elle pas dans l'un des deux cas ?

d Cratyle. — Elle l'est dans les deux cas.

Socrate. — En tant que le r et le s se trouvent être semblables, ou en tant qu'ils ne le sont pas ?

Cratyle. — En tant que semblables.

Socrate. — Sont-ils donc semblables partout ?

Cratyle. — Du moins, peut-être, pour la représentation de la mobilité[3].

Socrate. — En est-il ainsi du l placé dans le nom ? N'exprime-t-il pas le contraire de la dureté[4] ?

Cratyle. — C'est peut-être qu'il n'est pas bien à sa place, Socrate. Comme dans les cas que tu citais tout à l'heure à Hermogène, en retranchant et insérant des lettres où il fallait — et justement, selon moi —, ici encore il faut peut-être substituer un r au l.

e Socrate. — Tu as raison. Mais quoi ! avec la prononciation actuelle[5] ne nous comprenons-nous point l'un l'autre quand on dit *sklêros* (*dur*), et toi-même ne sais-tu pas en ce moment de quoi je parle ?

Cratyle. — Je le sais par l'usage, mon cher ami.

1. Cf. 427 b.

2. L'ionien parlé en Eubée (à Érétrie et Chalcis), offrait des traits particuliers, notamment le passage de σ intervocalique à ρ. De plus, un σ final pouvait être remplacé par un ρ devant la voyelle initiale du mot suivant : ὅπωρ ἄν se lit dans une inscription d'Erétrie, pour ὅπως ἄν (A. Meillet, *Aperçu d'une histoire de la langue grecque*[1], p. 77).

3. 427 a, Socrate a dit que le σ est propre à exprimer l'*agitation*.

4. En effet le λ (voir plus haut, 434 c) exprime une notion de glissement et de mollesse.

5. C'est-à-dire en prononçant σκληρός, et non σκρηρός, comme le propose Cratyle.

ΚΡ. Καλῶς ἔμοιγε.

ΣΩ. Τὸ δὲ λάβδα τῷ λείῳ καὶ μαλακῷ καὶ οἷς νῦν δὴ ἐλέγομεν ;

ΚΡ. Ναί.

ΣΩ. Οἶσθα οὖν ὅτι ἐπὶ τῷ αὐτῷ ἡμεῖς μέν φαμεν « σκληρότης », Ἐρετριῆς δὲ « σκληρότηρ » ;

ΚΡ. Πάνυ γε.

ΣΩ. Πότερον οὖν τό τε ῥῶ καὶ τὸ σῖγμα ἔοικεν ἀμφότερα τῷ αὐτῷ, καὶ δηλοῖ ἐκείνοις τε τὸ αὐτὸ τελευτῶντος τοῦ ῥῶ καὶ ἡμῖν τοῦ σῖγμα, ἢ τοῖς ἑτέροις ἡμῶν οὐ δηλοῖ ;

ΚΡ. Δηλοῖ μὲν οὖν ἀμφοτέροις. d

ΣΩ. Πότερον ᾗ ὅμοια τυγχάνει ὄντα τὸ ῥῶ καὶ τὸ σῖγμα, ἢ ᾗ μή ;

ΚΡ. Ἧι ὅμοια.

ΣΩ. Ἦ οὖν ὅμοιά ἐστι πανταχῇ ;

ΚΡ. Πρός γε τὸ ἴσως φορὰν δηλοῦν.

ΣΩ. Ἦ καὶ τὸ λάβδα ἐγκείμενον ; οὐ τὸ ἐναντίον δηλοῖ σκληρότητος ;

ΚΡ. Ἴσως γὰρ οὐκ ὀρθῶς ἔγκειται, ὦ Σώκρατες· ὥσπερ καὶ ἃ νῦν δὴ σὺ πρὸς Ἑρμογένη ἔλεγες ἐξαιρῶν τε καὶ ἐντιθεὶς γράμματα οὗ δέοι, καὶ ὀρθῶς ἐδόκεις ἔμοιγε. Καὶ νῦν ἴσως ἀντὶ τοῦ λάβδα ῥῶ δεῖ λέγειν.

ΣΩ. Εὖ λέγεις. Τί οὖν ; νῦν ὡς λέγομεν, οὐδὲν μανθάνομεν ἀλλήλων, ἐπειδάν τις φῇ « σκληρόν », οὐδὲ οἶσθα σὺ νῦν ὅ τι ἐγὼ λέγω ; e

ΚΡ. Ἔγωγε, διά γε τὸ ἔθος, ὦ φίλτατε.

c 4 λάβδα B : λάμβδα W λ T || 7 τὸ αὐτὸ T pro τῷ αὐτῷ || 8 σκληρότηρ Par. 1808 : -ροτήρ BW -ροτηρ (sine accentu) T || 10 ῥῶ W : ρῶ B ρ̄ T || σιγμα B : σῖγμα W σ̄ T || ἔοικεν — c 12 σίγμα om. W in marg. add. || 12 ρῶ BW : ρ̄ T || σίγμα BW : σ̄ T || ἢ Wb : ἤ B ἦ T || d 2 τό τε W pro τὸ || ῥῶ W : ρῶ B ρ̄ T || καὶ TW : τε καὶ B || σίγμα BW : σ̄ T || 4 post ᾗ ὅμοια ras. in T || 5 ᾗ T pro ἤ || ἦ οὖν ὅμοια om. W || 7 λάβδα B : λάμβδα W λ T || 10 ἐξαιρῶν Heindorf : -αίρων || 12 λάβδα B : λάμβδα W λ T || ῥῶ W : ῥῶ B ρ̄ T.

SOCRATE. — Mais, en disant l'usage, crois-tu dire autre chose que la convention ? Par l'usage, ne veux-tu pas dire que moi, quand j'articule ce mot[1], j'ai cette chose-là dans l'esprit, et que toi, tu reconnais que c'est elle que j'ai dans l'esprit ? N'est-ce pas là ta pensée ?

435 a CRATYLE. — Oui.

SOCRATE. — Par conséquent, si tu la reconnais quand j'articule, tu obtiens de moi une représentation ?

CRATYLE. — Oui.

SOCRATE. — Et à l'aide d'une chose qui ne ressemble pas à ce que j'ai dans l'esprit quand j'articule, puisque le l est sans ressemblance avec cette *dureté* (*sklêrotês*) dont tu parles. Mais, s'il en est ainsi, n'est-il pas vrai que tu en es convenu avec toi-même, et que la justesse du nom devient pour toi une convention, puisque les lettres semblables et dissemblables sont également expressives, une fois admises par
b l'usage et la convention ? Même si l'usage n'a absolument rien d'une convention, ce n'est plus la ressemblance qu'on aura raison de définir un moyen de représenter, mais l'usage. Car il se sert également, paraît-il, du semblable et du dissemblable pour représenter. Mais puisque nous en sommes d'accord, Cratyle — car je prendrai ton silence pour un acquiescement —, la convention, en quelque manière, et l'usage doivent nécessairement contribuer à la représentation de ce que nous avons dans l'esprit en parlant. Prends-en effet, si tu veux, excellent Cratyle, le nombre pour exemple. Comment crois-tu pouvoir appliquer à chacun des
c nombres en particulier des noms qui leur ressemblent, si tu ne laisses à ton accord et à ta convention une autorité décisive en ce qui concerne la justesse des noms ? Moi aussi, j'aime que les noms soient autant que possible semblables aux objets : mais je crains qu'en réalité il ne faille ici, pour reprendre le mot d'Hermogène, tirer laborieusement[2] sur la ressemblance, et qu'on ne soit forcé de recourir encore, pour la justesse des noms, à cet expédient grossier de la convention. Autrement, la plus belle façon possible de parler consisterait sans doute à employer des noms qui fussent

1. Τοῦτο : c'est-à-dire σκληρός, autrement dit, *le nom* ; ἐκεῖνο : *la notion représentée par le nom.*

2. Cf. 414 c, καὶ μάλα γλίσχρως.

ΣΩ. Ἔθος δὲ λέγων οἴει τι διάφορον λέγειν ξυνθήκης ;
ἢ ἄλλο τι λέγεις τὸ ἔθος ἢ ὅτι ἐγώ, ὅταν τοῦτο φθέγγωμαι,
διανοοῦμαι ἐκεῖνο, σὺ δὲ γιγνώσκεις ὅτι ἐκεῖνο διανοοῦμαι ;
οὐ τοῦτο λέγεις ;

ΚΡ. Ναί. 435 a

ΣΩ. Οὐκοῦν εἰ γιγνώσκεις ἐμοῦ φθεγγομένου, δήλωμά
σοι γίγνεται παρ' ἐμοῦ ;

ΚΡ. Ναί.

ΣΩ. Ἀπὸ τοῦ ἀνομοίου γε ἢ ὃ διανοούμενος φθέγγομαι,
εἴπερ τὸ λάβδα ἀνόμοιόν ἐστι τῇ ᾗ φῂς σὺ σκληρότητι· εἰ
δὲ τοῦτο οὕτως ἔχει, τί ἄλλο ἢ αὐτὸς σαυτῷ ξυνέθου καί
σοι γίγνεται ἡ ὀρθότης τοῦ ὀνόματος ξυνθήκη, ἐπειδή γε
δηλοῖ καὶ τὰ ὅμοια καὶ τὰ ἀνόμοια γράμματα, ἔθους τε καὶ
ξυνθήκης τυχόντα ; εἰ δ' ὅ τι μάλιστα μή ἐστι τὸ ἔθος
ξυνθήκη, οὐκ ἂν καλῶς ἔτι ἔχοι λέγειν τὴν ὁμοιότητα b
δήλωμα εἶναι, ἀλλὰ τὸ ἔθος· ἐκεῖνο γάρ, ὡς ἔοικε, καὶ
ὁμοίῳ καὶ ἀνομοίῳ δηλοῖ. Ἐπειδὴ δὲ ταῦτα ξυγχωροῦμεν,
ὦ Κρατύλε — τὴν γὰρ σιγήν σου ξυγχώρησιν θήσω — ἀναγ-
καῖόν που καὶ ξυνθήκην τι καὶ ἔθος ξυμβάλλεσθαι πρὸς
δήλωσιν ὧν διανοούμενοι λέγομεν· ἐπεί, ὦ βέλτιστε, εἰ
θέλεις ἐπὶ τὸν ἀριθμὸν ἐλθεῖν, πόθεν οἴει ἕξειν ὀνόματα
ὅμοια ἑνὶ ἑκάστῳ τῶν ἀριθμῶν ἐπενεγκεῖν, ἐὰν μὴ ἐᾷς τι
τὴν σὴν ὁμολογίαν καὶ ξυνθήκην κῦρος ἔχειν τῶν ὀνομάτων c
ὀρθότητος πέρι ; ἐμοὶ μὲν οὖν καὶ αὐτῷ ἀρέσκει μὲν κατὰ
τὸ δυνατὸν ὅμοια εἶναι τὰ ὀνόματα τοῖς πράγμασιν· ἀλλὰ μὴ
ὡς ἀληθῶς, τὸ τοῦ Ἑρμογένους, γλίσχρα ᾖ ἡ ὁλκὴ αὕτη τῆς
ὁμοιότητος, ἀναγκαῖον δὲ ᾖ καὶ τῷ φορτικῷ τούτῳ προσ-
χρῆσθαι, τῇ ξυνθήκῃ, εἰς ὀνομάτων ὀρθότητα. Ἐπεὶ ἴσως
κατά γε τὸ δυνατὸν κάλλιστ' ἂν λέγοιτο ὅταν ἢ πᾶσιν ἢ

e 5 διαφέρειν W (sed o supra ε et ει) γρ. καὶ διάφορον in marg. || **435 a** 6 λάβδα B : λ TW || ἀνόμοιον TWb : ὅμοιον B || 7 αὐτὸ W pro σαυτῷ || 8 ἐπείπέρ W pro ἐπειδὴ || **b** 1 ἔτι om. W || ἔχοιέν τι pro ἔχοι W || 2 ἐκεῖνο* B (ἐκεῖνο b) || 5 συμβαλέσθαι T (corr. T) || 6 λέγωμεν T || εἰ ἐθελήσεις W.

tous, ou pour la plupart, semblables aux objets, c'est-à-dire
d appropriés ; et la plus laide, dans le cas contraire. Mais dis-moi encore après cela : quelle vertu nous font voir les noms, et quel bon effet devons-nous leur attribuer ?

La vertu propre des noms.

CRATYLE. — C'est d'enseigner, à mon avis, Socrate, et on peut dire absolument que, quand on sait les noms, on sait aussi les choses.

SOCRATE. — Sans doute veux-tu dire, Cratyle, que quand on saura de quelle nature est le nom — et il est de même
e nature que l'objet —, du même coup l'on connaîtra aussi l'objet, puisqu'il se trouve être semblable au nom, et qu'à ce compte il n'existe qu'une seule et même science pour toutes les choses semblables entre elles. Telle est, je crois, ta pensée, quand tu dis que celui qui connaîtra les noms connaîtra aussi les choses.

CRATYLE. — Rien de plus vrai.

SOCRATE. — Or çà, voyons quelle peut bien être cette manière dont tu parles maintenant d'enseigner les choses qui sont. En existe-t-il encore une, inférieure toutefois à celle-là, ou n'y en a-t-il pas d'autre ? quel est ton avis ?

436 a CRATYLE. — Moi, je crois qu'il n'en existe absolument pas d'autre, et que celle-là est à la fois la seule et la meilleure.

SOCRATE. — Et la découverte de ce qui est, se confondra-t-elle aussi avec elle ? En découvrant les noms, aura-t-on découvert aussi les objets désignés par les noms ? Ou bien recherche et découverte doivent-elles se faire d'une autre façon, tandis qu'on apprendra de cette manière [1] ?

CRATYLE. — Recherche et découverte doivent se faire absolument de cette même manière dans les mêmes conditions.

Les noms risquent de tromper.

SOCRATE. — Voyons, Cratyle, réfléchis-
b sons. Si, dans la recherche des choses, on prend les noms pour guides, en examinant le sens de chacun d'eux, réfléchis-tu qu'on court grand danger de se tromper ?

1. La *connaissance* toute faite (μαθεῖν) des choses par les noms, connaissance qui n'implique ni contrôle ni enquête, est nettement distinguée de la *recherche* (ζητεῖν καὶ εὑρίσκειν) *personnelle* (cf. αὐτοὺς

ὡς πλείστοις ὁμοίοις λέγηται, τοῦτο δ' ἐστὶ προσήκουσιν,
αἴσχιστα δὲ τοὐναντίον. Τόδε δέ μοι ἔτι εἰπὲ μετὰ ταῦτα, d
τίνα ἡμῖν δύναμιν ἔχει τὰ ὀνόματα καὶ τί φῶμεν αὐτὰ καλὸν
ἀπεργάζεσθαι ;

ΚΡ. Διδάσκειν ἔμοιγε δοκεῖ, ὦ Σώκρατες, καὶ τοῦτο πάνυ
ἁπλοῦν εἶναι, ὃς ἂν τὰ ὀνόματα ἐπίστηται, ἐπίστασθαι καὶ
τὰ πράγματα.

ΣΩ. Ἴσως γάρ, ὦ Κρατύλε, τὸ τοιόνδε λέγεις, ὡς ἐπειδάν
τις εἰδῇ τὸ ὄνομα οἷόν ἐστιν — ἔστι δὲ οἷόνπερ τὸ πρᾶγμα
— εἴσεται δὴ καὶ τὸ πρᾶγμα, ἐπείπερ ὅμοιον τυγχάνει ὂν e
τῷ ὀνόματι, τέχνη δὲ μία ἄρ' ἐστὶν ἡ αὐτὴ πάντων τῶν
ἀλλήλοις ὁμοίων. Κατὰ τοῦτο δή μοι δοκεῖς λέγειν ὡς ὃς ἂν
τὰ ὀνόματα εἰδῇ εἴσεται καὶ τὰ πράγματα.

ΚΡ. Ἀληθέστατα λέγεις.

ΣΩ. Ἔχε δή, ἴδωμεν τίς ποτ' ἂν εἴη ὁ τρόπος οὗτος τῆς
διδασκαλίας τῶν ὄντων ὃν σὺ λέγεις νῦν, καὶ πότερον ἔστι
μὲν καὶ ἄλλος, οὗτος μέντοι βελτίων, ἢ οὐδ' ἔστιν ἄλλος
ἢ οὗτος. Ποτέρως οἴει ;

ΚΡ. Οὕτως ἔγωγε, οὐ πάνυ τι εἶναι ἄλλον, τοῦτον δὲ καὶ 436 a
μόνον καὶ βέλτιστον.

ΣΩ. Πότερον δὲ καὶ εὕρεσιν τῶν ὄντων τὴν αὐτὴν ταύτην
εἶναι, τὸν τὰ ὀνόματα εὑρόντα καὶ ἐκεῖνα ηὑρηκέναι ὧν
ἐστι τὰ ὀνόματα· ἢ ζητεῖν μὲν καὶ εὑρίσκειν ἕτερον δεῖν
τρόπον, μανθάνειν δὲ τοῦτον ;

ΚΡ. Πάντων μάλιστα καὶ ζητεῖν καὶ εὑρίσκειν τὸν αὐτὸν
τρόπον τοῦτον κατὰ ταὐτά.

ΣΩ. Φέρε δὴ ἐννοήσωμεν, ὦ Κρατύλε, εἴ τις ζητῶν τὰ
πράγματα ἀκολουθοῖ τοῖς ὀνόμασι, σκοπῶν οἷον ἕκαστον b

c 8 ὁμοίοις W : -ίως BT et primit. W || **d** 5 ἐπίστασθαι in marg. add. t || 8 ἴδῃ T || **e** 3 καὶ γὰρ τοῦτο δὴ W || 8 μὲν om. W || ἢ Wb : ᾗ B ᾖ T || οὐδέν ἐστιν W || **436 a** 3 καὶ om. W || αἵρεσιν T (εὕρεσιν in marg. t) || 4 κἀκεῖνα W || 5 ᾗ B || 8 τουτονὶ W || ταὐτὰ Heindorf : ταῦτά || **b** 1 ἀκολουθοῖ B : -θεῖ TW.

Cratyle. — Comment cela ?

Socrate. — Celui qui le premier a établi les noms se réglait évidemment, pour établir les noms, sur l'idée qu'il se faisait des choses. C'est notre avis, n'est-ce pas ?

Cratyle. — Oui.

Socrate. — S'il ne s'en faisait pas une idée juste, et qu'il ait établi les noms sur cette idée, que nous arrivera-t-il selon toi, en le prenant pour guide ? Ne nous tromperons-nous pas ?

Cratyle. — Mais peut-être n'en est-il pas ainsi, Socrate,
c et l'auteur des noms les établissait-il nécessairement en connaissance de cause ; sans quoi, comme je l'ai dit depuis longtemps[1], il n'y aurait même pas de noms. La meilleure preuve, sache-le, que leur auteur a bien rencontré la vérité, c'est qu'il n'eût jamais réalisé un accord si complet. Toi-même, ne remarquais-tu pas, tout en parlant, l'analogie et la tendance commune de tous les noms[2] ?

Socrate. — Mais, mon bon Cratyle, cela n'est point un argument. Suppose que l'auteur se soit trompé au début, et
d qu'il ait de force ramené la suite à ce point de départ, pour l'obliger à être d'accord avec lui-même ; il ne serait point extraordinaire qu'il en fût ici comme dans les figures géométriques, où, la première étant parfois devenue une cause d'erreur par sa petitesse et son manque de netteté, on voit à sa suite toute la foule des autres s'accorder entre elles. C'est donc sur le point de départ qu'en toute chose tout le monde doit faire porter la plus grande partie de sa réflexion et de son étude, pour chercher s'il a été posé correctement ou non ; et c'est quand il a été bien éprouvé qu'on doit en voir
e découler le reste. D'ailleurs, je serais surpris que les noms fussent d'accord entre eux. Reprenons en effet l'examen de ceux que nous avons déjà passés en revue. C'est, disons-nous,

εἰδότας, 438 b), qui mène à la connaissance. Une opposition analogue se relève dans le *Phédon*, 85 c : ἢ μαθεῖν... ἢ εὑρεῖν.

1. Cratyle revient obstinément à son affirmation, pourtant réfutée par Socrate, que tous les noms dignes de cette appellation sont justes.

2. Socrate avait en effet déclaré (411 c), en commençant l'examen des notions morales, que l'attribution des noms aux choses s'est essentiellement réglée sur l'idée qu'elles sont en proie au mouvement. En ce sens, les noms témoignaient tous de la même tendance, et Socrate l'a fait observer plusieurs fois.

βούλεται εἶναι, ἆρ' ἐννοεῖς ὅτι οὐ σμικρὸς κίνδυνός ἐστιν ἐξαπατηθῆναι ;

ΚΡ. Πῶς ;

ΣΩ. Δῆλον ὅτι ὁ θέμενος πρῶτος τὰ ὀνόματα, οἷα ἡγεῖτο εἶναι τὰ πράγματα, τοιαῦτα ἐτίθετο καὶ τὰ ὀνόματα, ὥς φαμεν. Ἦ γάρ ;

ΚΡ. Ναί.

ΣΩ. Εἰ οὖν ἐκεῖνος μὴ ὀρθῶς ἡγεῖτο, ἔθετο δὲ οἷα ἡγεῖτο, τί οἴει ἡμᾶς τοὺς ἀκολουθοῦντας αὐτῷ πείσεσθαι ; ἄλλο τι ἢ ἐξαπατηθήσεσθαι ;

ΚΡ. Ἀλλὰ μὴ οὐχ οὕτως ἔχῃ, ὦ Σώκρατες, ἀλλ' ἀναγκαῖον ᾖ εἰδότα τίθεσθαι τὸν τιθέμενον τὰ ὀνόματα· εἰ δὲ μή, ὅπερ c
πάλαι ἐγὼ ἔλεγον, οὐδ' ἂν ὀνόματα εἴη. Μέγιστον δέ σοι ἔστω τεκμήριον ὅτι οὐκ ἔσφαλται τῆς ἀληθείας ὁ τιθέμενος· οὐ γὰρ ἄν ποτε οὕτω ξύμφωνα ἦν αὐτῷ ἅπαντα. Ἢ οὐκ ἐνενόεις αὐτὸς λέγων ὡς πάντα κατὰ ταὐτὸν καὶ ἐπὶ ταὐτὸν ἐγίγνετο τὰ ὀνόματα ;

ΣΩ. Ἀλλὰ τοῦτο μέν, ὠγαθὲ Κρατύλε, οὐδέν ἐστιν ἀπολόγημα. Εἰ γὰρ τὸ πρῶτον σφαλεὶς ὁ τιθέμενος τἆλλα ἤδη πρὸς τοῦτ' ἐβιάζετο καὶ αὑτῷ ξυμφωνεῖν ἠνάγκαζεν, οὐδὲν d
ἄτοπον, ὥσπερ τῶν διαγραμμάτων ἐνίοτε τοῦ πρώτου σμικροῦ καὶ ἀδήλου ψευδοῦς γενομένου, τὰ λοιπὰ πάμπολλα ἤδη ὄντα ἑπόμενα ὁμολογεῖν ἀλλήλοις. Δεῖ δὴ περὶ τῆς ἀρχῆς παντὸς πράγματος παντὶ ἀνδρὶ τὸν πολὺν λόγον εἶναι καὶ τὴν πολλὴν σκέψιν εἴτε ὀρθῶς εἴτε μὴ ὑπόκειται· ἐκείνης δὲ ἐξετασθείσης ἱκανῶς, τὰ λοιπὰ φαίνεσθαι ἐκείνῃ ἑπόμενα. Οὐ μέντοι ἀλλὰ θαυμάζοιμ' ἂν εἰ καὶ τὰ ὀνόματα ξυμφωνεῖ αὐτὰ αὑτοῖς. Πάλιν γὰρ ἐπισκεψώμεθα e
ἃ τὸ πρότερον διήλθομεν. Ὡς τοῦ παντὸς ἰόντος τε καὶ

b 2 ὁ κίνδυνός W || 12 ἀλλὰ μὴ — c 1 τίθεσθαι om. W sed in marg. add. || ἔχῃ B : -χει TW || c 3 ἔστω σοι W || 5 ἐννοεῖς W || κατὰ ταυτὸν W : κατ' αὐτὸ B om. T || 6 ἐγένετο W || d 1 αὑτῷ T : αὐ- BW || 3 ψευδοῦς T : ψεύδους BW || e 1 αὑτοῖς B : αὐ- TW.

en ce sens que tout marche, se meut et s'écoule, que les noms nous indiquent la réalité. N'est-ce pas là ce qu'ils montrent, à ton avis ?

437 a CRATYLE. — Parfaitement. Et j'ajoute qu'ils l'indiquent justement.

Noms qui peuvent indiquer le repos aussi bien que le mouvement.

SOCRATE. — Parmi eux reprenons donc d'abord ce nom d'*épistêmê* (*science*), et considérons combien il est équivoque. Il paraît signifier qu'il *arrête* (*histési*) notre âme sur les objets plutôt qu'il n'accompagne leur mouvement ; et il est plus juste d'en prononcer le début comme nous faisons maintenant que de retrancher l'é pour dire *pistêmê* [1]. Ensuite le mot *bébaion* (*stable*) paraît être l'imitation d'une *base* (*basis*) et d'un arrêt, non d'une mobilité.
b Le mot *historia* (*connaissance*) signifie par lui-même l'*arrêt* (*histêsi*) de l'*écoulement* (*rhous*). Et *piston* (*sûr*) signifie expressément, lui aussi, *arrêtant* (*histan*). Ensuite *mnêmê* (*mémoire*) indique pour le premier venu une *halte* (*monê*) dans l'âme, et non un élan. Prenons encore, si tu veux, *hamartia* (*erreur*) et *sumphora* (*accident*) ; si l'on se règle sur le nom, ils apparaîtront identiques à cette *compréhension* (*sunésis*) dont nous parlions, à la *science* (*épistêmê*) et à tous les autres noms qui désignent des choses de prix [2]. Allons plus loin : *amathia* (*ignorance*) et *akolasia* (*dérèglement*) paraissent en être très voisins. L'un, *amathia*, semble être la
c démarche *qui accompagne Dieu dans son mouvement* (*hama théô iontos*) ; et *akolasia* paraît désigner expressément l'*action de suivre* (*akolouthia*) les choses. Ainsi, les noms que nous croyons appliqués aux choses les plus mauvaises apparaîtront tout à fait semblables à ceux qui désignent les meilleures. Et en s'en donnant la peine, on en trouverait, je crois, beaucoup d'autres dont on pourrait conclure au contraire que

1. Cet endroit, où Socrate rattache le mot ἐπιστήμη à la notion de *repos* (ou d'*arrêt*), est inséparable de 412 a, où il expliquait le même nom par une idée contraire, celle du mouvement. Mais dans les deux cas le texte est incertain (voir la note à 412 a). En suivant Schanz, comme nous l'avons fait, on est obligé d'écrire ἐκβάλλοντες, et de considérer comme une intrusion les mots ἀλλὰ — ἰῶτα.

2. Rattaché à ὁμαρτεῖν, *accompagner* (et non à ἁμαρτεῖν),

φερομένου καὶ ῥέοντός φαμεν σημαίνειν ἡμῖν τὴν οὐσίαν τὰ ὀνόματα. Ἄλλο τι οὕτω σοι δοκεῖ δηλοῦν ;

ΚΡ. Πάνυ σφόδρα, καὶ ὀρθῶς γε σημαίνει. 437 a

ΣΩ. Σκοπῶμεν δὴ ἐξ αὐτῶν ἀναλαβόντες πρῶτον μὲν τοῦτο τὸ ὄνομα, τὴν « ἐπιστήμην », ὡς ἀμφίβολόν ἐστι, καὶ μᾶλλον ἔοικε σημαίνοντι ὅτι ἵστησιν ἡμῶν ἐπὶ τοῖς πράγμασι τὴν ψυχὴν ἢ ὅτι ξυμπεριφέρεται, καὶ ὀρθότερόν ἐστιν ὥσπερ νῦν αὐτοῦ τὴν ἀρχὴν λέγειν μᾶλλον ἢ ἐκβάλλοντας τὸ εἶ « πιστήμην » [, ἀλλὰ τὴν ἐμβολὴν ποιήσασθαι ἀντὶ τῆς ἐν τῷ εἶ ἐν τῷ ἰῶτα]. Ἔπειτα τὸ « βέβαιον », ὅτι βάσεώς τινός ἐστιν καὶ στάσεως μίμημα, ἀλλ' οὐ φορᾶς. Ἔπειτα ἡ « ἱστορία » αὐτό που σημαίνει ὅτι ἵστησι τὸν b
ῥοῦν. Καὶ τὸ « πιστὸν » ἱστὰν παντάπασι σημαίνει. Ἔπειτα δὲ ἡ « μνήμη » παντί που μηνύει ὅτι μονή ἐστιν ἐν τῇ ψυχῇ, ἀλλ' οὐ φορά. Εἰ δὲ βούλει, ἡ « ἁμαρτία » καὶ ἡ « ξυμφορά », εἰ κατὰ τὸ ὄνομά τις ἀκολουθήσει, φανεῖται ταὐτὸν τῇ « ξυνέσει » ταύτῃ καὶ « ἐπιστήμῃ » καὶ τοῖς ἄλλοις πᾶσι τοῖς περὶ τὰ σπουδαῖα ὀνόμασιν. Ἔτι τοίνυν ἡ « ἀμαθία » καὶ ἡ « ἀκολασία » παραπλησία τούτοις φαίνεται· ἡ μὲν γὰρ τοῦ ἅμα θεῷ ἰόντος πορεία φαίνεται, c
ἡ « ἀμαθία », ἡ δ' « ἀκολασία » παντάπασιν ἀκολουθία τοῖς πράγμασι φαίνεται. Καὶ οὕτως, ἃ νομίζομεν ἐπὶ τοῖς κακίστοις ὀνόματα εἶναι, ὁμοιότατ' ἂν φαίνοιτο τοῖς ἐπὶ τοῖς καλλίστοις. Οἶμαι δὲ καὶ ἄλλα πόλλ' ἄν τις εὕροι, εἰ πραγματεύοιτο, ἐξ ὧν οἰηθείη ἂν αὖ πάλιν τὸν τὰ ὀνόματα

Testim. : **437 b** ἡ μνήμη — 4 φορά Stob., *Flor.*, 25, 2.

e 3 ῥέοντος om. sed in marg. ante ἰόντος add. W || 4 ἄλλο τι ἢ b || δηλοῦν δοκεῖ W || **437 a** 2 ἀναλαμβάνοντες W || μὲν δὴ T sed δὴ punctis not. t || 3 ἐστι om. T || 4 σημαίνοντι W : σημαῖνόν τι Bt σημαινοντι (sine accentu) T || 6 λέγειν τὴν ἀρχὴν W || ἐκβάλλοντας B : ἐμ- TW || 7 εῖ W : εἰ B ε̄ Tb || πιστήμην Cornarius : ἐπιστήμην || ἀλλὰ — 8 ἰῶτα secl. Ast || 8 εῑ BW : ε̄ Tb || ἰῶτα BW : ῑ T || **b** 2 ἱστὰν Cobet : -τᾶν || 5 εἴ τις κατὰ τὰ ὀνόματα ἀκολουθήσει W || **c** 1 ἰόντος B (corr. b).

l'auteur des noms désignait les choses comme étant, non pas en marche ni en mouvement, mais en repos.

d CRATYLE. — Tu vois pourtant, Socrate, que la plupart du temps c'est l'autre sens qu'il donnait.

SOCRATE. — Qu'importe, Cratyle? Irons-nous compter les noms, comme des bulletins de vote, et est-ce en cela que consistera leur justesse? Est-ce du côté où l'on verra les noms désigner le plus grand nombre d'objets que se trouvera la vérité?

CRATYLE. — Ce n'est pas vraisemblable.

L'auteur des noms a pu ne pas les établir en connaissance de cause.

438 a SOCRATE. — Non, mon cher, en aucune façon. Mais laissons-là ce sujet, pour revenir au point de départ qui nous avait amenés ici. Tout à l'heure, dans la discussion précédente [1], si tu t'en souviens, tu affirmais que l'auteur des noms devait nécessairement connaître les objets auxquels il les appliquait. Es-tu encore de cet avis, oui ou non?

CRATYLE. — Je le crois encore.

SOCRATE. — Et l'auteur des noms primitifs, est-ce en connaissance de cause qu'il les établissait aussi, à ton avis?

CRATYLE. — Oui.

SOCRATE. — A l'aide de quels noms avait-il donc pu apprendre ou découvrir les choses, si les noms primitifs n'étaient

b pas encore établis, et si d'autre part il est impossible, selon nous [2], d'apprendre et de découvrir les choses sans avoir appris ou découvert soi-même les noms qui les désignent?

CRATYLE. — L'objection, Socrate, me paraît sérieuse.

SOCRATE. — Comment donc dirons-nous qu'ils les ont

ἁμαρτία indiquera le mouvement, qui est le bien suivant l'école d'Héraclite. De même συμφορά, expliqué par συμφέρεσθαι, *se mouvoir avec*. Ces deux noms deviendront ainsi synonymes de σύνεσις (rapporté à σύνειμι, *aller avec*, cf. 412 a, et non à συνίημι) et de ἐπιστήμη, entendu dans le premier sens. — Il va sans dire que cette nouvelle série d'étymologies n'a pas plus de valeur scientifique que la première aux yeux de Platon. Le procédé auquel revient Socrate a été expressément condamné par lui. L'auteur s'achemine à la conclusion finale : il est imprudent de demander aux noms la connaissance des choses.

1. 436 b sq.
2. Voir 435 de.

τιθέμενον οὐχὶ ἰόντα οὐδὲ φερόμενα, ἀλλὰ μένοντα τὰ πρά-
γματα σημαίνειν.

ΚΡ. Ἀλλ', ὦ Σώκρατες, ὁρᾷς ὅτι τὰ πολλὰ ἐκείνως d
ἐσήμαινεν.

ΣΩ. Τί οὖν τοῦτο, ὦ Κρατύλε ; ὥσπερ ψήφους διαριθμη-
σόμεθα τὰ ὀνόματα, καὶ ἐν τούτῳ ἔσται ἡ ὀρθότης ; ὁπότερα
ἂν πλείω φαίνηται τὰ ὀνόματα σημαίνοντα, ταῦτα δὴ ἔσται
τἀληθῆ ;

ΚΡ. Οὔκουν εἰκός γε.

ΣΩ. Οὐδ' ὁπωστιοῦν, ὦ φίλε. Καὶ ταῦτα μέν γε αὐτοῦ
ἐάσωμεν, ἐπανέλθωμεν δὲ πάλιν ὅθεν δεῦρο μετέβημεν. 438 a
Ἄρτι γὰρ ἐν τοῖς πρόσθεν, εἰ μέμνησαι, τὸν τιθέμενον τὰ
ὀνόματα ἀναγκαῖον ἔφησθα εἶναι εἰδότα τίθεσθαι οἷς
ἐτίθετο. Πότερον οὖν ἔτι σοι δοκεῖ οὕτως ἢ οὔ ;

ΚΡ. Ἔτι.

ΣΩ. Ἦ καὶ τὸν τὰ πρῶτα τιθέμενον εἰδότα φῄς
τίθεσθαι ;

ΚΡ. Εἰδότα.

ΣΩ. Ἐκ ποίων οὖν ὀνομάτων ἢ μεμαθηκὼς ἢ ηὑρηκὼς
ἦν τὰ πράγματα, εἴπερ τά γε πρῶτα μήπω ἔκειτο, μαθεῖν b
δ' αὖ φαμεν τὰ πράγματα καὶ εὑρεῖν ἀδύνατον εἶναι ἄλλως
ἢ τὰ ὀνόματα μαθόντας ἢ αὐτοὺς ἐξευρόντας οἷά ἐστι ;

ΚΡ. Δοκεῖς τί μοι λέγειν, ὦ Σώκρατες.

ΣΩ. Τίνα οὖν τρόπον φῶμεν αὐτοὺς εἰδότας θέσθαι ἢ

c 8 σημαίνει W || **d** 1 ἐκείνῳ B (corr. b) || **438 a** 1 post ἐάσωμεν add. W : τάδε δὲ ἐπισκεψώμεθα εἰ ἡμῖν καὶ τῇδε ὁμολογεῖς εἴτε καὶ οὔ. φέρε, τοὺς τὰ ὀνόματα ἐν ταῖς πόλεσι τιθεμένους ἑκάστοτε, ἔν τε ταῖς Ἑλληνικαῖς καὶ βαρβαρικαῖς, οὐκ ἀρτίως ὁμολογοῦμεν νομοθέτας εἶναι καὶ τὴν τέχνην τὴν τοῦτο δυναμένην νομοθετικήν ; (ΚΡ.) Πάνυ γε : (ΣΩ.) Λέγε δή, οἱ πρῶτοι νομοθέται τὰ πρῶτα ὀνόματα πότερον γιγνώσκοντες τὰ πράγματα, οἷς ἐτίθεντο, ἐτίθεντο ἢ ἀγνοοῦντες ; (ΚΡ.) Οἶμαι μὲν ἐγώ, ὦ Σώκρατες, γιγνώσκοντες : (ΣΩ.) Οὐ γάρ που, ὦ ἑταῖρε Κρατύλε, ἀγνοοῦντές γε : (ΚΡ.) Οὔ μοι δοκεῖ : mox add. ἐκ ποίων δέ, significans a 1 ἐπανέλθωμεν — a 8 εἰδότα omittenda esse || δὲ om. W || 4 οὕτως ex οὗτος fecit T || ἢ Wb : ἦ BT.

établis en connaissance de cause, ou qu'ils faisaient œuvre de législateurs, avant l'existence d'aucun nom qu'ils pussent connaître, si vraiment on ne peut apprendre les choses qu'à l'aide des noms ?

c CRATYLE. — A mon avis, Socrate, voici sur ce sujet l'explication la plus vraie : c'est une puissance supérieure à l'homme qui a donné aux choses les noms primitifs, en sorte qu'ils sont nécessairement justes.

SOCRATE. — Alors, à ton avis, cet auteur se serait contredit lui-même [1] en les établissant, bien qu'il fût un génie ou un dieu ? Ou n'accordes-tu aucune valeur à ce que nous disions il y a un instant ?

CRATYLE. — C'est peut-être que l'une des deux catégories ne représente pas vraiment des noms.

SOCRATE. — Laquelle, excellent Cratyle ? Veux-tu parler de ceux qui se rapportent au repos, ou de ceux qui ont trait au mouvement ? Car, comme nous le disions tout à l'heure, ce n'est sans doute pas le nombre qui décidera.

d CRATYLE. — Non, Socrate, ce ne serait pas juste.

SOCRATE. — Dans cette guerre civile où sont entrés les noms, chaque parti revendiquant le privilège d'être semblable à la vérité, sur quoi nous fonderons-nous désormais pour décider, ou à quoi aurons-nous recours ? Ce ne sera sans doute pas à d'autres noms différents de ceux-là — il n'en est point —, et il faut évidemment chercher, en dehors des noms, d'autres lumières capables de nous montrer sans l'aide des noms laquelle des deux catégories est la vraie, évidemment en faisant voir la vérité de ce qui est.

e CRATYLE. — C'est mon avis.

Il faut s'adresser aux choses pour les connaître, plutôt qu'aux noms.

SOCRATE. — Il est donc possible, ce semble, Cratyle, d'apprendre ce qui est sans l'aide des noms, s'il en va ainsi.

CRATYLE. — Apparemment.

SOCRATE. — De quel autre moyen attends-tu donc encore cette connaissance, sinon de celui qui est à la fois naturel et le plus légitime, en apprenant à connaître les choses les unes par les autres, si elles ont quelque parenté, ou en soi et par elles-mêmes ? Car sans doute,

1. Voir 437 c sq.

νομοθέτας εἶναι, πρὶν καὶ ὁτιοῦν ὄνομα κεῖσθαί τε καὶ ἐκείνους εἰδέναι, εἴπερ μὴ ἔστι τὰ πράγματα μαθεῖν ἀλλ' ἢ ἐκ τῶν ὀνομάτων;

ΚΡ. Οἶμαι μὲν ἐγὼ τὸν ἀληθέστατον λόγον περὶ τούτων c
εἶναι, ὦ Σώκρατες, μείζω τινὰ δύναμιν εἶναι ἢ ἀνθρωπείαν τὴν θεμένην τὰ πρῶτα ὀνόματα τοῖς πράγμασιν, ὥστε ἀναγκαῖον εἶναι αὐτὰ ὀρθῶς ἔχειν.

ΣΩ. Εἶτα, οἴει, ἐναντία ἂν ἐτίθετο αὐτὸς αὑτῷ ὁ θείς, ὢν δαίμων τις ἢ θεός; ἢ οὐδέν σοι ἐδοκοῦμεν ἄρτι λέγειν;

ΚΡ. Ἀλλὰ μὴ οὐκ ᾖ τούτων τὰ ἕτερα ὀνόματα.

ΣΩ. Πότερα, ὦ ἄριστε, τὰ ἐπὶ τὴν στάσιν ἄγοντα ἢ τὰ ἐπὶ τὴν φοράν; οὐ γάρ που κατὰ τὸ ἄρτι λεχθὲν πλήθει κριθήσεται.

ΚΡ. Οὔτοι δὴ δίκαιόν γε, ὦ Σώκρατες. d

ΣΩ. Ὀνομάτων οὖν στασιασάντων, καὶ τῶν μὲν φασκόντων ἑαυτὰ εἶναι τὰ ὅμοια τῇ ἀληθείᾳ, τῶν δ' ἑαυτά, τίνι ἔτι διακρινοῦμεν, ἢ ἐπὶ τί ἐλθόντες; οὐ γάρ που ἐπὶ ὀνόματά γε ἕτερα ἄλλα τούτων· οὐ γὰρ ἔστιν, ἀλλὰ δῆλον ὅτι ἄλλ' ἄττα ζητητέα πλὴν ὀνομάτων, ἃ ἡμῖν ἐμφανιεῖ ἄνευ ὀνομάτων ὁπότερα τούτων ἐστὶ τἀληθῆ, δείξαντα δῆλον ὅτι τὴν ἀλήθειαν τῶν ὄντων.

ΚΡ. Δοκεῖ μοι οὕτω. e

ΣΩ. Ἔστιν ἄρα, ὡς ἔοικεν, ὦ Κρατύλε, δυνατὸν μαθεῖν ἄνευ ὀνομάτων τὰ ὄντα, εἴπερ ταῦτα οὕτως ἔχει.

ΚΡ. Φαίνεται.

ΣΩ. Διὰ τίνος ἄλλου οὖν ἔτι προσδοκᾷς ἂν αὐτὰ μαθεῖν; ἆρα δι' ἄλλου του ἢ οὗπερ εἰκός τε καὶ δικαιότατον, δι' ἀλλήλων γε, εἴ πῃ ξυγγενῆ ἐστιν, καὶ αὐτὰ δι' αὑτῶν;

b 6 κεῖσθαι : θέσθαι in marg. t || 7 ἀλλ' ἢ BW : ἀλλὴ T || **c** 5 ὁ θεὶς ὢν W et in marg. t : ὁ θήσων BT || 6 τίς B || ἢ W : ἦ B ἥ T || 7 ᾖ : ἦν codd. || 9 συμφοράν T pro φοράν (sed συμ punctis not. t) || πω T pro που || **d** 1 οὔτοι W : οὕτω BT et primit. W || 3 τῶν δὲ αὐτὰ W || 4 ἐπὶ τί : ἐπί τι codd. || 6 ἅττα T || ἐμφανιεῖ B et in ras., ut uidet., W : ἐμφανῆ εἶ T || **e** 5 αὐτὰ W : ταῦτα BT ταὐτὰ t || 6 τοῦ b || ἢ BW : ᾗ T || 7 τε Heindorf pro γε || αὐτῶν T.

ce qui diffère d'elles et leur est étranger indiquera un objet différent et étranger, et non pas ces choses-là.

CRATYLE. — Tu me parais avoir raison.

439 a SOCRATE. — Un instant[1], par Zeus ! Et les noms, n'avons-nous pas reconnu à plusieurs reprises que, quand ils sont bien établis, ils ressemblent aux objets qu'ils désignent et sont les images des choses ?

CRATYLE. — Oui.

SOCRATE. — Si donc on peut acquérir par les noms une connaissance des choses aussi parfaite que possible, et si on le peut aussi par les choses elles-mêmes, quelle sera, de ces deux formes de connaissance, la plus belle et la plus exacte ? Est-ce de l'image qu'il faudra partir pour apprendre, en l'étudiant en elle-même, si la copie est bonne, et connaître en même temps la vérité dont elle est l'image ? Ou est-ce de
b la vérité, pour la connaître en elle-même, et voir à la fois si son image a été convenablement exécutée ?

CRATYLE. — C'est de la vérité qu'il faut nécessairement partir, à mon avis.

SOCRATE. — Connaître de quelle manière on doit apprendre ou découvrir les choses qui sont est peut-être au-dessus de mes forces et des tiennes[2]. Contentons-nous de convenir que ce n'est pas des noms qu'il faut partir, mais qu'il faut et apprendre et rechercher les choses en partant d'elles-mêmes bien plutôt que des noms.

CRATYLE. — Apparemment, Socrate.

SOCRATE. — Prenons garde encore que tous ces noms de
c même tendance ne réussissent à nous induire en erreur, si vraiment leurs auteurs les ont établis dans l'idée que tout est en proie à un mouvement et un écoulement perpétuels — car à mon avis, ils avaient, eux aussi[3], cette idée —, et si, d'aventure, loin que les choses se passent ainsi, c'est eux qui

1. La locution ἔγε δή, qu'on trouve plusieurs fois chez Platon, marque comme une pause dans le raisonnement, en appelant sur ce qui va suivre l'attention de l'interlocuteur.

2. Platon a voulu seulement, sur un point particulier, dégager les abords du problème de la connaissance. Ce problème fondamental, il ne l'examinera que plus tard. Mais il a déjà réfléchi aux conditions dans lesquelles il doit être posé.

3. C'est-à dire : comme ceux qui plus tard ont expressément formulé et développé cette théorie.

τὸ γάρ που ἕτερον ἐκείνων καὶ ἀλλοῖον ἕτερον ἄν τι καὶ ἀλλοῖον σημαίνοι, ἀλλ' οὐκ ἐκεῖνα.

ΚΡ. Ἀληθῆ μοι φαίνει λέγειν.

ΣΩ. Ἔχε δὴ πρὸς Διός· τὰ δὲ ὀνόματα οὐ πολλάκις 439 a
μέντοι ὡμολογήσαμεν τὰ καλῶς κείμενα ἐοικότα εἶναι ἐκείνοις ὧν ὀνόματα κεῖται, καὶ εἶναι εἰκόνας τῶν πραγμάτων ;

ΚΡ. Ναί.

ΣΩ. Εἰ οὖν ἔστι μὲν ὅ τι μάλιστα δι' ὀνομάτων τὰ πράγματα μανθάνειν, ἔστι δὲ καὶ δι' αὐτῶν, ποτέρα ἂν εἴη καλλίων καὶ σαφεστέρα ἡ μάθησις ; ἐκ τῆς εἰκόνος μανθάνειν αὐτήν τε αὑτὴν εἰ καλῶς ᾔκασται, καὶ τὴν ἀλήθειαν ἧς ἦν εἰκών, ἢ ἐκ τῆς ἀληθείας αὐτήν τε αὑτὴν καὶ τὴν b
εἰκόνα αὐτῆς εἰ πρεπόντως εἴργασται ;

ΚΡ. Ἐκ τῆς ἀληθείας μοι δοκεῖ ἀνάγκη εἶναι.

ΣΩ. Ὅντινα μὲν τοίνυν τρόπον δεῖ μανθάνειν ἢ εὑρίσκειν τὰ ὄντα, μεῖζον ἴσως ἐστὶν ἐγνωκέναι ἢ κατ' ἐμὲ καὶ σέ· ἀγαπητὸν δὲ καὶ τοῦτο ὁμολογήσασθαι ὅτι οὐκ ἐξ ὀνομάτων, ἀλλὰ πολὺ μᾶλλον αὐτὰ ἐξ αὑτῶν καὶ μαθητέον καὶ ζητητέον ἢ ἐκ τῶν ὀνομάτων.

ΚΡ. Φαίνεται, ὦ Σώκρατες.

ΣΩ. Ἔτι τοίνυν τόδε σκεψώμεθα, ὅπως μὴ ἡμᾶς τὰ πολλὰ ταῦτα ὀνόματα ἐς ταὐτὸν τείνοντα ἐξαπατᾷ, εἰ τῷ c
ὄντι μὲν οἱ θέμενοι αὐτὰ διανοηθέντες γε ἔθεντο ὡς ἰόντων ἁπάντων ἀεὶ καὶ ῥεόντων — φαίνονται γὰρ ἔμοιγε καὶ αὐτοὶ οὕτω διανοηθῆναι — τὸ δ', εἰ ἔτυχεν, οὐχ οὕτως ἔχει, ἀλλ'

e 8 ἀλλοῖον γρ. in marg. W : ἄλλο ὂν BT || 9 σημαίνει W || **439 a** 2 ὡμολογήσαμεν BT : -χαμεν Wt || 7 αὐτῶν Baiter : αὐ- || πότερα T || 8 καλλίω T || 9 τε αὐτὴν T : τε αὑτὴν BW || ᾔκασται scripsi : εἴκ- || **b** 1 εἰκών B : ἡ εἰκὼν TW || τε αὑτὴν edd. : τε αὐτὴν BW (primit. αὐ-W ut uidet.) τε αὔτην (sic) T || καὶ om. W, sed post αὐτὴν unum uel plura uerba erasa || 5 μείζων B || 6 τόδε W pro τοῦτο || 7 αὑτῶν B : ἑαυ- W αὐ- T || **c** 1 ἐξαπατᾷ, εἰ Wyttenbach : ἐξαπατᾶται καὶ B ἐξαπατᾷ καὶ TWb || 2 γε Ast : τε || ἰόντων T : ἰόντων B ἰόντων τε W || 3 ἔμοιγε αὐτοὶ W.

sont tombés eux-mêmes dans une sorte de tourbillon [1] où ils se brouillent et se confondent, et où ils nous précipitent à leur suite. Examine en effet, admirable Cratyle, la rêverie [2] qui m'occupe souvent. Devons-nous dire ou non qu'il existe une chose belle et bonne en soi, et qu'il en est de même
d pour chacun des êtres en particulier ?

Cratyle. — Oui, Socrate, à mon avis.

Le Beau en soi.

Socrate. — Examinons donc cette chose en soi, non pour savoir si un visage ou un objet du même genre est beau et si tout cela paraît être en proie à l'écoulement, mais en considérant le beau en soi. Ne dirons-nous pas qu'il est toujours pareil à lui-même ?

Cratyle. — Nécessairement.

Socrate. — Est-il donc possible, s'il passe sans cesse, d'indiquer par une appellation juste d'abord qu'il est cela, ensuite qu'il a ce caractère ? Tandis que nous parlons, ne doit-il pas devenir autre à l'instant, se dérober et ne plus être en cet état ?

Cratyle. — Nécessairement.

e Socrate. — Comment donc attribuer l'être à ce qui n'est jamais dans le même état ? Si à un moment quelconque il s'arrête dans le même état, pendant ce temps-là du moins il est clair qu'il ne se déplace point ; et s'il est toujours dans le même état et toujours le même, comment pourrait-il changer ou se mouvoir, en ne s'écartant pas de sa forme ?

Cratyle. — Il ne le pourrait en aucune façon.

La doctrine d'Héraclite. Nécessité d'un nouvel examen.

Socrate. — En outre, il ne saurait non
440 a plus être connu de personne. A l'approche de qui voudrait le connaître, il deviendrait autre et différent, si bien qu'on ne pourrait plus savoir ce qu'il est ou quel est son état. Aucune connaissance, évidemment, ne connaît l'objet auquel elle s'applique, s'il n'a point d'état déterminé.

Cratyle. — Il en est comme tu dis.

Socrate. — De connaissance non plus il ne peut être

1. Cf. 411 b.
2. Dans la *République,* 533 c, ὀνειρώττειν désigne une conception

οὗτοι αὐτοί τε ὥσπερ εἴς τινα δίνην ἐμπεσόντες κυκῶνται καὶ ἡμᾶς ἐφελκόμενοι προσεμβάλλουσιν. Σκέψαι γάρ, ὦ θαυμάσιε Κρατύλε, ὃ ἔγωγε πολλάκις ὀνειρώττω. Πότερον φῶμέν τι εἶναι αὐτὸ καλὸν καὶ ἀγαθὸν καὶ ἓν ἕκαστον τῶν
ὄντων οὕτω, ἢ μή ; d

ΚΡ. Ἔμοιγε δοκεῖ, ὦ Σώκρατες, εἶναι.

ΣΩ. Αὐτὸ τοίνυν ἐκεῖνο σκεψώμεθα, μὴ εἰ πρόσωπόν τί ἐστιν καλὸν ἤ τι τῶν τοιούτων, καὶ δοκεῖ ταῦτα πάντα ῥεῖν· ἀλλ' αὐτό, φῶμεν, τὸ καλὸν οὐ τοιοῦτον ἀεί ἐστιν οἷόν ἐστιν ;

ΚΡ. Ἀνάγκη.

ΣΩ. Ἆρ' οὖν οἷόν τε προσειπεῖν αὐτὸ ὀρθῶς, εἰ ἀεὶ ὑπεξέρχεται, πρῶτον μὲν ὅτι ἐκεῖνό ἐστιν, ἔπειτα ὅτι τοιοῦτον, ἢ ἀνάγκη ἅμα ἡμῶν λεγόντων ἄλλο αὐτὸ εὐθὺς γίγνεσθαι καὶ ὑπεξιέναι καὶ μηκέτι οὕτως ἔχειν ;

ΚΡ. Ἀνάγκη.

ΣΩ. Πῶς οὖν ἂν εἴη τι ἐκεῖνο ὃ μηδέποτε ὡσαύτως e
ἔχει ; εἰ γάρ ποτε ὡσαύτως ἴσχει, ἔν γ' ἐκείνῳ τῷ χρόνῳ δῆλον ὅτι οὐδὲν μεταβαίνει· εἰ δὲ ἀεὶ ὡσαύτως ἔχει καὶ τὸ αὐτό ἐστι, πῶς ἂν τοῦτό γε μεταβάλλοι ἢ κινοῖτο, μηδὲν ἐξιστάμενον τῆς αὐτοῦ ἰδέας ;

ΚΡ. Οὐδαμῶς.

ΣΩ. Ἀλλὰ μὴν οὐδ' ἂν γνωσθείη γε ὑπ' οὐδενός. Ἅμα
γὰρ ἂν ἐπιόντος τοῦ γνωσομένου ἄλλο καὶ ἀλλοῖον γίγνοιτο, 440 a
ὥστε οὐκ ἂν γνωσθείη ἔτι ὁποῖόν γέ τί ἐστιν ἢ πῶς ἔχον. γνῶσις δὲ δήπου οὐδεμία γιγνώσκει ὃ γιγνώσκει μηδαμῶς ἔχον.

ΚΡ. Ἔστιν ὡς λέγεις.

ΣΩ. Ἀλλ' οὐδὲ γνῶσιν εἶναι φάναι εἰκός, ὦ Κρατύλε, εἰ

c 5 ἐμπεσόντες Wbt : ἐκ- BT || 7 ἐγώ T pro ἔγωγε || **d** 1 ἢ B pro ἦ (sed corr. b) || 2 εἶναι om. B || 4 πάντα ταῦτα W || 10 ἢ Wb : ἦ B ἡ T || **e** 3 αὐτὸ αὐτὸ W pro τὸ αὐτὸ || 7 γε om. W || ὑπ' — 440 a 2 γνωσθείη om. W sed in marg. add. || **440 a** 2 γέ τι b : γἔτι B (?) γέτι T τέ τι W.

probablement question, Cratyle, si tout se transforme et rien ne demeure. Car si cette chose même que nous nommons la connaissance ne cesse, par transformation, d'être connaissance, toujours la connaissance subsistera et il y aura connaissance. Mais si la forme même de la connaissance vient à changer,
b elle se changera en une autre forme que la connaissance et, du coup, il n'y aura pas de connaissance. Et si elle change toujours, jamais il n'y aura de connaissance; d'où il suit qu'il n'existera ni de sujet pour connaître, ni d'objet à connaître. Si au contraire le sujet connaissant existe toujours, comme l'objet connu, comme le beau, comme le bien, comme chaque être en particulier, ce dont nous sommes en train de parler me paraît n'offrir aucune ressemblance avec un écoulement et
c une mobilité. En serait-il ainsi, ou bien la vérité est-elle dans l'autre théorie, celle de l'école d'Héraclite et de beaucoup d'autres [1] ? C'est là, je le crains, un point difficile à élucider. Peut-être n'est-il pas très sensé de s'en remettre, soi et son âme, aux bons offices des noms avec une entière confiance en eux et leurs auteurs, pour affirmer, comme si l'on avait quelque savoir, et décider contre soi-même et contre les choses que rien de rien n'est sain, et que tout s'écoule et s'en va comme vases d'argile ; bref, de se représenter les choses
d dans le même état que les gens affligés d'un catarrhe, en jugeant que tout est atteint de flux et d'écoulement. Il se peut, Cratyle, qu'il en soit ainsi ; il se peut aussi que non. Il faut donc procéder courageusement à un examen dans les règles, sans rien admettre à la légère — tu es encore jeune et à la fleur de l'âge —, et après enquête me faire part, s'il y a lieu, de tes découvertes.

Cratyle. — Je n'y manquerai pas. Sache-le pourtant, Socrate : même en ce moment, je ne suis pas sans y réflé-
e chir, et à examiner ce problème qui me tracasse, je préfère de beaucoup l'opinion d'Héraclite.

vague et lointaine par opposition à la vue directe du réel (ὕπαρ) ; 476 c, le mot est défini : confondre soit en songe, soit pendant la veille, la simple ressemblance avec l'objet lui-même. Mais la réserve apparente avec laquelle la théorie des Formes est introduite dans le *Cratyle* n'est peut-être qu'un procédé de l'ironie socratique. Dans le *Charmide*, 173 a, Socrate présente de même comme un *radotage* (ληρεῖν) et un *rêve* (ὄναρ) des conclusions qui sont pourtant nettes.

1. En particulier les sophistes et notamment Protagoras.

μεταπίπτει πάντα χρήματα καὶ μηδὲν μένει. Εἰ μὲν γὰρ
αὐτὸ τοῦτο, ἡ γνῶσις, τοῦ γνῶσις εἶναι μὴ μεταπίπτει,
μένοι τε ἂν ἀεὶ ἡ γνῶσις καὶ εἴη γνῶσις. Εἰ δὲ καὶ αὐτὸ
τὸ εἶδος μεταπίπτει τῆς γνώσεως, ἅμα τ' ἂν μεταπίπτοι b
εἰς ἄλλο εἶδος γνώσεως καὶ οὐκ ἂν εἴη γνῶσις· εἰ δὲ ἀεὶ
μεταπίπτει, ἀεὶ οὐκ ἂν εἴη γνῶσις, καὶ ἐκ τούτου τοῦ λόγου
οὔτε τὸ γνωσόμενον οὔτε τὸ γνωσθησόμενον ἂν εἴη. Εἰ δὲ
ἔστι μὲν ἀεὶ τὸ γιγνῶσκον, ἔστι δὲ τὸ γιγνωσκόμενον, ἔστι
δὲ τὸ καλόν, ἔστι δὲ τὸ ἀγαθόν, ἔστι δὲ ἓν ἕκαστον τῶν
ὄντων, οὔ μοι φαίνεται ταῦτα ὅμοια ὄντα, ἃ νῦν ἡμεῖς
λέγομεν, ῥοῇ οὐδὲν οὐδὲ φορᾷ. Ταῦτ' οὖν πότερόν ποτε c
οὕτως ἔχει ἢ ἐκείνως ὡς οἱ περὶ Ἡράκλειτόν τε λέγουσιν
καὶ ἄλλοι πολλοί, μὴ οὐ ῥᾴδιον ᾖ ἐπισκέψασθαι, οὐδὲ πάνυ
νοῦν ἔχοντος ἀνθρώπου ἐπιτρέψαντα ὀνόμασιν αὐτὸν καὶ
τὴν αὑτοῦ ψυχὴν θεραπεύειν, πεπιστευκότα ἐκείνοις καὶ
τοῖς θεμένοις αὐτά, διισχυρίζεσθαι ὥς τι εἰδότα, καὶ αὑτοῦ
τε καὶ τῶν ὄντων καταγιγνώσκειν ὡς οὐδὲν ὑγιὲς οὐδενός,
ἀλλὰ πάντα ὥσπερ κεράμια ῥεῖ, καὶ ἀτεχνῶς ὥσπερ οἱ
κατάρρῳ νοσοῦντες ἄνθρωποι οὕτως οἴεσθαι καὶ τὰ πρά- d
γματα διακεῖσθαι, ὑπὸ ῥεύματός τε καὶ κατάρρου πάντα τὰ
χρήματα ἔχεσθαι. Ἴσως μὲν οὖν δή, ὦ Κρατύλε, οὕτως
ἔχει, ἴσως δέ καὶ οὔ. Σκοπεῖσθαι οὖν χρὴ ἀνδρείως τε καὶ
εὖ, καὶ μὴ ῥᾳδίως ἀποδέχεσθαι — ἔτι γὰρ νέος εἶ καὶ
ἡλικίαν ἔχεις — σκεψάμενον δέ, ἐὰν εὕρῃς, μεταδιδόναι καὶ
ἐμοί.

ΚΡ. Ἀλλὰ ποιήσω ταῦτα. Εὖ μέντοι ἴσθι, ὦ Σώκρατες,
ὅτι οὐδὲ νυνὶ ἀσκέπτως ἔχω, ἀλλά μοι σκοπουμένῳ καὶ
πράγματα ἔχοντι πολὺ μᾶλλον ἐκείνως φαίνεται ἔχειν ὡς e
Ἡράκλειτος λέγει.

a 8 μεταπίπτει T : -τοι B (sed οι in ras.) -τῇ W et primit. T || 9 ἀεὶ ἡ γνῶσις om. T sed in marg. add. || **c** 2 τε om. T || 4 αὐτὸν B : αὑ- TW || 5 αὐτοῦ B : αὑ- TW || 6 αὑτοῦ T : αυτοῦ (sic) B αὑτοῦ, ut uid., W || 7 γε T pro τε || **d** 2 τὰ B : om. TW || 4 καὶ om. W || δὲ W pro οὖν || εὖ καὶ ἀνδρείως W || 6 σκεψάμενος W || 9 οὐδὲν νῦν W || καὶ secl. Naber.

Socrate. — Eh bien, mon camarade, à une autre fois ! Tu m'instruiras à ton retour. Aujourd'hui, comme tu en as fait les préparatifs, mets-toi en route pour la campagne. Voici Hermogène qui t'escortera.

Cratyle. — C'est entendu, Socrate. Mais, de ton côté, tâche aussi d'y penser encore.

ΣΩ. Εἰσαῦθις τοίνυν με, ὦ ἑταῖρε, διδάξεις, ἐπειδὰν ἥκῃς· νῦν δέ, ὥσπερ παρεσκεύασαι, πορεύου εἰς ἀγρόν· προπέμψει δέ σε καὶ Ἑρμογένης ὅδε.

ΚΡ. Ταῦτ' ἔσται, ὦ Σώκρατες· ἀλλὰ καὶ σὺ πειρῶ ἔτι ἐννοεῖν ταῦτα ἤδη.

e 3 με om. W.

Ce volume,
le soixante-cinquième
de la série grecque
de la Collection des Universités de France,
publié aux Éditions Les Belles Lettres,
a été achevé d'imprimer
en juin 2023
sur les presses
de La Manufacture Imprimeur
52205 Langres Cedex, France

N° d'édition : 10583
N° d'impression : 230452
Dépôt légal : juin 2023